매일 아침 메시지

배찬효 조성진
김미애 김선민 김은지 김정미
윤재영 임재웅 허경심
지음

매일 아침 메시지

초판 1쇄 발행 2023년 12월 15일

지은이 배찬효 조성진 김미애 김선민
　　　　김은지 김정미 윤재영 임재웅 허경심

펴낸이 김홍수
펴낸곳 고위드북스

신고번호 제2022-000007호
주소 전북 군산시 대학로 108
대표번호 063)461-4401
팩스 063)461-4402
인스타그램 @go_with_books
이메일 gowithcompany@gmail.com

디자인 최예림

ISBN 979-11-979242-1-7

잘못된 책은 구입한 서점에서 바꾸어 드립니다.

이 책은 저작권법에 따라 보호를 받는 저작물로, 이 책 내용의
일부 또는 전부를 이용하려면 반드시 저작권자와 고위드북스의
서면 동의를 받아야 합니다.

매일 아침 메시지

◀◀◀ 목차 ▶▶▶

들어가는 말 · 8

챕터1
이야기가 피어나다

마지막 그리고 시작 12 | 해방을 기다리는가, 추방을 기다리는가 13 | 내 남은 인생의 첫 날 14 | 새벽 통화 15 | 그래서 나는 오늘도 16 | 하루 1분의 기적 17 | 극소수만이 할 수 있는 일 18 | 혼자 걷기의 이점 19 | 판사유감을 읽고 20 | 적자, 생존 21 | 황홀한 장님이 되어 22 | 굿 애프터눈, 굿 이브닝, 굿 나잇. 23 | 김농부의 백두사랑 24 | 함께 꿈꿔줄 사람 25 | 기억 날조하기 VS 창조하기 26 | 사장이 여러 번 바뀌었지만 살아남은 이유? 27 | 누구나 따뜻한 마음은 있습니다. 28 | 햇살 드는 방 29 | 내가 살고 싶은 삶 30 | 꿈을 이룬 챨리쌤(?) 31 | 때론 무계획이 가장 완벽하다 32 | 나는 힘들다고 말해도 괜찮아 33 | 자기 믿음 34 | 키오스크는 필요하다만 35 | 매일이 축제 36 | 나의 스승은 어디에?37 | 과연 나를 선택했을까? 38 | 편가르기 39 | 에디슨에 대한 오해 40 | 촛불, 나, 그리고 일기 41 | 내가 굉장히 중요하다고 여기는 날 42 | 미라클모닝 실천한 지 10일 차 43 | 나는……입니다. 44 | 환경보호를 위한 나만의 대처 방법 45 | 왕자와 공주, 누가 누구를 구했을까요? 46 | 교실의 날씨 47 | 행복한 예약구매자 배찬효씨 48 | 아버지의 등 49 | 어젯밤 잘 주무셨나요? 50 | 체념할 용기 51 | 의사는 의사 52 | 나에게 쓰는 편지 53 | 나 집에 왔어 54 | 헤어스타일 엉망인 날 55 | 위장을 비워라 56 | 지구에서 달까지 57 | 글쓰기도 쇼트(short)로! 58 | 일상을 휘겔리하게 59 | 꿈에 정답은 없다 60 | 냉장고의 외로움 극복법 61 | 잠이 부족한 당신 62 | 실패한 만큼 성장하리라 63 | 행복해지고 싶다면 선한 일을 하라. 64 | 당신은 어떤 나라에 살고 있나요? 65 | 한계효용 체감의 법칙을 아시나요? 66 | 무언가를 얻으려면 67 | 나는 기억한다 68 | 자유는 좋고, 책임은 부담스럽고 69 | 카르마(Karma) 70 | 조만간 보자고? 71 | 나는 지금 어느 쪽을 향해 가고 있는가? 72 | 당신은 습관이다! 73 | 어느 날 문득 74 | 예술가의 삶 75 | 스스로 인정하기 76 | 보고 싶다 친구야 77 | 지금 당신은 기우제를 멈추시겠습니까? 78 | 사도세자 79 | 아침 햇살 80 | 모든 삶에는 그 만의 냄새가 있다 81 | 당신이 줄 수 있는 최고의 선물은? 82 | '정의'란 무엇인가? 83 | 설레는 일이 있습니다 84 | 웃자 85 | 누군가를 창의적으로 만들지 못하게 하는 비법? 86 | 당신의 인생에 브레이크가 있나요? 87 | 오늘도 타인과 나를 비교하며 작아지셨나요? 88 | 꽃씨를 거두며 89 | 자기 위로 90 | 무한도전 챨리쌤 91 | 적당하게 맛있는 하루로 요리하기 92 | 말보다 더 빠른 노루 93 | 구원자 94 | 이기거나 배우세요! 95 | 왜 목표와 열정은 실패하는가 96 | 몸이 주는 신호 97 | 놀 줄 모르는 엄마 98 | 봄처럼 아름다운 사람 99 | 반찬을 골고루 먹어주어 고마워 100 | 봄날은 온다 101

챕터2
이야기가 펼쳐지다

초고속 개화, 지금 무슨 일이? 104 | 제주도 푸른 밤 105 | 소소한 삶 106 | 삶이란 기적과 기적 사이 107 | 내 삶의 색채 108 | 고마워 아기 오리야 109 | 결정을 위한 등대 110 | 불과 물이 만나 사랑이 되는 이야기 111 | 우리 삶에 꼭 필요한 마중물 112 | '노멀'들을 위한 매트리스 113 | 우리도 꿈꾸고 싶어요 114 | 항상 웃자 115 | 매일 매일 집에 오는 것이 마법입니다 116 | 늦지 않았어요 117 | 바디스캔 118 | 되돌리고 싶은 순간을 되돌리는 것은 옳은 일일까? 119 | 컵라면을 샀는데 젓가락이 없다면? 120 | 사기꾼 말고 OO꾼! 121 | 당신의 어휘력 수준은? 122 | 페르소나 123 | 집은 내 마음의 거울 124 | 영업은 끝났더라도 125 | 우리가 있어서 나도 있습니다 126 | 나의 울음 버튼 127 | 당신의 하루를 응원합니다 128 | 스틸 라이프, 무빙 라이프 129 | 부서진 달 조각 주우러 가자 130 | 찰리쌤의 독심술 131 | 오늘 새들은 어떤 노래를 부르던가요? 132 | 자신이 원하는 만큼 133 | 지친 그대여, 몰입 한 잔 하시죠? 134 | 소금인형 135 | 진정 위한다는 것 136 | 어른의 사춘기 137 | 길들인 것에 책임이 있어. 138 | I have enough 139 | 인생의 변곡점 140 | 나무의 꿈 141 | 나이가 든다는 것 142 | 오래 만진 슬픔 143 | 재미있게 살고 있니? 144 | 내공 145 | 수포자? 도대체 왜? 146 | 가만히 돌아가기 147 | 선택은 축복인가, 저주인가 148 | 건강하게 살고 싶나요? 149 | 아이야, 내일은 꼭 해보자 150 | 잠시 비틀거려도 괜찮아요 151 | 홀로 서기 152 | 인간은 말과 경주하지 않는다 153 | 하고 싶지 않은 일을 대처하는 자세 154 | 책임지는 자유 155 | 자아 회복의 장소를 찾아서 156 | <보통의 용기>를 보고 157 | 의자를 형이라 부르는 사람들 158 | 비교의 정석 159 | 빠르게 실패하는 자에게 축복이 있으리라 160 | 아버지의 해방일지 161 | 하루 중 언제가 가장 행복하세요? 162 | 바다 163 | 주입식 교육, 대안은 없나요? 164 | 기분과 태도 그 사이 165 | 낭만은 누구에게 있지? 166 | 훌륭한 아이로 키우고 싶다면 꼭 해야 할 일 167 | 저주 토끼가 되고 싶은 날에는 168 | 우리 집 변기는 누가 청소했을까? 169 | '사랑해요' 이 한마디 170 | 이 또한 지나가리라 171 | 나다워짐 172 | 당신의 저녁은 안녕하신가요? 173 | 진짜 어른 174 | 이렇게 사랑하고 모험하다 가고 싶다 175 | 퀸스 갬빗 176 | 두 자매 177 | 행복교육국 만들기 178 | 코끼리를 생각하지 마세요. 179 | 세상이 환해졌다 180 | 그냥 하지 맙시다! 181 | 20은 80보다 크다 182 | 노력으로 얻어지는 것 183 | 결혼을 앞둔 예비부부에게 184 | 객관적인 시선으로 바라보기 185 | 균형을 잃었다면? 186 | 과거보다는 지금의 나를 사랑합시다 187 | 다신 할 수 없는 여행을 꿈꾼다 188 | 시간을 나누다, 삶을 나누다 189 | 걱정 말아요 그대 190 | 한 번 실패와 영원한 실패 191 | 심심상인(心心相印) 192 | 인생은 노래처럼 193 | 나는 보석을 캐러 갑니다 194

챕터3

이야기가 무르익다

사는 법 198 | 어머니의 삶 199 | 스며드는 것 200 | 미 타임! 201 | 매미야 실컷 울으렴 202 | 점화 시작! 203 | 당신의 감정은 어떤 이름을 가지고 있나요? 204 | 주인공은 누구? 205 | 등 따습고 배부른 나에게 206 | 잔소리 207 | 잠깐 멈춤 208 | Yes, You can 209 | 날 웃게 하는 것 210 | 오늘 아침엔 마음 샤워를 211 | 마음을 움직이기 212 | 미루기 병 타파하기 213 | 멋진 휴가가 필요한 모든 수브다니를 위해 214 | '반박 시 니말이 맞음'에 대한 생각 215 | 영상 없이는 못 살아 216 | 행복과 두려움 217 | 좋아하는 맛! 218 | 팔꿈치로 슬쩍 찌르다 219 | 건방져 볼까? 220 | 나의 작은 매미 221 | 풀리지 않는 문제를 안고 있다면 222 | 고도로 집중화된 사람들은 223 | 아버지 224 | 작은 성공들이 우릴 키운다 225 | 가능을 불가능으로 226 | 절영지연(絶纓之宴) 227 | 아름답고 청순한 잠꾸러기 228 | 나의 향기 229 | 도움을 청한다는 것 230 | 나를 놓치지 마세요. 231 | 갯벌에서 진주를 찾듯 232 | 하루에 18시간이나 일하면 힘들지 않나요? 233 | 이상하게 좋은 애 234 | 나의 스승님에게 235 | 남과 다른 나를 사랑하라 236 | 느리면 좀 어때 237 | 괴물이 되고 싶지 않아 238 | 복을 위한 작은 실천 239 | 제대로 미쳐 봅시다! 240 | 포레스트, 뛰어! 241 | 당신이 일을 하면서 가장 싫은 것은? 242 | 공연히 오지 않는 전화를 기다리고 있나요? 243 | 청소의 힘을 믿습니다 244 | 별이 아름다운 이유 245 | 잘 될 거라 생각해 246 | 솔직히 좀 아픈 것 맞지만 247 | 더 큰 첨벙 248 | 실패왕 에디슨을 본받아 249 | 삶이 엉망진창일 때 250 | 철부지들아, 아프지만 마라 251 | 세상을 내려다보며 252 | 우리는 충분히 선하고 아름답게 살고 있다. 253 | 세상에서 가장 아름다운 손 254 | 뮤즈를 기다리지 말라 255 | 하루는 한 번의 삶이다 256 | 잠들어라 새야 257 | 말과 글은 그 사람의 얼굴 258 | 나나 잘하자 259 | 마음의 트램펄린 260 | 일본에 가보셨어요? 261 | 악의 평범성 262 | 당신의 가을도 그윽했으면 합니다. 263 | 조용함이 위안이 될 때 264 | 걸으면 보이는 어떤 풍경 265 | 나의 계절 266 | 아름다운 나라 대한민국 267 | 순수한 사랑 268 | 찰리쌤의 명언 269 | 인생은 출렁입니다 270 | 소박하지만 완벽한 271 | 돌고 도는 친절의 힘 272 | 가을의 습관 273 | 시인의 시선을 따라 보는 세상의 따뜻함 274 | 라면과 글쓰기 275 | 소통 없이 책만 읽어서는 안 되는 이유 276 | 까마귀 날자 배 떨어진 건가? 277 | 따뜻한 차 한잔의 효과 278 | 마음을 달래주는 사람 279 | 햇살과 햅쌀 그 사이 280 | '당연하다'의 반대말 281 | 텀블러 세척기가 준 시간 282 | 인사고충 진정서 써, 말아? 283 | 눈먼 자에서 눈뜬 자로 살기 284 | 가오리는 왜 물 위로 뛰어오를까? 285 | 노래가 더해져야 완벽하지 286 | 한 송이 시간의 꽃 287 | 고정 말고 성장! 288 | 과정에 초점 맞추기 289

챕터4

이야기가 깊어지다

◇◇◇◇◇◇◇◇◇

당신은 인생의 순례자인가요? 관광객인가요? 292 | 만병통치약, 소금물 293 | 남기고 싶은 말 294 | 진흙탕 위에 뜨는 달 295 | 독서의 의미 296 | 네가 없는 이 시간 297 | 사랑을 떠올리게 하는 것들 298 | 나의 해방일지 299 | 마법 300 | '일관된 하루의 시작'이 주는 경건함에 대하여 301 | 출근하기 싫을 때 읽어야 할 책 302 | 다른 이유 찾기 303 | 허수아비가 되지 맙시다. 304 | 걱정 없이 살고 싶어 305 | 노래는 가슴으로 전해지는 것이다 306 | 내 편은 누구? 나는 누구 편? 307 | 열 번 해서 안 되면 천 번 하겠습니다 308 | 행복한 왕자, 불행한 왕자 309 | 사기꾼 증후군 310 | 오늘도 힘입어 311 | 색채는 빛의 고통 312 | 건널까 말까? 313 | 나의 영원한 스승, 최복현 선생님 314 | 5천원의 가치 315 | 넌 내 오렌지 반쪽이야 316 | 무조건 쉬어라 317 | 정의의 여신 318 | 이익을 보거든 319 | 심리테스트로 시작하는 하루 320 | 오늘이라는 선물 321 | 세상에서 가장 힘이 센 것은? 322 | 세 가지 선택 323 | 우리 집에는 우주인이 산다 324 | 빛이 주는 웅장함 325 | 작가가 되기를 꿈꾸지 말고 글쓰기를 시작하라 326 | 폴리메스 327 | 작은 것들을 위한 시 328 | 지옥으로 가는 급행열차 329 | 빈 방에 가득한 선물들 330 | 보이지 않는 끈 331 | 바람의 위로를 듣다 332 | 행복해지려면 ○○에 초점을 맞추세요 333 | 언제나 햇빛을 향해 서라 334 | 우공이산(愚公移山) 335 | 문학의 힘 336 | '만약에'와 '언젠가'를 심었는데 337 | 어린이 vs 어른 338 | "인상 쓰지 말고, 글을 씁시다"에 한 표! 339 | 응원의 힘 340 | 사랑하는 법 341 | 갑자기 네 생각이 났어 342 | 발톱이 빠져도 즐겁다 343 | 말보다는 삶! 344 | 끝까지 떨어지지 않을 자신이 있는가? 345 | 뿌리는 어디로 346 | 고슴도치의 간격 347 | 당신의 토스터 프로젝트는? 348 | 내가 자연스러워지는 그곳 349 | 그때 무화과가 그립다 350 | 사랑을 나누어요 351 | 독립 변인은 무엇일까? 352 | 삽질 인생 되돌리기 353 | 기억을 부르는 음악 354 | 내일, 내 일이 아닐 수도 있다 355 | 절망, 다른 시선으로 보기 356 | 하루에 한 번은 안아주세요. (코로나) 357 | 꼭 한번 둘이 떠나보자 358 | 101번째 망치질 359 | 너의 한마디 360 | 기특하다, 우리 361 | 겨울이 되면 이 영화 제목을 외치세요! 362 | 부지런한 마음을 갖는 일 363 | 혼자 떠나는 설렘 364 | 인생의 매 순간 최선을 365 | 당신의 성공 비결은 무엇인가요? 366 | 사람 관계가 힘들다면 367 | 목표를 실행시키는 마법의 단어 368 | 대화거리 369 | 구글 코리아 본사에 다녀왔습니다 370 | 난 지금 당신을 기다립니다. 371 | 마음의 집을 다시 짓다 372 | 실제 크기를 상상하며 그려 보세요 373 | 나만을 위한 활력소 374 | 삶을 살아가는 자세 375 | 감사의 새로운 정의 376 | 의식에도 지도가 있다면 377 | 함께하는 게 친구지 378 | 기진 모든 것이 선물이었다 379 | 타불라 라사 380 | 너의 한계를 뛰어 넘어라 381 | 세모와 동그라미 382 | 한 번에 6인치 383

| 들어가는 말 |

잠을 죽음에 비유하곤 합니다. 어떻게 보면, 수면은 우리가 의식을 잃었다가 되찾는 과정이니 일리가 있습니다. 그렇다면 아침은 우리가 매일 새롭게 태어나는 특별한 시간이라고 할 수 있겠네요.

인간의 글쓰기 능력은 다른 생명체들과 구분되는 특별하고도 소중한 능력이죠. 우리를 인간 되게 하는 본질적인 능력이기도 합니다. 그러니 아침이라는 특별한 시간에 눈을 떠서 읽게 되는 첫 글의 중요성은 더 강조할 필요가 없을 것입니다. 그 글이 그날 하루를 바라보는 프레임이 될 수도 있고, 우리의 인생을 결정짓는 좌우명이 될 수도 있죠. 하지만 안타깝게도 대부분의 현대인들은 눈을 뜨자마자 영상을 봅니다. 자극적인 영상에 길들여지니 글과 더욱 멀어지게 되고, 우리가 가진 고유의 능력 또한 퇴화되는 건 아닌가 싶어 마음이 아픕니다.

이것이 '매일 아침 메시지' 오픈채팅방을 운영한 이유입니다. 우리가 직접 아침을 깨우는 좋은 글을 써보고 나누는 습관을 만들기로 결심한 것입니다. 우리는 특별한 사람들이 아닙니다. 유명인도 아니고 인플루언서도 아닙니다. 그저, 좋은 습관을 만들고 나누기 위해 모인 보통 사람들입니다. 그래서 3년간 지속된 우리의 채팅방이 더 의미가 있었던 것 같아요. 아침마다 공유한 메시지들을 모아 종이책이라는 결실을 맺게 되었습니다. '매일 아침 메시지'라는 여정에 함께해 온, 함께 할 모든 독자분들을 축복합니다. 우리의 아침은 언제나 아름다운 글로 빛날 것입니다.

2023년 겨울
저자 일동

매일 아침 메시지 오픈채팅방 참여 QR 코드
(채팅 금지 방이니 아침 메시지를 받는 용도로 사용해주세요)

챕터1

이야기가 피어나다

DAY 001   마지막 그리고 시작   찰리쌤

'마지막'과 '시작'이라는 단어는 우리를 늘 설레게 합니다. 생각해보면, 시간은 '연속적인 현상'인데 우리 인간들이 인위적으로 '비연속적인 개념'을 만들어 내서 시간을 분절한 셈이죠.

그저 변함없이 흘러가는 시간임에도 불구하고 '새로운 시작'은 우리를 설레게 합니다. 대학교 1학년 때는 친구들끼리 술을 마시다가 12월 31일에서 새해 1월 1일로 넘어가는 자정에 친구들과 다 같이 책을 펴서 독서를 했던 웃픈 경험도 있습니다.

'새로운 시작은 늘 설레게 하지 모든 걸 이겨낼 것처럼'으로 시작하는 노래가 있습니다. 2020년, 대한민국을 뜨겁게 달궜던 그 노래입니다. 눈치채셨나요?

맞습니다. 드라마 〈이태원 클라쓰〉의 OST입니다. 옆에 있는 QR코드로 노래와 영상 확인해 보시죠!

이태원 클라스 OST

새로운 시작

이 설레는 마음으로 시작하세요.

작심삼일 걱정하지 말고 그냥 시작하세요!

소소한 일이든, 인생을 거는 도전이든, 새로운 시작을 즐기세요!

DAY 002 해방을 기다리는가, 추방을 기다리는가 조쌤

> 인생을 3단계로 구분하자면, 처음 30년은 일을 준비하는 시기, 다음 30년은 일을 하는 시기, 나머지 30년은 일에서 해방되는 시기일 것이다. 그런데 일 외에 다른 가치를 찾지 못한 사람에게 노년은 일에서의 해방이 아닌 추방이 된다.
>
> 「어른의 재미」, 진영호, 클레이하우스, 2022

아직 '일을 하는 시기'에 속해있지만, 저자의 마지막 문장이 참으로 묵직하게 다가옵니다. TV에 나오는 잘 나가는 '파이어 족'처럼 멋있게 사표 던지고 지긋지긋한 직장생활에서 해방되면 얼마나 좋을까, 라는 생각은 가끔 해봤어도 비참하게 '추방'될 수도 있다는 상상은 해본 적 없었습니다.

막상 일에서 '추방'되어 버리면 얼마나 막막할까. 내가 하기 싫어서 그만두는 것과 하고 싶어도 기회조차 주어지지 않는 것은 하늘과 땅 차이겠죠. 비극을 막으려면 「어른의 재미」를 쓴 저자 진영호 님처럼 젊었을 때부터 차근차근 부캐를 키우며 재미난 노년을 준비해야 합니다. 자기계발과 등지고 한 직장만 바라보며 살다가 큰일 나는 수가 있으니까요. 뒤늦게 아무리 목에 힘주며 '내가 누군지 알아?'라고 소리쳐 봐야 '꼰대' 소리만 듣게 될 거예요.

'추방'하고 싶은 사람이 아닌, 보면 볼수록 '내방'하고 싶은 사람이 되도록 부지런히 재미있게 살겠습니다. 샤방샤방한 중년으로 살겠습니다.

DAY 003 내 남은 인생의 첫날

허경심

오늘은 내 남은 인생의 첫날이다.
센트럴 파크의 어느 벤치에 누군가가 새겨 놓은 낙서

어린 시절 저는 유독 예민하고 불안한 아이였습니다. 친구들과 놀다가도 엄마, 아빠가 집에 잘 있는지 확인하러 집으로 달려가곤 했어요. 성인이 되어 심리학 관련 책들을 읽다가 '아, 나는 어린 시절 분리불안을 앓았나 보다.'라는 생각을 하게 되었죠.

당시에는 아이들의 감정을 집중해서 다루던 시대가 아니었고, 맞벌이 부모님은 너무 바빴기에 저는 어떤 치료도 받지 못한 채 성인이 되었습니다. 지금도 종종 불안한 생각이 들 때가 있어요. 지금은 불안한 생각이 들 때면 오늘을 더욱 충실히 살아야겠다고 생각합니다. 유한한 삶을 직시하게 되었어요.

우리의 인생이 얼마나 남았는지는 아무도 모릅니다. 나이가 적다고 많이 남은 것도 아니고, 나이가 많다고 해서 어린 사람보다 적게 남은 것도 아닙니다. 분명한 건 오늘은 내게 남은 인생 중 첫날이라는 거예요.

여러분은 그 '첫날'을 어떻게 보내실 건가요?

DAY 004　　새벽 통화　　　　　엘린

> 다 그대로구나. 낮은 목소리도
> 넌 여전하구나. 소탈한 웃음도
> 별일 없이 지낸다니 다행이구나.
> 나도 잘 지내고 있어. 별다른 일 없이
> 힘들 때도 가끔 있지만 그래도 괜찮아.
> 한 번씩 생각이 나면 이렇게 전화해줄래?
>
> 한올 <새벽 통화>

아름다운 피아노 선율과 청량한 목소리로 새벽의 감성을 전하는 노래를 들었습니다. 헤어진 연인 사이에 저런 인사말을 주고받을 수 있는 게 어찌 가능할까요? 그 이별이 슬프지만은 않았던 걸까요? 아니면 시간이 지나면서 이별의 슬픔이 바랜 걸까요.

첫사랑을 지나온 지 한참이어서 그런지 이 노래를 들을 때 헤어진 누군가보다는 오랫동안 연락이 끊긴 친구가 떠올랐습니다. 서툰 이별을 한 연인 사이도 아닌데 말이죠. 살다 보니 서로 멀어지고 그 사이 다른 사람들을 만나게 되며 자연스레 잊혔습니다.

그때 우리는 어떤 이야기를 나누었고 무엇 때문에 함께 슬퍼했는지. 어떤 표정으로 서로를 바라보았는지 잘 기억나지 않습니다. 하지만 다시 그 목소리를 듣는다면 우리가 함께 했던 그 시절로 돌아갈 수 있을 듯합니다.

기억나니? 가로등이 있는 길을 걸으며 서로의 미래를 응원했던 그날들. 편의점을 뛰어갔다 시간 맞춰 돌아가야 했던 기숙사의 계단들. 밤이 늦도록 대화하다 늦게 일어나는 바람에 강의실로 헐레벌떡 뛰어야 했던 그 길을. 그때 참 좋았는데. 잘 지내고 있니?

DAY 005   그래서 나는 오늘도   김선민

> 기회는 없어지지 않는다. 당신이 놓친 것은 다른 사람이 잡는다.
> Opportunities are never lost. The other fellow takes those you miss.
> 작자미상

요즘 나는 임상심리사 공부를 하고 있다. 시작은 어느 날 인스타그램의 창업 피드였다. 그림책 미술 심리치료라는 작업이 매우 흥미롭게 다가왔다. 처음에는 '우리 아이를 보내고 싶다.'이었는데 점점 '내가 그 센터를 열게 되면 어떨까'를 꿈꾸게 되었다.

지금도 곳곳에서 많은 사업들이 일어나고 무너지고 있다. 이 순간에도 기회가 많은 이들에게 주어지지만, 어떤 사람은 잡고 어떤 사람은 놓는 것이다.

사실 기회에는 책임이 뒤따른다. 그 책임을 성공으로 이루기 위해서는 무엇보다 많은 준비가 필요한 것이다. 그래서 나는 무엇을 할 수 있을까 고민하다 자격증을 준비해야겠다는 다짐을 했다.

작자미상의 명언처럼 어쩌면 나도 내게 찾아온 기회들을 수없이 놓쳤을지도 모른다. 하지만 '얼마나 많은 기회를 잡았느냐'보다 중요한 건 '내가 얼마나 준비되어 있는가?'이다. 오늘도 나는 책을 펴고 공부한다. 내게 찾아오는 기회에 나 자신이 부끄럽지 않도록.

DAY 006   하루 1분의 기적   에밀리

> 불안에서 벗어나는 가장 좋은 방법은
> 지금 이 순간의 좋은 일에 감사하는 것이다.
> 알랭드 보통(영국 소설가, 수필가, 철학자)

당신은 오늘 어떤 감정으로 하루를 시작했나요?

좋은 기억을 자주 떠올리면 당시의 긍정 정서를 되살려서 긍정성이 강화되어 행복을 느끼게 됩니다. 긍정 정서를 느낄 때 도파민과 세로토닌이 분비되어서 머리가 맑아지고 기억력이 증진되며 사고가 유연해지기 때문입니다.

"감사 일기를 쓰면서부터 내 인생은 완전히 달라졌다. 나는 비로소 인생에서 소중한 것이 무엇인지, 삶의 초점을 어디에 맞춰야 하는지 알게 되었다"라고 말하는 오프라 윈프리, 그녀는 지독하게 가난한 미혼모에게서 태어나 엄마가 아닌 할머니의 품에서 자랐습니다. 친척들의 성폭행, 그 충격으로 가출과 마약 복용 등 하루하루 지옥과 같은 삶을 살았던 그녀는 감사하는 습관 덕분에 20년이 넘는 기간 동안 TV 토크쇼 1위를 고수하고 있는 쇼의 진행자, 미국에서 가장 존경받고 영향력 있는 여성이 됩니다.

아침에 일어나 어제 함께 했던 사람들에게 감사한 마음을 노트에 적습니다. 감사가 삶에서 깊게 뿌리를 내릴 때 오프라 윈프리의 기적이 우리에게도 찾아오리라 믿습니다.

DAY 007 극소수만이 할 수 있는 일 모두쌤

세상의 수많은 사람이 있고 잘못을 저지른다. 그리고 그중 일부만이 용기를 내어 진심 어린 사과를 하며, 또 그 중 정말 극소수가 진심으로 용서한다.

영화 <신과 함께>

〈신과 함께(2010년 개봉)〉를 보면서 울컥했던 장면이 있습니다. 어린 시절의 주인공이 궁핍한 삶이 너무 힘들어 아픈 엄마의 얼굴을 베개로 덮어 해치려고 하는 장면입니다. 이미 이 모든 사실을 알고도 자는 척했던 엄마의 모습을 보며 그 담담한 모성애에, 영화관에 있던 저를 비롯한 관객들은 소리죽여 흐느낄 수 밖에 없었습니다.

잘못을 저지르는 것이 우리 인간의 숙명인지도 모르겠습니다. 중요한 것은 그 이후 우리의 태도일 것입니다. 사과 그리고, 진심으로 구하는 용서. 사랑 앞에 진심으로 용서를 구하고 싶은 날입니다.

DAY 008 혼자 걷기의 이점   연정인

> 나는 혼자 걷는 사람들의 모습에 끌린다.
> 내게도 그런 성향이 있어서일 것이다.
> 친구들하고도 잘 걷지만 그럴 때는 수다 모임 정도로 느껴진다.
> 내가 혼자 걷는 시간을 소중히 여기는 이유는 개인적인 문제든
> 다른 문제든 해결책을 찾는 데 도움이 되기 때문이다.
> 창의성과 상상력의 본질, 그 중심에 걷기가 있다.
>
> 「자연이 마음을 살린다」, 플로렌스 윌리엄스, 더퀘스트, 2018

처음에는 혼자 걷는 것이 낯설고 어색했지만 점차 혼자 길을 걷는 다른 사람들도 눈에 들어옵니다. 그들을 보면 반가운 마음이 들고 외롭지 않습니다. 또한 혼자 걷다 보면 처음에는 심심하지만 나중에는 기분이 환기됩니다. 머릿속에 있는 복잡한 생각들이 정리되기도 합니다. 한 친구와 사이가 틀어진 날, 혼자 계속 걷다 보니 그 친구에 대한 미움이 눈 녹듯 사라졌습니다. '그 친구도 그럴 수 있겠구나' 라는 생각이 들며 그 친구가 이해되었습니다. 저는 사과 메시지를 먼저 보냈고 우리는 화해했습니다.

언젠가 혼자서 멀리 도보여행을 다녀오고 싶다는 생각도 해봅니다. 사람들과 함께 걸으면 대화에 집중하느라 무심코 스쳐 지나갈 만한 풍경들을 혼자 천천히 걸으며 음미하는 여유를 가지고 싶습니다. 여러분도 혼자 걸으며 '혼걷'의 이점을 찾아보시기 바랍니다.

DAY 009 판사유감을 읽고

토마스

여러분들은 요즘 뉴스에 관심이 많으신가요? 매일매일 쏟아져나오는 끔찍한 사건들, 자극적인 기사들, 그 속에서 언제나 존재하는 솜방망이 처벌. 그리고 법원을 욕하는 댓글들.「판사유감」은 전직 부장판사였던 문유석 판사가 이런 일들을 판사와 법원의 입장에서 실제 경험했던 것들과 느꼈던 것들, 그리고 우리가 삶을 살아가면서 한 번쯤은 갖는 의문들에 대한 대답을 던져주는 책입니다.

강력 범죄를 저지른 가해자들이 어이없도록 낮은 형량을 받지만, 피해자는 영원한 고통 속에 살아가고 있다는 기사를 많이 접했습니다. 저는 이러한 현실을 보며 법조인이 되겠다는 마음을 먹고 진로를 정했었는데요. 판사유감을 읽으며 생각이 많이 바뀐 것 같습니다.

책 속에서 저자는 말합니다. 뉴스에서만 보이는 자극적인 것들과는 다르게 실제로는 여러 인과관계가 섞여 생기는 것이 범죄이고 그에 합당한 처벌이 때로는 국민이 생각하는 것과는 다른, 법적인 간극이 생긴다고요. 우리는 표면적인 사건들과 얕은 윤곽만을 갖고 범죄자들과 피해자들을 판단하고 있는 것은 아닐까요?

판사유감을 읽으며 저는 더욱 성숙해졌습니다. 법과 우리 사회, 실제로 법원에서 일어나는 일들과 사건들을 깊이 이해하고 싶다면 판사유감을 꼭 한 번쯤 읽어보시길 추천해 드립니다. 사람들과 판사들이 서로 유감을 표하는 것이 아닌, 공감을 공유하는 사회가 되기를 기대해 봅니다.

DAY 010　　적자, 생존　　　찰리쌤

　여러분은 언제 아이디어가 떠오르시나요? 제가 '언제'라고 표현했지만 사실 '어디서', '어떤 상황에'라는 말이 함축되어 있습니다. 저는 특히 샤워를 할 때 아이디어가 마구 샘 솟습니다. '쏴아-'하는 샤워기 물줄기 소리가 저의 집중력과 창의력을 향상시키는 백색소음 같아요. 샤워는 제 두뇌와 감각을 깨우는 ASMR인거죠. 물론, 몸도 깨끗해지는 유익도 있고요.

　샤워 외에 또 하나의 루틴이 있다면, 저는 출퇴근 내내 '시사뉴스'라디오를 청취하는 것입니다. 그게 제 힐링 타임이기도 하고요, 사회가 돌아가는 이야기를 들으며 많은 아이디어를 얻습니다.

　그러나 위의 2가지 루틴만 가지고는 여러 가지 일을 성취하기는 어렵습니다. 왜냐하면 아이디어에는 날개가 달려서 금세 저 하늘로 날아가 버리니까요. 그래서 가장 중요한 루틴은, 기록하고 메모하는 습관이죠. 제가 「초등 놀이 글쓰기」에 관한 책을 쓰게 된 계기 중 하나도 메모 습관을 가지고 있기 때문이었죠. 저는 절대로 제 기억력을 신뢰하지 않기 때문에 아이디어들을 모조리 핸드폰이나 노트에 적습니다. 샤워가 끝나면 알몸으로 무언가를 열심히 적는 민망함(?)을 연출하기도 합니다. 제 생활신조는 '적기 아니면 까무러치기'입니다. '적자, 생존'입니다. 그래서 오늘도 적고 또 적습니다.

　여러분의 아이디어 루틴은 무엇인가요? 열심히 상상하고 열심히 기록하세요. 기록하는 만큼 내 존재가 증명되니까요.

DAY 011   황홀한 장님이 되어   조쌤

<빈집> 기형도

사랑을 잃고 나는 쓰네

잘 있거라, 짧았던 밤들아
창밖을 떠돌던 겨울 안개들아
아무것도 모르던 촛불들아, 잘 있거라
공포를 기다리던 흰 종이들아
망설임을 대신하던 눈물들아
잘 있거라, 더 이상 내 것이 아닌 열망들아

장님처럼 나 이제 더듬거리며 문을 잠그네
가엾은 내 사랑 빈집에 갇혔네

길을 잃었을 때 찾아가는 시인이 있습니다. 혼자 노을 진 곳을 떠돌다가 찾아가는 시인이 있습니다. 사랑을 잃고 더듬거리며 찾아가는 시인이 있습니다. 밤과 안개와 촛불이 그리울 때 찾아가는 시인이 있습니다. 내 삶이 빈집처럼 가여울 때, 내 사랑과 열망이 잿더미보다 보잘것없어 숨이 탁 막힐 때 기형도의 시를 읽습니다.

기형도처럼 살고 싶고, 기형도처럼 쓰고 싶고, 기형도처럼 사랑하고 싶다고 좁은 방에서 밤새 원고를 고치던 나날이 있었습니다. 이젠 늘어진 배나 쓰다듬는 타락한 아재가 되었지만, 촛불처럼 짧고 아름답게 살다 간 시인의 글을 읽으며 여전히 눈을 붉힐 수 있으니, 참으로 아이러니한 축복입니다. 나는 다시 황홀한 장님이 됩니다.

DAY 012 굿 애프터눈, 굿 이브닝, 굿 나잇 허경심

〈트루먼 쇼〉 영화 속 '트루먼 쇼'는 전 세계인에게 사랑받는 프로그램입니다. 주인공 트루먼이 태어난 순간부터 서른 살이 될 때까지 그의 일거수일투족 모두를 방영한 프로그램이죠. 트루먼이 사는 세상은 Sea Heaven이라는 거대한 스튜디오입니다. 날씨도, 바다도, 달도, 해도 모두 만들어 낸 것이죠. 트루먼을 뺀 나머지 등장인물들은 모두가 연기자입니다. 심지어 그의 아내까지도요.

어느 날, 트루먼은 자신이 살고있는 곳이 이상하다는 걸 감지하고 피지섬으로 떠납니다. 마침내 트루먼이 탄 배가 가짜 하늘 벽을 뚫고 멈춥니다. 삼십 년 동안 살아온 내 삶이 모두 현실이 아니었다는 걸 깨달은 트루먼은 하늘로 꾸며진 가짜 벽을 치며 절규합니다. 이 때 트루먼 쇼를 제작한 크리스토프의 목소리가 들립니다.

"내가 만든 세상에선 두려워할 게 없어.
난 누구보다 자넬 잘 알아. 두렵지? 그래서 넌 떠날 수 없어."

그러나 트루먼은 인사말을 남긴 뒤 문으로 성큼 발을 내딛습니다.

"못 볼지 모르니까 미리 말하죠. 굿 애프터눈, 굿 이브닝, 굿 나잇."

트루먼의 용기 있는 모습을 보며 생각했습니다. 내가 알고 있는 나는 진짜 나일까? 나도 모르게 주입된 것들이 진짜 나를, 진짜 세상을 보는 눈을 가리고 있는 건 아닐까? 당연한 것을 왜라고 묻고, 편안함을 불편함으로 바꿀 용기를 내야겠습니다. 트루먼처럼 용기 있는 발걸음을 내딛는 오늘이 되면 좋겠습니다.

DAY 013　김농부의 백두사랑　　엘린

　　김농부에게는 백두라는 풍산개가 있습니다. 백두는 이제 태어난 지 1년이 되었는데 사람 나이로 치면 17세 청소년 정도입니다. 호기심이 어찌나 많은지 저보다 큰 고라니부터 아주 작은 개구리까지 살아있는 모든 것에 덤벼듭니다. 냄새 맡고 쫓고 건드리고 물면서 장난을 칩니다. 또 어찌나 똑똑한지 자기 집 주변에서는 절대 볼일을 보지 않습니다. 김농부가 잠시 목줄을 풀어줄 때 뒷산으로 올라가 볼일도 보고 옵니다. 간식을 주려다가 안 주면 삐쳐서 딴짓하고 불러도 대답 없는 영락없는 사춘기 개입니다. 얼마 전에는 동네의 개들과 4대1로 싸워서 이겼는데 그 모습을 생중계하듯 자랑하는 김농부의 입가에는 미소가 한가득합니다. 그럴만하죠. 진돗개도 덤비지 못했다니까요.

　　김농부의 딸은 백두가 고맙습니다. 백두 살피느라 농사일하다가도 허리 한번 펴고, 산책 한 바퀴 돌고 백두 재롱 덕에 한 번 더 웃고 백두 자랑하느라 할 이야기가 더 생겨나니 백두에게 고맙습니다.

　　김농부는 통화를 할 때도 꼭 백두 이야기를 빼먹지 않습니다. 찬 바람이 불기 시작하니 밖에서 고생할 김농부에 대해 걱정이 들면서 함께 지낼 백두도 걱정됩니다. 백두에게는 '애견'이 아니라 '반려견'이라는 명칭이 꼭 맞습니다. 사랑을 줘야만 하는 동물이 아니라 가족처럼 더불어 정을 나눌 동물이 있다는 건 정말 행복한 일입니다.

　　김농부가 백두랑 늘 행복하길 바랄 뿐입니다.

DAY 014　함께 꿈꿔줄 사람

김선민

딸의 노랫소리가 귀에 들려온다. 하루종일 흥얼거리는 딸 덕분에 나 또한 흥얼거리는 노래가 되었다.

> 나는 문어 꿈을 꾸는 문어 꿈속에서는 무엇이든지 될 수 있어
> 나는 문어 잠을 자는 문어 잠에 드는 순간 여행이 시작되는 거야
> 높은 산에 올라가면 나는 초록색 문어
> 장미꽃밭 숨어들면 나는 빨간색 문어
> 횡단보도 건너가면 나는 줄무늬 문어
> 밤하늘을 날아가면 나는 오색찬란한 문어가 되는 거야
> 깊은 바닷속은 너무 외로워 춥고 어둡고 차갑고 때로는 무섭기도 해
> 그래서 나는 매일 꿈을 꿔… (중략) 이곳은 참 우울해

안예은 <문어의 꿈>

나는 선천적으로 밝은 사람에 속한다. 그래서 웬만해서는 우울해하거나 깊이 고민하지 않는다. 그런 내가 유일하게 우울함이 무엇인가를 느낀 건 아이를 낳은 이후였다. 누구보다 아이를 기다렸고 새벽 수유를 기쁨으로 할 만큼 즐거웠지만 순간순간 우울감이 나를 엄습했다. 바로 산후우울증이었다.

한 번도 경험하지 못한 낯선 상황에 놓인다는 것, 무언가를 온전히 책임져야 한다는 것이 얼마나 어렵고 힘든 일인지 그때 깨달았다. 시간이 지나고 보니 그때 나에게는 함께 해줄 사람이 필요했다. 요즘은 나와 '함께'하는 문어들 덕분에 나는 감사하게도 일상을 이어갈 수 있다. 우리 딸은 의미를 아는지 모르는지 오늘도 열심히 노래를 흥얼거린다.

DAY 015 기억 날조하기 VS 창조하기 에밀리

> 기억은 식품처럼 세월이 지나면 오염되고,
> 부패 되어 원형이 제대로 남아 있지 않다.
> 엘리자베스 로프터스(미국 워싱턴대학교 심리학 교수)

1989년 미국 LA에 사는 아일린 프랭클린은 어린 시절 동네 친구였던 8살 수잔에 대한 끔찍한 기억을 20년 만에 떠올리게 됩니다. 그건 아버지인 조지 플랭클린이 수잔을 살해했다는 기억이죠. 수잔은 실제 1969년 실종된 아이였습니다. 아일린의 신고로 아버지 조지 플랭클린은 체포되었습니다. 그런데 재판이 진행되는 동안 아일린은 몇 번이나 증언을 번복했습니다. 20년 만에 사라졌던 기억이 돌아왔는지 설명하지 못했지만 조지 플랭클린은 유죄를 선고받습니다. 5년 뒤, 아일린이 그동안 우울증에 걸려 최면 치료를 받았고, 이 과정에서 수잔에 대한 기억이 날조된 것이라는 진실이 밝혀지며 조지는 풀려나게 됩니다.

기억은 항상 업데이트됩니다. 이 순간의 경험, 느낌, 생각이 우리의 과거를 계속 편집하고 있습니다. 그러기에 '지금'이 중요합니다. 우리 뇌는 기본적으로 부정성이 강하기 때문에 의도적으로 긍정적인 생각으로 뇌의 방향을 잡아 주어야 합니다. 저도 아침마다 긍정 확언을 소리 내어 말하고 감사 일기를 씁니다. '나는 나를 사랑한다.' '나는 남과 나를 비교하지 않는다.' '나는 모든 것에 감사한다.' 자신만의 긍정 기억으로 업데이트를 시작해보세요. 긍정적인 기억을 창조하는 자가 진정한 크리에이터이니까요.

DAY 016   사장이 여러 번 바뀌었지만 살아남은 이유?   죠쌤

출처 한국민족문화대백과사전

둔필승총(鈍筆勝聰)
둔한 붓이 총명함을 이긴다.
다산 정약용(실학자)

얼마 전 어느 강연에서 한 비서에 대한 얘기를 들었습니다. 그 분이 일하던 회사는 문제가 있어서 사장이 여러 번 바뀌었다고 합니다. 사장이 바뀌면 비서도 바뀌는 것이 관행일 텐데 그 비서는 사장이 여러 번 바뀌었지만 끝까지 살아남았을 뿐만 아니라 오히려 능력을 인정받아 승승장구했다고 합니다. 그 비결은 의외로 간단했습니다. 메모였습니다. 그 비서는 어느 정도로 메모를 열심히 했냐면, 사장이 지나가면서 혼잣말로 하는 말까지 받아적었다고 합니다. 시간이 흘러 사장이 까먹은 정보까지도 비서가 상기시켜주는 덕분에 업무가 착착 진행되었다고 합니다. 메모 습관 하나로 그 비서는 절대로 잘라서는 안 되는 존재가 된 거죠.

둔필승총. 쉽게 말하면, '메모 습관이 총명한 머리보다 낫다.'입니다. 자신의 머리를 과신하지 말고 메모를 믿읍시다. 누군가 이야기를 할 때 팔짱을 끼지 말고, 펜을 잡고 받아 적을 준비를 합시다. 어쩌면 그 비서가 성공한 이유는 메모 자체보다도, 늘 경청하며 적을 준비를 했던 그 태도 때문이 아닐까요? 다산 정약용께서 조선 최고의 지성인으로 존경받은 이유가 그 태도 때문이듯이 말이죠.

DAY 017 누구나 따뜻한 마음은 있습니다 모두쌤

메리 고든의 「공감의 뿌리(Roots of Empathy, 2010)」는 생후 2개월에서 4개월 사이의 아기를 데리고 학교를 방문해 학생들과 함께 수업을 진행한 프로그램인 '공감의 뿌리'를 정리한 책입니다. 학생들은 1년 동안 아기의 성장 과정을 지켜보며 공감 능력이나 이해력의 변화를 경험합니다.

> 작고 영리한 아기가 포대기 안으로 쏙 들어가자, 대런은 아기를 안은 채 교실 구석으로 가서 한동안 아기를 얼러주었다. 그리고 잠시 후 아기 엄마와 공감의 뿌리 강사가 있는 곳으로 돌아와서는 이렇게 물었다. "아무한테도 사랑받지 못한 사람도 좋은 아빠가 될 수 있나요?"
>
> 「공감의 뿌리」, 메리 고든, 샨티, 2010

'대런'은 어릴 때 겪지 말았어야 할 고통을 겪은 학생입니다. 어머니가 살해당해 끔찍한 트라우마를 겪은 것입니다. 처음에 대런은 아기 옆에 오지도 못하다가 모든 학생이 점심을 먹으러 나간 사이 용기를 내어 아기를 안아보겠다고 합니다. 처음으로 아기를 안아본 대런은 공감의 뿌리 강사에게 자신도 좋은 아빠가 될 수 있는지 물어봅니다. 겉으로는 늘 차가운 대런이었지만, 속 마음은 늘 사랑받고 싶었고, 사랑을 주고 싶었습니다. 대런은 아기를 통해 진정한 치유와 교육을 경험합니다. 참교육은 공감해주고, 지켜봐 주고, 감싸주는 것입니다. 우리의 교육이 공감의 뿌리에 닿기를 희망해 봅니다.

DAY 018 햇살 드는 방   연정인

〈바다 옆방〉, 에드워드 호퍼, 1951

그림이나 글 또는 시를 볼 때마다 개인의 상황에 따라 느끼는 감정은 다를 것입니다. 저는 이 그림에서 바다를 보며 시원함을 느꼈습니다. 문 안으로 깊이 들어오는 햇볕에서 따뜻함도 느꼈습니다. 바다와 빈방이 나란히 있으니 편안함과 외로움도 동시에 밀려옵니다.

그림을 감상할 때 자신의 마음을 들여다볼 수 있어 치유의 도구로 그림을 사용하기도 합니다. 이 그림을 보면서 편안함과 시원함을 동시에 느끼는 것도 일종의 치유가 아닐까 생각합니다. 이런 곳에 한 번쯤 머물고 싶어요. 빈방 문턱에 걸터앉아 탁 트인 바다를 바라보며 멍하게 앉아 있으면 햇살과 같이 따스한 누군가가 미소 지으며 놀러 올 것 같아요.

마음이 복잡할 때 한 번쯤 그림을 보러 가는 것은 어떨까요? 작품이 주는 상상 속에서 즐거운 힐링을 경험할 수 있습니다.

DAY 019 내가 살고 싶은 삶   토마스

　친구들과 캠핑하러 갔습니다. 삼겹살도 먹고 노래도 부르며 즐겁게 놀았습니다. 밤이 깊어지자 우리는 화덕에 불을 피우고 불멍을 즐겼습니다. 화덕 불에 마시멜로도 구워 먹고 감성적인 노래도 들으니 너무 기분이 좋았습니다. 제 걱정과 근심도 한 줌의 재가 되어 저 따뜻한 불에 태워져 날아가는 것 같았습니다. 불꽃이 사그라들면서도, 마지막 힘을 쥐어 짜내듯 격정적으로 일렁이는 불의 춤사위는 제게 알 수 없는 감동을 안겨주었습니다.

　오늘 그 추억을 회상해보다가 문득 불꽃과 같은 삶을 살고 싶다는 생각이 들었습니다. 주위를 따뜻하게 해주고 빛내주기도 하는 아름다운 불. 그날의 불은 저에게 영감을 주는 뮤즈이자 잊지 못할 추억을 만들어준 소중한 존재입니다. 오늘은 여러분들에게 왠지 모르게 그 추억을 자랑하고 싶기도 했고 질문을 드리고 싶기도 했습니다.

　여러분은 어떤 삶을 살고 싶으신가요? 제 친구들은 물처럼 따뜻하게 모두를 안아줄 수 있는 삶을 살고 싶다고도 하고, 달처럼 주위를 빛내주고 자신 또한 빛나는, 유일한 존재가 되고 싶다고도 하네요. 저는 사그라들던 불꽃처럼 춤을 추고 싶습니다. 누군가 내 삶을 보며 넋 놓고 멍때릴 수 있다면 왠지 저는 더없이 행복할 것 같습니다.

DAY 020 꿈을 이룬 챨리쌤(?)   챨리쌤

어느 날, 당시 초등학교 1학년이었던 아들이 저에게 물어봅니다.

아들: "아빠, 아빠는 꿈이 뭐예요?"

챨리쌤: "어, 아빠 꿈은.... 좋은 아빠!"

아들: "어? 그럼, 아빠는 꿈을 이미 이뤘네요."

챨리쌤: "그래? 고마워." (갬동 갬동)

초등학교 5학년이 된 아들, 아빠의 꿈을 잊어버렸는지 얼마 전 저에게 물어봅니다.

아들: "아빠, 아빠는 꿈이 뭐예요?"

챨리쌤: "예전에 말했는데 기억 안 나니? 아빠 꿈은 좋은 아빠잖아."

아들: "그래요? 그럼, 노력 많이 해야겠다."

...

...

그래요...

이룬 꿈이더라도, 날아가 버릴 수 있어요. 꿈은 단번에 이루어지는 게 아니라, 이루어 가는 것이라는 걸 배웠네요. ^_^

DAY 021 때론 무계획이 가장 완벽하다   조쌤

"가장 완벽한 계획이 뭔지 알아? 무계획이야. 계획을 하면 모든 계획이 다 계획대로 되지 않는 게 인생이거든."

영화 <기생충>

인생이 계획대로 풀리지 않을 때가 있습니다. 여행을 계획합니다. 들뜬 마음으로 티켓팅부터 방문할 맛집까지 모든 준비를 완벽히 마쳤는데, 갑자기 여행을 며칠 앞두고 직장의 중요한 행사가 잡혀버린 것입니다. 휴가는 물 건너갔죠.

치밀한 주식 공부를 통해 나만의 완벽한 투자계획을 세웁니다. 모아둔 돈에 대출까지 살짝 더해 적정가로 주식을 샀습니다. 이제 예상대로 오르기만 하면 되는데, 별안간 전쟁이 터지고 질병이 퍼지고 세계 경제가 흔들거립니다. 엎친 데 덮친 격으로 돈이 필요한 일들이 생깁니다. 제 멘탈도 흔들립니다.

인생의 쓴맛을 느낄 때 <기생충>의 '기택'(송강호)이 남긴 명언이 저를 위로합니다.

"그래, 이게 인생이야. 모든 게 계획대로 되면 뭐가 재밌겠어."

이런 날엔 무계획으로 무작정 산책을 해봅니다. 인생길 걷다 보면 계획에 없던 행운이 찾아오는 날도 있겠지요.

DAY 022 나는 힘들다고 말해도 괜찮아 김선민

> 나는 힘들다는 말을 잘하지 않는 타입이다. 그런데 이렇게 힘이 들어도 힘들지 않은 척 감정을 묶어두면 자신에 대한 감각은 무뎌진다. 그렇기에 누가 알아주지 않더라도 힘이 들면 힘들다고 투정 부려야 하고 못 버티겠으면 잠깐은 멈춰 설 줄 알아야 한다. 그러니 인생에 설치해야 할 액티브-X가 너무 많을 때 책임감에 익사할 것 같을 때 집에 돌아온 순간 눈물이 날 때 '나도, 이제는 힘들다'고 말하라. 누구도 당신을 대신 지켜줄 수 없고, 견디기 버거운 희생은 자기 학대일 뿐이다. 조금은 이기적이어도 괜찮고 조금은 무책임해도 된다. 책임감을 논하며 질식할 때까지 스스로를 방치하는 것만큼 자기 자신에게 무책임한 일은 없다.
>
> 「나는 나로 살기로 했다」, 김수현, 클레이하우스, 2022

엄마를 하늘로 보내고 애도에 대해 많이 고민하게 되었다. 나도 위의 작가처럼 힘들다고 말을 잘하지 않는 타입이다. 그리우면 그립다고 말하고 힘들 땐 힘들다고 말하는 것이 왜 그리 어려웠을까? 난 늘 괜찮다며 회피의 방어기제를 사용하기까지 한다. 나의 감정을 알아차릴 때면 신체화(심리적 요인으로 인해 신체적 고통을 느끼는 현상)로 인해 온몸이 아픈 뒤이다.

나는 K 장녀, 엄마, 부인, 누나, 직장인, 선생님, 친구, 위로자 등 생각보다 많은 꼬리표에 충실하려고 노력한다. 노력만큼 좋은 결과가 생기지 않으면 스스로 닦달한다. 그런데 나는 많은 역할 중에서 제일 중요한 '나'를 제대로 이해하고 있을까? 이 글을 쓰며 나도 '나로 살기로 했다.' '나'로 충만한 아침을 열기로 했다.

DAY 023   자기 믿음   허경심

> 예전에 백만장자들을 대상으로 부자가 된 비결을 물은 적이 있단다. 그들이 공통적으로 꼽은 비결이 뭔 줄 아니? 바로 자기 믿음이었어. 자기 믿음이란 자신의 생각과 자신의 직관, 그리고 무엇보다 자신의 가능성을 믿는 걸 말하지.
>
> 「바보 빅터」, 호아킴 데 포사다, 한국경제신문사, 2018

우리 주변에는 언제나 방해꾼이 있기 마련입니다. 그 방해꾼이 하는 이야기에 흔들리지 않고 나 자신을 믿고 나아가기란 참 힘든 일인 것 같아요. 돌이켜 보면 저는 외부의 방해꾼보다 제 안에 방해꾼이 더 많았습니다. 특히 책을 쓸 때 제 안의 방해꾼은 그 어느 때보다 활개를 쳤어요. 방해꾼은 끊임없이 말했습니다.

"너에게는 무리야. 네가 무슨 책을 쓴다고 그러니? 책은 아무나 쓰는 게 아니야. 제발 네 주제를 파악해!"

저는 이 악독한 방해꾼을 물리쳤습니다. 제 안에서 방해꾼의 목소리가 아닌 돌보는 목소리를 끄집어내었거든요.

"넌 충분히 할 수 있어."

나를 믿기 위해서는 나를 향한 연민과 격려가 필요합니다. 결국 나를 믿는다는 건 나를 사랑하는 것과 일맥상통한다는 생각이 들었어요. 오늘도 방해꾼의 말에 힘드셨나요? 그렇다면 스스로에게 말해주세요. "넌 할 수 있어!"

DAY 024 키오스크는 필요하다만   엘린

　얼마 전 자주 먹는 설렁탕집에 갔습니다. 테이블마다 작은 키오스크가 달려있습니다. 주문과 결제를 앉은 자리에서 할 수 있으니 매우 편합니다. 하지만 시골 생활을 하고 계시는 부모님에게는 사뭇 낯선 풍경이었습니다. 어떤 생각이 드시냐고 묻지는 않았지만 아마 혼자 오셨다면 당황해하셨겠죠. 시대가 발전하고 혁신적인 기술이 쏟아지는 사회에서 기계가 혹은 인공지능이 사람이 하는 일을 대체하고 있습니다. 그것이 순리겠죠. 편리와 이익을 남겨야 하는 시장의 논리도 이해합니다. 다만, 아직 저는 이렇게 말해주는 가게 여전히 좋습니다.

　"맛있게 드셨어요? 저희 가게에 자주 오시죠?"

　"감사합니다. 이건 서비스예요."

　"어떤 음식이 가장 입맛에 맞으셨어요?"

　"또 오세요."

　맛있는 음식을 참 잘 먹었다고 말해줄 기회가 있기를 바랍니다. 그래서 키오스크로 주문하고 로봇이 서빙하고 퇴식구에 반납하는 휴게소보다는 3대째 이어져 오는 소소한 국밥집이 좋습니다.

　누구나 인간답게 살 수 있는 사회는 과거에도 지금도 앞으로도 우리가 지향해야 할 사회입니다. 식당가를 거닐 때 주변을 한번 살펴봐야겠습니다. 혹시 키오스크 앞에서 당황해하며 누군가의 도움을 구하고 있는 한 사람이 있을지도 모르니까요.

DAY 025 　　　매일이 축제　　　김선민

> 러시아 항공을 처음 이용한 건 불가리아 여행을 갈 때였다. 그런데 무뚝뚝하기 그지없는 기내 서비스를 받으며 한참을 비행한 끝에 모스크바 공항 활주로에 착륙하는 순간, 갑자기 주변 승객들이 하나같이 박수를 치며 우와 아아 환호하지 뭐겠습니까. 뭐야? 무슨 일인데? 알고 보니, 무사히 착륙한 걸 축하하는 일종의 전통 의식 같은 거란다. 이 거대한 기계 덩어리가 하늘에 부웅 떠올라, 먼 거리를 쭈욱 날아, 무사히 착륙했다니 축하할 만하지 않냐는 이야기.
>
> 「이렇게 오랫동안 못 갈 줄 몰랐습니다」, 신예희, 비에이블, 2022

　몇 달 전 아이의 첫 발치가 있었다. 아이가 두려워할까 봐 발치하는 날 파티를 하자며 언니가 된 걸 축하한다고 말해주었다. 그러자 아이는 두려워하면서도 어린이집에서 배웠는데 빠진 이를 베게 밑에 놓으면 치아 요정이 이를 선물로 바꿔줄 거라고 말했다. 우리 때는 지붕 위에 이를 던지는 의식이 전부였는데, 도대체 치아요정은 누가 만든 것인가? 아무튼 기대하는 아이에게 실망을 줄 수 없어 선물을 준비했다. 선물을 받은 아이는 행복해했고 발치만으로 일주일 내내 파티를 열었다.

　그렇게 첫 이 발치 파티를 마치고 한 달이 지난 어느 날 두 번째 이가 흔들린다며 아이는 우리 부부에게 파티를 준비해야겠다고 말했다. 아이에겐 순간순간이 축하할 일이 넘치는 축제이다. 사실 마음을 열고 보면, 소소하게 축하할 일은 참 많은 것이 우리 인생이다. 늘 아이의 마음으로 축제를 누리듯 살기를 소망하며...

DAY 026   나의 스승은 어디에?
에밀리

> 세 사람이 함께 길을 가면 반드시 내 스승이 있으니 선한 자를 선택하여 그를 따를 것이고 선하지 못한 자는 내 잘못을 고치는 계기로 삼는다.
>
> 「논어 술이편 21장」, 공자

三人行必有我師(삼인행필유아사): 세 사람이 길을 가면 반드시 그 중에 나의 스승이 있다. 유명한 공자님 말씀입니다. 세 사람이 길을 가면 한 사람은 나이고, 또 한 사람은 선한 사람, 그리고 나머지 한 사람은 선하지 않은 사람입니다. 선한 사람은 내가 배워서 따를 사람이니 선함을 본받으면 되고 선하지 못한 사람은 그의 잘못된 점을 거울삼아서 고치면 됩니다. 결국 이 세상 사람들이 모두 나의 스승입니다.

스승 하면 떠오르는 사람이 있나요? 지금 제게 가장 큰 깨달음을 전해주는 스승은 5살 된 딸입니다. 놀 때는 온 열정을 다하여 땀이 비 오듯 열심히 놀고, 접하는 모든 것이 새로워 호기심이 끝이 없습니다. 아이의 성장 과정이 자기 계발을 위한 지침서인 듯 삶을 되돌아보게 합니다. 어린 딸에게서 스승의 모습을 보았듯이 함께하는 모두가 우리 자신에게 스승이 될 수 있습니다. 자신 또한 누군가의 스승이 될 수 있겠지요.

잠시 멈추어 오늘 만날 사람을 생각해보세요. 그 사람에게서 나에게 없는 장점을 찾아보고 그를 스승님으로 대해보세요. 공자님 부럽지 않은 하루를 보낼 테니까요.

DAY 027 과연 나를 선택했을까? 모두쌤

"아직도 이해되지 않니?" 수학 문제를 보며 천진난만하게 두 눈을 깜빡이는 딸아이를 보며 체념 섞인 한숨이 절로 나옵니다. 옆집 아이는 벌써 이걸 지난달에 다 했다고 하던데, 하며 온갖 부정적인 생각이 머리를 스치고 지나갑니다. 차근하게 다시 해보라고 말하는 저에게 아이는 당당하게 눈을 크게 뜨고 외칩니다. "싫다고!" 왜 이렇게 내 맘 같지 않을까요? 드라마 속에 나오는 주인공처럼 알아서 공부도 하고, 부모의 마음도 알아서 잘 헤아려주면 좋을 것을.

> 노아의 말을 듣고 보니, 우리가 부모를 선택한다는 것은 부모가 아기를 낳는 것과 비슷하다는 생각이 들었다. 누구든 자기 아기에 대해서 엄청난 천재까지는 아니더라도 남들보다는 잘났으면 좋겠다는 마음 정도는 갖고 있을 것이다.
>
> 「페인트」, 이희영, 창비, 2019

소설 「페인트」에서는 국가에서 NC 센터라는 곳을 운영하는데, 그곳에서 부모가 없는 아이들은 부모 인터뷰를 통해 자신이 함께 살 부모를 선택할 수 있습니다. 그 인터뷰를 아이들의 은어로 '페인트'라고 부릅니다. 마음에 드는 부모를 못 만나면 시설 밖으로 나와 홀로 외로운 삶을 살기도 합니다. 책의 주인공은 마음에 드는 부모를 만났으나 결국엔 선택하지 않습니다.

만약 지금 절 째려보고 있는 우리 딸이 페인트의 주인공이었다면 과연 저를 선택했을까요? 아찔합니다. 제가 우리 딸을 잃을 뻔했군요. 그깟 수학 문제 때문에.

DAY 028　편가르기　　연정인

> 우리 인간은 참 편을 가르고 상대편에게는 빗장 걸기를 좋아하네
> 경계를 짓고 울타리를 치는 일들이 언제부터 생겨났을까?
> 아마 인간 삶의 자리 태초부터 아니었을까?
> 「햇살 속 그리움 그리고 영성」, 김성호, 류해욱, 솔과학, 2022

　　동물의 세계도 그렇지만 인간 사회에서도 언제나 편 가르기는 존재합니다. 감정의 동물인 우리는 감정에 따라 좋아하고 싫어하는 사람들을 구분하고 편을 가릅니다. 겉으로는 공정하게 상대방을 대한다고 하지만, 우리의 속마음은 그렇지 않을 때가 얼마나 많던가요? 부모와 자식, 교사와 학생의 관계조차도 사랑과 교육으로 거듭나야 한다고 하지만, 자신의 마음에 맞는 아이와 맞지 않는 아이를 편 가르곤 합니다. 제가 가르치는 학생 중에 어떤 여학생은 자기가 친한 친구들과 편을 갈라서 행동하다가 오히려 나중에는 자기편이었다고 생각했던 친구들에게 따돌림을 당하는 경우도 있었습니다. 편 가르기의 끝은 참으로 씁쓸합니다.

　　경계와 울타리를 의식하며 길을 걷다 보니 온통 담과 벽과 울타리 천지입니다. 숨이 탁탁 막힙니다. 「햇살 속 그리움 그리고 영성」을 쓴 작가의 추측대로 삶의 태초부터 경계와 울타리는 있었을 테지만, 왜 우린 아직도 적응이 안 되는 거죠? 모두 함께 어우러져 평화롭게 사는 삶은 언제나 가능할까요? 오늘따라 우리 동네 담벼락들이 참 얄미워 보입니다.

DAY 029 에디슨에 대한 오해   찰리쌤

> 천재는 99%의 노력과 1%의 영감으로 이루어진다.
> 토마스 에디슨(미국 발명가, 사업가)

흔히 노력의 중요성을 강조할 때 쓰이는 명언입니다. 하지만 에디슨은 실제로 이런 의미로 이야기한 것이 아닙니다. 오히려 '1%의 영감이 없으면 99%의 노력은 소용이 없다'는 것을 강조한 말이라고 합니다.

그가 중요하게 여긴 것은 오히려 '단 1%의 영감'이었습니다. 영감을 얻기 위해 끊임없이 노력해온 그의 집에서 3400권에 달하는 노트가 발견되기도 했죠. 공식적인 것만 1300개 이상의 특허를 보유한 발명왕 다운 모습입니다.

재밌는 점은, 에디슨은 영감을 얻기 위해서도 끊임없이 '노력'했다는 점입니다. 좋은 아이디어를 얻기 위해 부단히 노력해야 합니다. 아무런 노력도 하지 않은 채 입만 벌리고 누워 있다고 영감이 입 속으로 떨어질 리가 없겠죠. 에디슨 같이 노력하는 자에게 영감이 찾아오는군요. 오늘 하루 에디슨의 태도로 시작해볼까요?

제 자리에서 최선을 다할 테니 멋진 생각, 빛나는 생각이여 나를 찾아오소서!

DAY 030 촛불, 나, 그리고 일기

조쌤

갑자기 정전이 되었거나 외딴 곳이어서 촛불을 켜 본 경험 한 번 쯤 있을 것입니다. 한 작가는 그 순간을 이렇게 묘사했습니다.

이 세상에 오직 촛불과 나만 있는 느낌, 모든 복잡한 자극이 사라져 내 마음의 비밀스러운 전모가 확연히 드러나는 느낌이었다.

(중략)

촛불을 켠 날 밤, 평소에 잘 안 쓰던 일기를 썼다. 사각사각 펜이 종이를 긁적이는 소리도 더욱 생생하게 들렸다. 작은 촛불을 통해 내 마음으로 직접 통하는 비밀 열쇠를 찾은 느낌이었다.

「1일 1페이지, 세상에서 가장 짧은 심리수업 365」, 정여울, 위즈덤하우스, 2021

촛불, 나, 그리고 일기. 근사한 조합 아닌가요? 촛불과 나만 있는 느낌 속에서 글을 쓰는 경험. 아름답다 못해 성스럽기까지 한 경험인 것 같습니다. 세상의 모든 것이 잠든 것 같이 고요한 순간에 나 자신을 가만히 일깨우는 경험. 우리의 자아를 성장시키는 비밀 열쇠임이 틀림없습니다. 여러분은 언제 마지막으로 그런 경험을 해 보셨나요? 까마득하다면, 이번 달에는 꼭 하루만이라도 시간을 내 볼까요? 내면의 성장을 향해 떠나는 아름다운 순례가 될 것입니다.

DAY 031 내가 굉장히 중요하다고 여기는 날 허경심

미국에 곰돌이 푸가 있다면 영국에는 곰돌이 패딩턴이 있습니다. 패딩턴은 브라운 씨네 집에서 함께 살게 되었어요. 패딩턴은 페루 깊은 숲속에서 밀항해 영국으로 왔기 때문에 사람들의 문화를 잘 모릅니다. 생일 파티가 무엇인지 잘 모르는 패딩턴에게 버드 부인이 말합니다.

"여왕님하고 똑같은 거야.
그러니까 넌 네가 굉장히 중요하다고 여기면 되는 거란다."
「내 이름은 패딩턴」, 마이클 본드, 파랑새어린이, 2014

오늘은 제 생일입니다. 그 어떤 해보다도 많은 분께 축하 인사를 받았습니다. 저의 마음은 감사와 감동으로 충만해졌습니다. 예전의 저였다면 '내가 뭐라고 이렇게 축하해주나'라고 생각했을지 모르겠습니다. 저는 사실 오랜 시간 동안 자신을 쓸모없는 사람이라 여기며 살아왔거든요. 그러나 이제는 압니다. 저는 소중한 사람이고 중요한 사람이라는 것을요. 우리는 모두 소중하고 중요한 사람입니다.

우리는 바삐 살다 보면 나를 돌아보거나 대접해 주는 일에 소홀해집니다. 심지어 생일마저도 바쁘다는 핑계로 대충 지나가 버리기도 합니다. 한 해에 딱 한 번 돌아오는 생일. 생일에는 우리가 소중하고 중요한 존재라는 걸 만끽하면 좋겠습니다. 태어나 주어서 잘 살아 주어서 고맙다고 자신에게 말해주면 좋겠습니다. 매일 매일 기쁜 날입니다. 어제도 오늘도 누군가의 생일이기 때문이죠.

DAY 032　미라클모닝 실천한 지 10일 차　엘린

　첫날은 예열 삼아 조금 일찍 일어났습니다. 맛보기였지요. 6시에 눈이 잘 떠지는지, 내 몸과 마음 컨디션은 어떤지를 살펴보기 위함이었습니다. 생각보다 기분 좋게 시작해서 약간의 뿌듯함을 느끼며 하루를 보냈습니다. 둘째 날부터는 원하는 시각에 일어났습니다. 5시 전에 일어나 기상인증을 하고 책상에 앉아 뭘 할까 이것저것을 살펴봤습니다. 소소하고 평범한 활동들을 합니다. 간단한 스트레칭을 하고 따뜻한 물 한 잔을 마십니다. 책을 읽거나, 도화지에 긍정 확언을 쓰고, 블로그를 읽고, 글쓰기를 합니다.

　열흘이 지난 지금 제 마음은 어떠할까요? 뿌듯합니다. 잠을 더 자고 싶은 게으름에서 조금 부지런해짐을 느낍니다. 달라진 시간의 흐름을 느낍니다. 10분이 흘렀는데 이전의 10분과 달리 속도가 좀 느립니다. 시간의 질도 달라졌지요. 띄엄띄엄 흘러가는 10분이 아니라 더 알차고 꽉 차서 묵직하게 흘러가는 시간이랄까요. 버리는 시간이 줄어들었습니다. 시간이 얼마나 귀한지 알아가고 있습니다.

　더 일찍 일어나고 싶습니다. 더 일찍 일어나서 혼자만의 시간을 많이 갖고 싶은 욕심이 생깁니다. 새벽에는 내 마음에 집중하고, 생각을 더 차분하게 할 수 있습니다. 일찍 일어나니 내일이 더 기대되기도 하고요. 「시작의 기술」을 쓴 저자 개리 비숍은 행동으로 인생이 바뀌는 것이지, 행동을 생각하는 것으로 인생이 바뀌지 않는다고 말합니다. 오늘은 너무 많은 생각을 하기보다는 평소에 꼭 해보고 싶었던 행동을 해보시는 것은 어떨까요? '일찍 일어나는 행동' 강추드립니다.

DAY 033　　　**나는……입니다**　　　김선민

　삶의 굴레가 가끔은 지루하게 느껴질 때가 있다. 출근하고 퇴근하고 매일 같은 사람을 만나고... 하루하루가 재미없다고 느껴질 때가 있다. 그러다 아이와 우연히 그림책에서 읽으며 감동을 받았다.

> 나는 지하철입니다. 나는 오늘도 달립니다. 매일 같은 시간, 매일 같은 길을. 어디에선가 와서 어디론가 가는 사람들을 싣고 한강을 두 번 건너며 땅 위와 아래를 오르내립니다. 끝없이 이어지는 이 길 마디마디에 나를 기다리는 사람들이 있습니다. 나는 지하철입니다.
> 「나는 지하철입니다」, 김효은, 문학동네, 2016

　나보다 더 쳇바퀴 같은 삶을 사는 지하철, 그가 출퇴근하는 사람들을 '나를 기다리는 사람들'로 보는 시선에서 따뜻함을 느꼈다. 관점을 바꿔보면, 무의미하게 반복되는 일상처럼 보이는 지하철의 삶이 달리 보인다. 설레는 마음으로 사람들을 기다리고, 사람들을 목적지까지 소중하게 태워주는 모습... 감사함이 절로 든다.

　우리의 삶도 지하철 같다. 한편으로 힘들고 재미없다고 느껴지는 삶이지만, 삶 속 정거장마다 나를 기다리는 사람들에게 무언가를 베풀기도 하고 또 받기도 하며 소소한 재미를 맛볼 것이다. 뭔가 특별하고 화려한 행사는 없어도 묵묵히 내 삶을 살아 나가는 것만으로도 충분하다. 오늘도 수많은 사람을 태우고 한강을 건너는 지하철을 떠올리며 힘을 내야겠다. 나도 삶 속에서 만날 크고 작은 이야기들을 기다리며 달려가야겠다.

DAY 034 환경보호를 위한 나만의 대처 방법 에밀리

태어난 뒤 주변 환경에 따라 성별이 결정되는 동물이 있다고 합니다. 1986년부터 미국 플로리다 키스 제도의 거북이를 연구해온 거북병원의 원장은 지난 4년간 플로리다주에서 부화한 바다거북이 모두 암컷이었다는 사실을 확인했습니다. 이와 같은 현상은 호주에서도 발견이 되었는데요. 미국 해양대기청은 2019년 호주 북동부 연안에 사는 새끼 푸른 바다거북의 암컷 비율이 99%를 기록했다는 사실을 발표하였습니다.

왜 그런 일이 생긴 걸까요? 바다거북의 성별은 태어날 시간이 절반 정도 남았을 때 결정되는데 모래의 온도에 따라 암컷으로 태어날지 수컷으로 태어날지 정해진다고 합니다. 모래 온도 27.7℃ 이하에선 수컷, 31℃ 이상에서는 암컷이 태어납니다. 최근 암컷이 많아지게 된 이유는 바로 지구 온난화라는 환경적 변화 때문이었던 것이죠.

'우리가 사는 이 땅은 조상에게 물려받은 것이 아니다. 이것은 우리 아이들로부터 빌린 것이다'라는 인디언 속담이 있습니다. 우리 아이들에게 빌린 것을 제대로 전달해주기 위해서 지금 바로 실천할 수 있는 것은 무엇일까요? 다이어리에 적어봅니다. 생각 없이 구매했던 물건 목록, 냉장고에 장기간 보관하고 있는 품목들, 창고에 쌓여있는 각종 생활필수품. 없는 줄 알고 재구매한 물건들이 왜 이리 많은지요. 충동구매를 자제해야겠습니다. 수컷 푸른 바다거북들도 지구에 태어나 마음껏 헤엄치며 살 수 있는 세상을 만들어 주고 싶으니까요.

DAY 035 왕자와 공주, 누가 누구를 구했을까요? 모두쌤

동화 개구리 왕자의 이야기에서 공주는 개구리의 모습을 보고 매우 실망 합니다. 그리고 처음에 한 약속(키스!)을 지키지 않고 도망(누구라도 그럴 것 같습니다.)을 가버립니다. 하지만 개구리는 포기하지 않고 지속적(?)으로 공주 앞에 나타납니다. 그리고 공주의 아버지인 왕의 지지를 얻고 마침내 공주와의 키스에 성공합니다. 개구리는 마법에서 풀려나와 멋진 왕자로 변신합니다. 그리곤, 공주의 마음을 얻어 성대한 결혼식을 올립니다. 이게 대부분의 동화 속 이야기 결말입니다.

> 공주를 구한 왕자는 그 다음 어떻게 되지?
> 그 다음에는 공주가 왕자를 구해줘요!
> 영화 <프리티우먼>에서 비비안과 에드워드의 대화

프리티우먼(1990년 개봉). 줄리아 로버츠와 리차드 기어의 매력을 흠뻑 느낄 수 있는 영화죠. 처음에는 돈도 많고 사회적 지위가 높은 에드워드가 일방적으로 비비안을 구해주는 것으로 보입니다. 하지만 비비안은 에드워드가 갖고 있던 고소공포증을 극복하게 해줍니다. 비비안이 에드워드를 구해준 거죠.

나를 둘러싸고 있는 외적인 요인보다는 내 안에 있는 내적인 요인들과 싸워서 이기게 하는 것이 진정한 사랑이지 않을까요? 개구리 왕자가 공주를 구해준 것 같지만, 결국 왕자도 공주에게 구원을 받은 것처럼 사랑은 상호 간의 이해와 성장을 통해 서로를 구원하는 과정이란 생각이 듭니다.

DAY 036　　교실의 날씨　　연정인

> 교실에서 아이들과 함께하고 계시는 선생님은 아이들 가슴속에 북극성도 만들어 줄 수 있습니다. 하임 기너트의 '교실을 구하는 열쇠'라는 책에서 "교사는 그날 교실의 날씨를 좌우한다. 흐리게도 맑게도." 대략 이런 뜻의 글을 읽은 기억이 있네요.
>
> 「우리 아이들, 안녕한가요」, 윤태규, 내일을 여는 책, 2015

　변덕스런 날씨처럼 학교 교실의 날씨도 늘 변화무쌍합니다. 그 중심에는 선생님이 있습니다. 교사의 말, 표정, 시선에 따라 폭풍도 일고 번개도 칩니다. 그러다가 어느 날 한 아이의 가슴에 북극성이 뜨는 순간이 있습니다. 그 북극성이 인생의 목표, 내면의 나침판이 되어 아이의 미래를 이끕니다. 아이의 가슴에 북극성을 찍어주는 것, 선생님의 고귀한 사명입니다.

　요즘 그러한 선생님들께서 상처를 많이 받고 계십니다. 학생, 학부모님들의 무분별한 언행으로 인해 정신적 치료를 받고 계시는 분들이 갈수록 늘고 있습니다. 한 아이의 가슴에 북극성을 만들어줄 수 있는 고귀한 선생님들의 가슴이 퍼렇게 멍들고 있습니다.

　교사들이 건강해야 그들이 가르치는 학생의 심신(心身)이 건강해집니다. 학교에 맑고 청량한 기운이 감돌도록 교사들을 지켜주세요. 폭풍과 소나기만 몰아치는데 하늘을 보며 잘 자랄 수 있는 아이는 없으니까요. 여러분 주변에 교사가 있다면, 오늘 가만히 응원과 격려의 메시지를 보내주세요.

DAY 037   행복한 예약구매자 배찬효씨   찰리쌤

「흔한 남매 과학 탐험대6 물리2」 예약구매자 배찬효씨는 어제도 1학년 아들에게 질문을 받았습니다.

"아빠, 뉴질랜드는 우리가 겨울일 때 한 여름인 거 알아요? 왜냐하면 우리나라와 뉴질랜드는 지구와 반대편이라서요."

"지구의 중력이 없어지면 어떻게 되는지 알아요? 지구의 중력이 사라지면 공기와 물이 없어져요. 왜냐하면 지구의 중력이 공기와 물을 붙잡고 있어서예요."

책을 읽다가 깨닫게 된 내용을 가지고 폭풍 질문을 해대는 아이를 보며 미소 짓습니다. 책장에 있는 흔한 남매 시리즈 30여 권을 보며 한숨을 한번 내쉬고 나서, 잘 샀다고, 가치 있다고 '다짐'합니다.

초등학생 자녀를 둔 부모님들은 모두 공감하실 겁니다. 책장에 있는 학습만화라는 이름의 책들을 바라보며 저처럼 생각하시기 바랍니다.

건강한 호기심을 자극하는 이 세상의 모든 크리에이터들에게 박수를 드립니다. 저와 같은 교육자가 먹고 살 수 있는 것도, 우리 아이들이 건강하게 성장하는 것도 모두 호기심 덕분이니까요.

DAY 038　　아버지의 등　　죠쌤

<아버지의 등> 하청호

아버지의 등에서는
늘 땀 냄새가 났다

내가 아플 때도
할머니가 돌아가셨을 때도
어머니는 눈물을 흘렸지만
아버지는 울지 않고
등에서는 땀 냄새만 났다

나는 이제야 알았다
힘들고 슬픈 일이 있어도
아버지는 속으로 운다는 것을

그 속울음이
아버지의 등의 땀인 것을
땀 냄새가 속울음인 것을.

　노령에도 경제적으로 자유롭지 못해, 용돈도 제대로 못 드리는 못난 아들 때문에 아직도 배달 일을 하는 아버지에게 땀 냄새가 났다. 그 냄새가 싫지 않아서 이런저런 대화를 나누며 나는 아버지의 등을 어루만졌다. 이 세상 아버지들의 굽은 등은 서글프면서도 성스럽다. 이 시를 읽고 돌아보니, 인생의 사막에서 아버지를 만난 것은 행운이었다. 힘들 때마다 그 등에 기댈 수 있었기에 잘 견뎌 왔다. 오늘은 세상의 모든 아버지에게 감사하자. 가능하다면, 아버지의 등을 어루만지자.

DAY 039 어젯밤 잘 주무셨나요? 연정인

무언가를 잊고 싶을 때, 스트레스를 많이 받았을 때 저는 잠으로 그것을 잊으려는 버릇이 있습니다. 성인이 된 후에도 12시간씩 잠을 잘 때도 있습니다. 잠이 부족한 것도 아니고 전날 잠도 많이 잤는데 그렇게 잠을 자는 경우가 있습니다. 몸과 정신이 많이 지쳤을 때는 그냥 침대 속으로 들어가서 몇 시간씩 자고 나면 개운합니다. MBTI가 ISFP인 사람은 드러눕기를 금지시키면 힘들어한다는 말을 들은 적이 있는데 저도 ISFP라 그런지 잠 자체가 제겐 보약입니다.

수면의 효능은 많습니다. 일단 잠을 통해서 어려운 문제에 봉착했을 시 도피성이 있기도 하지만 숙면을 취하고 나면 골치 아픈 문제가 잠을 자기 전과 다르게 느껴집니다. '그럴 수 있지, 내가 너무 과도하게 생각했네.'라며 한결 더 그 일에 대해서 편안하게 느껴집니다. 또한, 수면을 통해 생체리듬이 회복되고, 예민했던 감정도 한결 안정적으로 변합니다.

아침 메시지가 아닌 수면 메시지를 드린 것 같아 독자들에게 죄송하지만, 때로는 아침에 꾸물거리며 늦잠을 즐기는 것도 필요합니다. 수면에 관한 명언들을 공유해 봅니다.

신은 여러 근심의 보상으로 희망과 잠을 주었다. - 볼테르
수면은 피로한 마음의 가장 좋은 약이다. - 세르반테스
최고 멋진 일은 자는 것! 최소한 꿈을 꿀 수 있기에 - 마를린 먼로

DAY 040   체념할 용기

허경심

> 원하는 대로 일이 일어나기를 바라지 말고,
> 일어나는 그대로 받아들여라.
> 에픽테토스(고대 그리스 스토아학파 철학자)

일이 내 뜻대로 되지 않아 괴로울 때가 있지요. 내가 의도한 건 이게 아닌데, 내가 원한 건 이게 아닌데… 과거는 돌이킬 수 없습니다. 속상해하고 후회해 봤자 우리 마음만 괴로워져요.

때론 체념이 필요합니다. 체념은 포기와는 달라요. 포기는 하려던 일을 도중에 그만두어 버리는 것을 말합니다. 포기와 체념의 차이는 최선을 다했느냐 아니냐입니다. 내가 할 수 있는 만큼 최선을 다했는데도 뜻대로 되지 않는다면 체념할 줄도 알아야 합니다. 모든 일을 우리의 뜻대로 할 수 없다는 걸 받아들일 줄 알아야 해요.

우리, 너무 기대하지 말고, 좌절하지 말고, 일이 일어나는 그대로 받아들일 용기를 내 봐요. 그럴 때 괴로움은 덜어지고 마음의 평안이 찾아올 거예요.

DAY 041　의사는 의사

엘린

　지난 아침 출근 시간이 되어가는 데도 이불 밖으로 나오지 않았습니다. 제법 선선한 계절이지만 몸과 마음은 불구덩이에 빠진 듯했습니다. 저에게도 '번아웃'이라는 녀석이 찾아온 것이지요. 다행히 동료들 덕분에 하루를 쉴 수 있었습니다.

　몸과 마음은 서로 닿아있는지 마음이 아프니 몸도 아팠습니다. 화장실을 몇 차례 들락거렸고 가슴이 답답했습니다. 신경정신과 상담을 예약했지만 기다리기 힘들어 늘 다니던 동네 내과에 갔습니다.

　"선생님, 제 증상은 마음이 복잡해서 그런 듯합니다. 혹시 제가 느끼는 불안과 관련해서 처방이 가능할까요?"

　그 병원은 늘 환자로 붐비는 곳이었고, 저도 보통은 간단한 진료만 받던 병원입니다. 그런데 그날 제 한마디에 선생님은 자신의 긴 이야기를 들려주었습니다. 사람과의 관계에서 상처받았던 일, 병원 운영의 복잡함과 직원 채용의 어려움, 치료하기 힘들었던 환자들의 이야기까지... 그리고 저를 위로해 주었습니다.

　"환자분은 잘못한 게 없으세요. 너무 착하셔서 그렇습니다. 지지 마세요. 잘못은 그 사람들에게 있습니다."

　선생님의 공감과 위로에 몸과 마음의 통증이 사그라들었습니다. 생각지 못한 위로의 말은 힘이 있습니다. 마음을 고칠 수 있는 것은 마음뿐임을 깨달았습니다.

DAY 042 — 나에게 쓰는 편지   에밀리

언제부턴가 세상은 점점 빨리 변해만 가네 나의 마음도 조급해 지지만 우리가 찾는 소중함들은 항상 변하지 않아 가까운 곳에서 우릴 기다릴 뿐

신해철 <나에게 쓰는 편지>

　늦은 밤, 힘들고 외롭고 지칠 때 자신에게 편지를 써 본 적 있나요? 친구에게 선생님에게 고마운 이들에게 편지를 쓴 적은 있지만 자신에게 직접 편지를 써 본 기억이 없습니다. 중년을 지나고 어느덧 인생의 후반기로 접어 들어가려는 지금, 계절이 바뀌면 많은 이들의 사망 소식이 전해집니다. 젊었을 때는 가실 때가 되어서 가시는 거겠지 하며 죽음에 대하여 깊은 인식을 갖지 못했습니다. 살아온 날보다 살아갈 날이 어쩌면 더 적을 수도 있다는 생각이 들어가는 요즘, 죽음에 임하는 마음가짐이 달라집니다.

　이런 생각이 들었습니다. 편지를 써 보자, 자신에게 그리고 가족에게. 왜 가장 가까운 이들에게 지금까지 편지 한 통 못 썼을까요? 타인에게만 관대하고 자신과 가족에게 인색하게 살아왔던 건 아니었을까요? 펜으로 꾹꾹 눌러 편지에 담아봅니다.

　'곁에 있어 주어 감사합니다, 당신이 있어 힘이 됩니다. 나의 소소한 이야기를 당신과 함께 나눌 수 있어 행복합니다.'

DAY 043　　　나 집에 왔어　　　김선민

> 전철에서 내려 초록색 3번 버스를 타고 나서야 나는 안심했어. 내가 아는 동네가 나타나기 시작한 거야. "너, 우니?" 분홍 리본이 나를 힐끔 보더니 말했어. 나는 눈물을 재빨리 훔치고 시치미를 뗐어. 하지만 할머니랑 다니던 시장이랑 불가마 목욕탕, 곰보네 빵집 같은 게 보이니까 그냥 눈물이 나오지 뭐야. 할머니, 나 집에 왔어….
>
> 「찰랑찰랑 비밀 하나」, 황선미, 위즈덤하우스, 2022

　이 책에서 찰랑이를 보며 참 기특하다는 생각이 든다. 엄마, 아빠의 아프리카 의료봉사 때문에 할머니랑 살다가 어른들의 정확한 설명이 없이 아이는 할머니와의 갑작스러운 이별을 겪는다. 아이에게 할머니 댁은 하나의 비밀이 되었다. 할머니의 치매로 인해 다시는 돌아갈 수 없는 할머니와 같이 살던 동네에 도착했을 때의 찰랑이의 벅차오름은 단지 할머니에 대한 그리움뿐만이 아니었을 것이다. 아마도 찰랑이는 벅찬 안정감을 느꼈을 것이다. 할머니에 대한 그리움, 추억, 사랑, 걱정 이 모든 것이 찰랑이가 혼자가 아님을 말해주지 않았을까?

　모든 사람에게 그런 공간, 또는 노래, 사물들이 있을 것이다. 아이들은 그래서 애착 인형을 들고 다니기도 하고 어른들은 고향 친구들을 만나기도 한다. 자신이 세상과 끈끈하게 연결되어 있었던 그 추억과 경험 때문에. '나 집에 왔어.'라고 말할 수 있는 그 감동 때문에. 오늘은 나의 집이라 부를 수 있는 장소, 시간, 사람들, 사물들을 떠올리며 즐거운 추억에 젖고 싶다.

DAY 044 헤어스타일 엉망인 날 　모두쌤

오늘따라 머리가 엉망입니다. 거울에 비친 내 모습을 보고 흠칫 놀랍니다. 자꾸만 사람들이 나만 쳐다보는 것 같습니다. 지나가는 사람들의 시선을 애써 외면하고 출근합니다. 아뿔싸, 오늘따라 버스도 한 대 놓쳤고, 신호등이란 신호등은 다 빨간 불처럼 보이며 마음만 급합니다. 정말 되는 일이 없네.

오늘 내 곁을 스쳐갔던 사람들은 몇 명이나 있었을까요? 셀 수 없이 많은 사람들이 스쳐갔습니다. 그런데 신기한 건 한 명도 기억이 나지 않습니다. 분명 옷을 잘못 입거나 저처럼 머리가 엉망인 누군가도 있었을 텐데.

> Bad hair day : a day when you feel that you do not look attractive, especially because of your hair, and everything seems to go wrong:
> 머리가 엉망인 날 : 특히 머리 모양 때문에 당신이 매력적으로 보이지 않다고 느끼는 날, 그리고 모든 것이 잘못되어 가는 것처럼 보는 경우:
> 　　　　　　　　　　　　　　Cambridge Dictionary

배드 헤어 데이를 보낸 오늘, 하루종일 엉망인 머리로 돌아다니다 집에 들어오니 "아빠! 오늘 머리가 좀 멋있네!"라는 딸의 한마디. 나 외에는 아무도 신경 쓰지 않는 머리 때문에 혼자 하루 종일 마음만 졸였습니다.

DAY 045 위장을 비워라

연정인

> 위장의 7할만 채우면 장수한다. 미국에서는 히말라야 원숭이를 이용해 장수에 관한 여러 가지 실험을 하고 있다. 그 결과 배가 부를 때보다 칼로리를 30퍼센트 줄인 기아 상태에 가까울 때 장수 유전자가 활성화된다는 사실이 밝혀졌다. 장수 유전자가 활성화되려면 배가 70퍼센트쯤 찼을 때 식사를 끝내고 혈당치가 기준치 안에서 안정되도록 관리해야 한다.
>
> 「식사가 잘못됐습니다」, 마키타 젠지, 더난출판사, 2020

'소식(小食)이 좋다, 위를 비우는 것이 좋다'고 많은 사람들이 이야기 합니다. 간헐적 단식, 3일 단식, 단식원 등 소식과 다이어트에 대한 열풍이 불기도 했습니다. 지금은 일상생활 속에서 단식을 실천하는 사람들이 많아지고 있습니다. 체중을 줄이는 것뿐만 아니라 몸 안의 나쁜 노폐물을 빼는 것이 좋다는 것이죠. 과식과 그에 따른 비만은 만병의 원인이니까요.

이전에 속이 많이 불편하여 내과 진료를 받으니 의사 선생님께서 약을 지어 주시며 약 먹는 동안만이라도 밀가루를 끊으라고 하신 적이 있습니다. 그때는 낫기 위해서 억지로 밀가루를 끊었지만, 그 기간 동안 주변 사람들에게 '피부 색깔이 좋아졌다, 살이 빠져서 몸매가 좋아 보인다'는 등 좋은 말을 들으니 기분이 참 좋았습니다. 그런데 속이 편해지자 다시 찾아온 밀가루의 유혹에 넘어지고 말았죠. 과식만 하지 않아도 참 좋을 텐데... 책에서 읽은 말을 다시 되새겨 봅니다. '위장의 7할만 채우자.' 사람도, 위장도 살짝 부족한 듯 여백이 있어야 가장 좋은가 봅니다.

지구에서 달까지

DAY 046 — 찰리쌤

정확하게 겨냥된 포탄이 초속 12킬로미터의 초속도로 날아가면 달에 도달할 수 있다는 결론에 이르렀습니다. 존경하는 동지 여러분, 나는 그 작은 실험을 해보자고 정중하게 제안하는 바입니다!

「지구에서 달까지」, 쥘 베른, 열림원, 2022

19세기 프랑스에 천재 SF 소설가 '쥘 베른'이 나타납니다. 그는 「해저 2만리」, 「80일 간의 세계일주」로 유명하죠. 쥘 베른 「지구에서 달까지」는 미국 남북전쟁 이후 할 일을 잃은 대포 전문가가 달 착륙을 위해 우주 대포(Space Gun)를 만드는 이야기입니다.

우주 대포를 만들기 위한 과학적인 방법과 원리를 탐구한 후 소설을 쓰기 시작한 천재 과학소설가의 진면목을 이 책에서 볼 수 있습니다.

1865년에 발행된 쥘 베른의 책 속 아이디어가 드디어 현실이 되어가고 있습니다. 우주 대포와 비슷한 방식을 연구하는 과학자들은 이 '우주 대포'를 'Verne Gun(베른 건)"이라고 합니다. '쥘 베른의 대포'라는 뜻이죠.

과학은 상상을 통해 기대되고 연구되죠. SF 소설은 그 기대를 현실에 반영된 사회를 그려내고요. 오늘 한번 쥘 베른의 소설 컬렉션에 손을 대보시는 건 어떨까요? ^^

DAY 047 글쓰기도 쇼트(short)로! 조쌤

뭐든지 빨라지고 짧아지는 시대입니다. 상품과 콘텐츠는 무한대로 쏟아지는데, 우리의 집중력은 점점 짧아집니다. 책을 읽는 독자들은 만연체를 기피합니다. 편집자들도 글이 세 줄만 넘어가면 한숨을 쉽니다. 어쩌겠어요? 우리가 시대에 적응을 해야죠. 신익수 작가님의 「100만 클릭을 부르는 글쓰기」를 읽으며 글쓰기 쇼트의 법칙을 배웠습니다. 그 중에 하나만 공유해드릴게요. 짧게 끊되 리듬을 살리며 글을 쓰는 것입니다. 아래와 같이요.

**아(1)! 이런(2). 늦었다(3). 뛰어간다(4). 뭔가 막는다(5).
"신분증 주시죠(6)" 망했다(3). 없다(2).**

저자는 '짧게-짧게-조금 길게-아주 길게-다시 짧게.'라는 리듬을 살리면서도 스냅 사진 찍듯 장면을 인상적으로 표현했습니다. 우리가 쓰는 일기도 위와 같이 쓰는 연습을 하면 재미 있을 것 같아요. 블로그에 포스팅하면 가독성도 매우 높아지겠죠? 저도 건망증을 소재로 간단하게 한 번 연습해보겠습니다.

**"저...(1)" "네에?(2)" "아까 점심...(4)" "오늘 진짜 맛있었죠?(8)"
"네, 근데 점심비(6)" 또 깜빡 했다!(5) 민망(2)**

일기를 쓰는 습관이 있으시다면, 오늘은 모든 문장을 1줄 이내로 써 보는 연습을 해보면 어떨까요? 간결하게 표현하는 연습, '분초 사회'의 필수 능력이니까요.

DAY 048 일상을 휘겔리하게
허경심

덴마크에는 '휘게'라는 문화가 있다고 합니다. 휘게는 우리나라의 '정'이라는 개념처럼 정의 내리기 어렵다고 합니다. 「휘게 라이프, 편안하게 함께 따뜻하게」의 저자 마이크 비킹은 휘게를 이렇게 설명했습니다.

> 휘게는 간소한 것, 그리고 느린 것과 관련이 있다. 휘게는 새것보다는 오래된 것, 화려한 것보다는 단순한 것, 자극적인 것보다는 은은한 분위기와 더 가깝다. (중략) 크리스마스이브에 잠옷을 입고 영화 <반지의 제왕>을 보는 것, 좋아하는 차를 마시면서 창가에 앉아 창밖을 내다보는 것, 여름휴가 기간에 친구나 가족들과 함께 모닥불을 피우는 것 모두 휘게다.
> 「휘게 라이프, 편안하게 함께 따뜻하게」, 마이크 비킹, 위즈덤하우스, 2016

덴마크 사람들의 행복지수가 높은 것은 편리한 복지제도뿐만 아니라 휘게 덕분이라는 걸 알게 되었습니다. 휘게에서 무엇보다 중요한 것은 현재에 감사하는 마음입니다. 진정 행복하려면 지금, 여기에서 내가 하고 있는 것, 갖고 있는 것에 감사하는 마음, 주어진 상황을 받아들이고 감사하는 마음을 갖는 것이 중요합니다. 그럴 때 우리는 많은 소소한 것들에서, 작은 순간들에서 즐거움을 느낄 수 있습니다. 지금 이 순간을 만끽하며 매일매일 충실히 살아간다면 그것이 바로 휘게한 삶인 것입니다. 일상을 휘겔리하게! 행복한 삶은 멀리 있지 않습니다.

DAY 049　꿈에 정답은 없다　　엘린

"그런데 아저씨는 왜 지금이라도 메카에 가지 않는 거죠? "

"왜냐하면 내 삶을 유지 시켜주는 것이 바로 메카이기 때문이지. 이 모든 똑같은 나날들, 진열대 위에 덩그러니 얹혀 있는 저 크리스털 그릇들, 그리고 초라한 식당에서 먹는 점심과 저녁을 견딜 힘이 바로 메카에서 나온다네. 난 내 꿈을 실현하고 나면 살아갈 이유가 없어질까 두려워. 자네는 양이나 피라미드에 대한 꿈을 가지고 있고 그걸 실현하길 원하지. 그런 점에서 자넨 나와 달라. 나는 오직 메카만을 꿈으로 간직하고 싶어."

「연금술사」, 파울로 코엘료, 문학동네, 2001

　　기성세대들은 젊은 세대들에게 꿈을 가지라고 조언합니다. 크고 원대한 꿈을 실현하기 위해 오늘의 어려움을 참고 이겨내라고 합니다. 하지만 여기, 꿈을 실현하지 않아도 완벽한 꿈을 꾸고 있는 것만으로도 충분한 기쁨을 누리고 있는 사람이 있습니다. 소설 속 크리스털 그릇 가게 주인은 성실한 이슬람 신도입니다. 이슬람 신도답게 그는 메카로의 성지순례를 꿈꿉니다. 하지만 직접 메카로 떠나지 않습니다. 다만 마음속으로 수천 번 사막을 가로질러 이미 그 꿈을 이루었습니다. 성스러운 광장에 도착하고 그 광장을 일곱 바퀴 돌고 있는 자신을 상상하고 이를 꿈으로 간직합니다. 이 상점 주인을 어리석다고 말할 수 있을까요?

　　모든 사람이 같은 방식으로 꿈을 꾸어야 하는 것은 아닙니다. 꿈에 정답은 없습니다. 꿈꾸는 기쁨을 지닌 내가 있을 뿐입니다.

DAY 050 냉장고의 외로움 극복법 김선민

　결혼을 하고 내 집을 가지면서 가전을 보러 다닐 때 꼭 사야 하는 필수품, 그것은 냉장고였다. TV는 안 보면 그만이고 빨래는 빨래방에 가면 그만인데 음식을 보관할 곳 없이는 살 수 없다. 내 잘못으로(?) 산 우리 집 냉장고는 효율성이 떨어진다. 냉장실 내부에 이것저것 가득 채워져 있는데 정리가 되지 않으니 막상 밥 먹으려고 냉장고를 열면 적당한 반찬을 찾기가 참 어렵다.

　양희은 선생님의 〈나영이네 냉장고〉라는 곡에는 이런 가사가 있다.

> 하지만 내 집 냉장고는 가난해 허전해서 외로워 보이네.
> 냉장고에 먹을 게 많은 집에 살았으면 정말로 좋겠네.

　모든 게 풍족해진 시대, 요즘에는 먹을 것이 없어서 외로운 것이 아니라 함께 할 사람이 없거나 차려 먹을 시간이 없어서 외로운 것이 아닐까? 먹을 것이 없다고 투덜거리지만, 진실은 함께 먹을 사람, 천천히 차려 먹을 여유가 없는 것이 아닐까?

　솔직히 말하면, 사회생활 때문에 어쩔 수 없이 사람들과 같이 먹는 게 더 외롭고 불편하다고 느껴지기도 한다. 하지만 누군가와 밥을 먹으며 어색함을 극복하기 위해 한마디라도 더 나누고 얼굴 한 번 더 보면, 내 삶은 더 풍성해질 것이다. 당분간은 내게 들어오는 식사 약속을 거절하지 말아야겠다. 언젠가는 그리울 사람, 그리운 추억이 될지 모르니깐. 영혼의 허기를 느낄 때 찾는 냉장고 같은 사람이 되고 싶으니까.

DAY 051 잠이 부족한 당신에게 에밀리

우리는 왜 잠을 자야 할까요? 잠자는 시간이 아깝다고 느껴 본 적은 있나요? 만약 인간이 잠을 자지 않고도 살아갈 수 있도록 설계가 되어 있다면 어떤 일이 생기게 될까요?

1964년 미국의 17세 고등학생 랜디 가드너가 잠 안 자고 오래 버티기 세계기록에 도전하였습니다. 264시간 1분을 한숨도 자지 않고 깨어 있었는데요 수면을 중단하고 여러 가지 현상이 나타났습니다. 간판을 행인으로 인식했고 풋볼 선수를 자신으로 인지하기도 하였습니다. 근육 마비 및 단기 기억 상실증까지 나타났다고 하네요. 기록 달성 후 그는 14시간 40분 동안 잠을 아주 푹 잘 잤다고 합니다. 잠 많은 사람을 특별히 혐오했던 것으로 알려진 나폴레옹은 잠자는 시간도 아껴가며 일했다지만 낮에는 늘 수면 부족으로 깜빡깜빡 졸며 고생했다고 합니다. 나폴레옹이 영국의 웰링턴 제독에게 패한 것도 중요한 보고를 받으며 졸았기 때문이라는 주장도 있습니다.

절약하는 것이 미덕인 줄 알았는데 잠은 예외였네요. 뇌는 수면을 통해 정기적으로 휴식을 취해야 기능이 회복되고 우리가 깨어 있을 때 증가한 뇌 속 독소와 노폐물은 잠을 잘 때 빠르게 배출된다고 합니다. 잠자는 시간이 아까워 수면 시간을 너무 절약하다 더 소중한 것을 잃게 될 수도 있겠습니다. 이 글을 읽는 모두가 "아~ 잘 잤다~~~"라는 감탄과 함께 내일 아침을 시작하기를!

DAY 052 　실패한 만큼 성장하리라　모두쌤

"안돼!" 공들여 줄을 맞춰 놓은 도미노가 딸아이의 실수로 쓰러지다 아빠의 손에 막혀 멈춥니다. 딸아이가 움찔하며 다행이라는 듯이 아빠인 나를 쳐다봅니다. 욱하는 마음을 부여잡고 아이에게 다시 천천히 해보자며 도미노를 세웁니다.

"잠깐!" 수학 문제를 풀던 딸아이의 작은 손가락에서 자신 있게 움직이던 연필이 갈 곳을 잃습니다. 아빠의 손에 들린 볼펜이 당당하게 수학책과 연습장을 오가면 점령군처럼 쓱쓱 문제를 풀어나갑니다. 잠시 후 딸아이의 연필은 아빠 볼펜이 갔던 길을 따라갑니다. 아이의 펜은 자신감을 잃은 채 그저 아빠의 흔적을 따라갈 뿐입니다. 아, 아이가 스스로 이겨내도록 했어야 했는데….

> 아버지는 우리가 실패하도록 용기를 북돋아 주셨습니다. 아버지는 어릴 때부터 매주 실패했던 것에 관하여 물어보셨습니다. 우리가 실패했던 것이 없다고 말씀드리면 실망하셨습니다. 이것은 제가 어려서부터 실패는 결과가 아니라 '시도해보지 않는 것'이라고 깨닫도록 변화시켰습니다. 실패를 두려워 마세요.
>
> 　　　　　사라 버클리(미국 사업가)

실패하든, 성공하든 그건 오롯이 자신의 몫입니다. 그런데 왜 우리는 아이들의 실패를 보면 안절부절못하는 걸까요? TV를 보니 갓 태어난 망아지는 혼자 서려고 발버둥 치며 넘어지고 일어서기를 반복합니다. 엄마 말은 묵묵히 참으며 바라볼 뿐입니다. 엄마 말과 망아지에게 배워야 하겠습니다. 실패한 만큼 성장할 테니까요.

DAY 053   행복해지고 싶다면 선한 일을 하라   연정인

> 내가 외로운 사람이라면 나보다 더 외로운 사람을 생각하게 해주소서. 내가 추운 사람이라면 나보다 더 추운 사람을 생각하게 해주소서. 내가 가난한 사람이라면 나보다 더 가난한 사람을 생각하게 해주소서.
>
> 나태주 <기도>

행복을 가장 빠르게 키우는 방법은 긍정적이고 이타적인 행동을 하는 것입니다. TV 프로그램 중에 주변 힘든 이웃들의 생활을 보여주고 기부를 도모하는 방송이 있습니다. 그런 프로그램을 시청하다 보면 나태주 시인처럼 간절하게 기도문을 쓰지 않아도 세상에는 정말로 외롭고 춥고 가난한 사람이 많다는 것을 절실히 깨닫습니다.

힘든 상황 속에서도 꿋꿋이 살아가는 분들을 보면, 부끄러움과 반성하는 마음이 몰려옵니다. 어떻게 해야 그들을 도울 수 있을까 생각하게 됩니다. 요즘에는 사람들뿐만 아니라 동식물들도 돕고 싶은 마음이 듭니다. 벌벌 떠는 유기 강아지도 관심과 사랑을 받으면 쑥쑥 자라며 사람들에게 감동을 줍니다. 관점을 바꾸고 바라보면, 세상에는 우리의 선행을 기다리는 생명들로 가득합니다.

어느 실험 결과, 자신만 아끼고 남을 돕지 않은 사람에 비해 남에게 도움을 주는 노인들이 두 배나 더 오래 사는 것으로 나타났다고 합니다. 선행을 자주 합시다. 본인도 행복해지고 장수까지 얻는 좋은 방법이니까요.

DAY 054　당신은 어떤 나라에 살고 있나요?　찰리쌤

> 당신과 내가 좋은 나라에서
> 그곳에서 만난다면
> 슬프던 지난 서로의 모습들을
> 까맣게 잊고 다시 인사할지도 몰라요
> 당신과 내가 좋은 나라에서
> 그 푸른 강가에서 만난다면
> 서로 하고프던 말 한마디 하지 못하고
> 그냥 마주 보고 좋아서 웃기만 할거예요
>
> 하덕규 <좋은 나라>

　이 시를, 이 노래를 들어본 사람들은 대부분 '좋은 나라'라는 것을 '죽은 이후 천국'쯤으로 생각하기 마련입니다. 우리네 삶에서 천국 같은 세상은 없다는 생각이 저변에 깔려있음을 암시하는 반증이기도 합니다.

　오늘은 이 노래를 들으며 이렇게 생각해보렵니다. 슬프던 지난 서로의 모습들을 까맣게 잊고 다시 인사한다면 그것이 나의 '좋은 나라'라고요. '개똥 밭에 굴러도 이승이 좋다'라는 말이 있죠?

　오늘은 나에게 주어진 현실에서 당신과 웃으며 맞이할 겁니다.

여러분도 함께해요!

DAY 055 한계효용 체감의 법칙을 아시나요? 조쌤

「닥치는 대로 끌리는 대로 오직 재미있게 이동진 독서법」 책 제목이 참 마음에 듭니다. 그래서 즐겁게 이 책을 읽을 수 있었습니다. 쾌락과 행복에 대한 통찰이 돋보이는 부분이 많았는데 일부분 공유해드리고 싶습니다.

> 쾌락은 한계효용 체감의 법칙을 그대로 따르지만 좋은 습관은 안 그래요. 커피를 마시는 습관이 있다고 쳤을 때, 내가 27세 때 4월 25일에 마셨던 커피보다 내가 53세가 되었을 때 1월 7일날 마신 커피가 덜 좋을까요? 같거나, 나중에 마신 커피가 더 좋을 수도 있단 말이에요. 그건 삶 전체를 놓고 볼 때 커피의 한계효용이 체감되지 않는다는 말이죠. 그러니까 그런 게 저는 행복인 것 같은 거예요. 좋은 인간관계, 좋은 습관, 좋은 책을 읽는 방식, 좋은 시간을 경유하는 방식, 이런 거겠죠.
>
> 「닥치는 대로 끌리는 대로 오직 재미있게 이동진 독서법」, 이동진, 위즈덤하우스, 2022

'한계효용 체감의 법칙', 정말 맞는 말입니다. 쾌락은 즐기면 즐길수록 만족감이 줄어듭니다. 마약과 같네요. 하지만, 행복은 그렇지 않습니다. 때론 지루하기도 하고, 너무 평범하게 느껴지기도 하지만, 그 행복이 주는 만족감은 잔잔하면서도 울림이 깊습니다. 그것이 바로 좋은 습관과의 공통점 아닐까요? 인류가 쌓아 올린 지혜의 숲에서 인생의 대부분 시간을 보낸 저자가 보낸 메시지를 기억했으면 합니다. 행복으로 가는 길은 습관이라는 자갈밭으로 만들어졌다는 것을 기억합시다.

DAY 056　무언가를 얻으려면　　허경심

저희 집에는 1년에 딱 8시간만 꽃을 피우는 독특한 식물 학란이 있습니다. 8시간만 꽃을 피우기 때문에 직장에 다니는 사람이라면 꽃 핀 모습을 볼 수 없을지도 모릅니다. 출근 즈음 꽃봉오리가 피어나 퇴근 전 져버릴 수 있기 때문이죠. 그래서 저는 꽃대가 올라오면 하루에도 몇 번씩 베란다를 들락날락하며 학란의 모습을 지켜보았습니다. 저의 간절함이 닿았던 걸까요? 꽃 핀 학란의 모습을 볼 수 있었죠. 꺅! 기뻐서 비명이 절로 나더군요. 이렇게 귀한 꽃을 봤으니 왠지 저에게 좋은 일이 생길 것만 같은 기분이 들기도 했습니다. 그런데 올해엔 활짝 핀 학란의 모습을 놓쳤습니다. 퇴사를 했기에 집에 있는 시간이 늘었는데도 말이죠.

사실 며칠 전 학란 꽃대가 올라오는 걸 보았지만 저는 학란의 꽃을 꼭 보고야 말겠다는 간절함이 없었습니다. 직장에 나가지 않으니 당연히 볼 수 있을 거라는 안일한 생각이 들었기 때문이에요. 학란의 모습을 오랜 시간 동안 볼 수 있는 환경이 되었지만 오히려 보지 못한 이 상황을 겪으며 생각했습니다.

'아, 사람이 무언가를 얻으려면 간절함이 있어야 하는구나!'

간절함을 잃지 않는다면 내가 원하는 걸 얻을 수 있다는 걸 학란을 통해 다시 한번 배웠습니다. 여러분의 학란은 무엇인가요?

DAY 057 나는 기억한다

엘린

「마음 쓰는 밤」의 저자 고수리 작가는 글쓰기 수업의 첫 시간에 을 '나는 기억한다'라는 문장으로 10분 동안 프리라이팅을 한다고 합니다. '나는 기억한다'라는 한마디가 마치 주문처럼 삶의 기억을 소환할 수 있다고 말입니다. 그래서 저도 제 기억을 소환해 봅니다.

> 나는 기억한다. 가을 맑은 날 호수 위로 떨어지는 음악분수의 물방울들과 갈대가 스스슥 바람에 나부끼는 평화로운 한낮을
>
> 나는 기억한다. 흰 털을 나부끼며 핑크빛 혀를 쏙 빼고 웃으며 달려오는 작고 귀여운 강아지를
>
> 나는 기억한다. 마트 장난감코너 앞에 쪼그리고 앉아 로봇을 사달라며 조르고 졸랐던 어린 너의 모습을
>
> 나는 기억한다. 처음 오른 무대에서 예쁜 발레복 입고 상기된 얼굴로 발끝으로 사뿐사뿐 걸었던 너의 모습을
>
> 나는 기억한다. 네가 제일 예쁘다고 말해주며 따뜻하게 손잡아 주던 당신의 모습을
>
> 나는 기억한다. 평화로운 들판에서 벼가 익어가는 모습을 흐뭇하게 바라보던 김농부의 모습을

쓰고 보니 제가 기억할 수 있는 삶의 단편들은 모두 사랑스럽고 다정하고 평화로운 모습이었습니다. 살다 보면 괴롭고 힘들고 눈물 나는 밤이 왜 없었겠어요. 하지만 제가 기억하고 싶은 삶은 늘 사랑을 나누고 그리워하고 마음을 나누는 일입니다. '나는 기억한다'라는 문장은 삶의 진실을 바라보게 하는 문장입니다. 여러분도 오늘 이 마법의 문장을 읊조리며 펜을 들어보시길 바랍니다.

DAY 058 자유는 좋고, 책임은 부담스럽고 김선민

내 주변에는 자영업을 하는 친구들이 많다. 그리고 그 친구들의 사업을 시작할 때 나는 가게 상호명에서부터 홍보까지 일명 컨설팅을 나서서 도와준다. 다행히 그 사업들은 잘되고 있다. 그걸 옆에서 바라보며 우리 남편은 나에게 '차라리 당신도 자영업 도전해보는 건 어때?'라며 제안한다.

나도 가끔은 뭔가를 시작해보는 것을 꿈꿔본다. 뭐든지 하면 잘할 수 있을 것 같다. 무엇보다 자유롭게 시간을 쓸 수 있는 점이 직장인보다 자영업의 큰 매력으로 다가온다.

> 자유는 책임이다. 그래서 대부분의 사람들은 자유를 두려워한다.
> 조지 버나드 쇼(미국 극작가, 소설가, 비평가)

지금 가지고 있는 안정적인 직업을 그만두고 사회로 나아갈 때 나에게 많은 이득이 있을 수 있지만, 동시에 많은 것을 잃을까 봐 너무도 두렵다. 실패할까 두렵고 일중독이 될까 두렵고 무엇보다도 지금 가진 연가, 병가 등의 혜택이 사라지는 것이 두렵다.

그 두려움을 이겨내고 책임을 감당해야만 자유가 올 것이다. 사실, 모든 일을 두려워할 필요는 없으며, 두려워하는 모든 일이 실제로 일어나는 것도 아니다 두려움을 이기는 자가 자유로워진다. 그래서 나는 하나씩 준비하고 있다. 실패하지 않기 위해서 공부하고 글을 쓴다. 준비만이 두려움을 덜어내는 방법이기 때문이다. 이 글을 다시 읽을 미래의 나는 과연 어떤 자유를 누리고 어떤 책임을 지고 있을까?

DAY 059 카르마(Karma)

에밀리

2011년 췌장암으로 사망한 스티브 잡스는 애플의 창업자이자 혁신의 아이콘이며 많은 이들의 롤모델 입니다. 스티브 잡스는 2005년 스탠퍼드대학교 졸업식 연설에서 미래를 보며 점을 연결할 수 없고 오직 과거를 돌아볼 때만 가능하다. 그렇기에 그 점들이 미래에 어떻게든 연결되는 것을 믿어야 한다고 말했습니다.

국내 트위터 사용자 사이에서 기괴한 조형물 배틀이 벌어졌는데, 가장 주목받은 작품이 서울 영등포 타임스퀘어 입구에 있는 서도호 작가의 〈카르마〉입니다. 높이 7m가 넘는 이 조각은 동서남북 방향으로 힘차게 발걸음을 내딛고 있는 4명의 사람 위로 수많은 사람이 쪼그려 앉은 모습을 형상화하였는데요, 마치 일본 공포 만화에서나 볼 수 있는 인간 지네 같습니다. 카르마는 산스크리트어로 업보라는 뜻입니다. '현재의 삶은 과거의 수많은 행동과 연관돼 있다'는 뜻이죠. 스티브 잡스의 메시지와도 상통하죠?

과거에 어떤 행동을 했는지에 따라 미래가 달라진다면, 오늘부터 과거를 다시 설계해 가면 어떨까요? 오늘이 내일의 과거가 될 테니까요. 〈카르마〉 작품의 맨 밑 사람처럼 어깨를 짓누르는 무거운 운명에도 힘찬 발걸음으로 한발 한발 내딛어 봅니다. 오늘보다 좀 더 나아질 내일을 위해서요.

〈카르마〉, 서도호, 2009
사진출처 한국경제신문

DAY 060　조만간 보자고?　　모두쌤

앵두나무 꽃잎이 펄럭이며 휘날리네요!
내 그대 어찌 그립지 않겠습니까?
그러나 그대 계신 집이 너무 멀리 있네요!

공자가 이 시를 평론하며 말했다.
"생각이 없어서 그렇지(정말 보고 싶다면) 무슨 먼 곳이 있겠는가?"

「1일 1강 논어 강독」, 박재희, 김영사, 2020

오랜만에 연락이 닿은 친구와 이런저런 추억을 나누었습니다. 우리는 다음에 꼭 보자고 한 뒤 전화를 끊었습니다. 그런데 서로 꼭 다시 보자는 말만 하고 구체적인 날짜와 시간은 언급하지 않았습니다. 그냥 조만간으로 통칭하고 말았죠.

조만-간(早晚間)
<부사> 앞으로 곧
(출처: 표준국어대사전)

사전에 나온 '조만간'과 나와 친구가 사용한 '조만간'의 의미는 같을까요? 혹시 '조만간'의 의미가 아래처럼 바뀌는 것은 아닌지.

조만-간(早晚間)
<부사> 구체적으로 정하지 않은 나중에, 나도 당신도 정말 시간이 남아돌아 할 일이 없고, 아주 가까운 거리에 있는 경우에
(출처: 모두쌤 사전)

DAY 061 나는 지금 어느 쪽을 향해 가고 있는가? 찰리쌤

> 이 세상에서 제일 중요한 것은 내가 '어디'에 있는가가 아니라
> '어느 쪽'을 향해 가고 있는가를 파악하는 일이다.
> 그리고 이것이 인간의 지혜이다.
>
> 올리버 웬들 홈스(미국의 수필가)

20대의 저의 가장 큰 고민은 '무엇이 인생을 걸어볼 만한 길인가?', '무엇이 가치가 있을까?', '무엇을 해야 나중에 후회되지 않는 인생이었다고 회고할까?'였습니다.

'교사', '여행작가', '탐험가', '한량' 등… 지금 보면 어이없는 고민처럼 보이기도 합니다. 고민이 깊어져 휴학까지 1년 했죠. 더 어이없는 것은, 그 고민 끝에 내린 결론이 '결론 못 내림'이라는 것입니다.

지금 돌이켜보니 결정을 내리는 것 자체가 중요하지 않았습니다. 내가 어디로 가고 싶은지, 어디로 가고 있는지 고민하면서 끊임없이 새로운 것을 시도하고 나를 성장시키는 원동력이 생겼으니까요. 여러분도, 오늘 아침 이 고민을 해보시기 바랍니다.

'나는 지금 어느 쪽을 향해 가고 있는가?'

하나의 방향만이 정답이라는 생각을 하지 마세요. 어느 쪽으로 가든 여러분은 훨씬 더 나은 자신을 만나게 될 테니까요.

DAY 062　당신은 습관이다!　　죠쌤

인간을 정의하는 다양한 표현들이 있습니다. '당신은 당신이 먹는 음식이다.' '인간은 유전자를 실어 나르는 기계이다.' 등등 그런데 제가 습관 코치라서 그런지 제가 생각하는 최고의 정의는 아래와 같습니다.

「아주 작은 습관의 힘」,
제임스 클리어,
비즈니스북스, 2019

당신은 당신이 가장 자주 반복하는
다섯 가지 습관들의 평균이다.
You are the average of the 5 habits
you repeat most.

제임스 클리어(미국 작가, 자기계발전문가)

역시, 세계적인 습관 전문가 제임스 클리어입니다. 그렇습니다. 우리가 습관을 만들기도 하지만, 습관들이 우리를 만들기도 합니다. 자신이 늘 의식적 무의식적으로 반복하는 습관들이 무엇인지 떠올려보세요. 그리고 그 습관들이 향하는 지점을 생각해보세요. 습관이 모여 정체성을 이루고, 습관을 바꾸면 미래가 변한다고 믿습니다. 오늘도 저는 제가 추구하는 다섯 가지 좋은 습관으로 미래를 변화시키겠습니다.

- 읽기
- 쓰기
- 걷기
- 관찰하기
- 경청하기

DAY 063　어느 날 문득　　허경심

　그런 경험 해보신 적 있나요? 아무것도 달라진 게 없는데 문득 내 주변 환경이 달리 보일 때요. 보통 나의 마음가짐이 달라지거나 내가 처한 상황이 달라지면 그러는 것 같아요.

　퇴사한지 얼마 안 된 어느 날, 문득 저희 집 부엌 가스레인지 앞에 붙어 있는 강화 유리가 달리 보였습니다. 하얀색 타일에 음식이 튀어 더러워지는 걸 방지하려고 붙여 놓았던 것이었죠. 검정색 강화 유리라 그동안 눈치채지 못했는데 자세히 보니 굉장히 더러워져 있더라고요. 기름때가 두텁게 붙어서 수세미로 닦아야 할 정도였어요. 어깨가 아플 정도로 박박 문질렀습니다. 그동안 얼마나 바쁘게 지내왔으면 이랬을까 싶더라고요.

　그런데 강화 유리를 깨끗이 닦고 정말 깜짝 놀랐습니다. 검정색 강화 유리가 거울 기능이 있더라고요. 머리를 질끈 묶고 있는 제 모습이 보였어요. 울컥했습니다. 그 강화 유리가 마치 저처럼 느껴졌거든요. 자신을 돌보지 않고 진짜 자신이 누구인지 모른 채 앞만 보며 살아온 저를 보는 것 같았거든요. 강화 유리를 깨끗하게 닦아주면 강화 유리 본연의 모습이 드러나는 것처럼 나도 나를 잘 돌봐주면 내 진짜 모습이 보일 텐데. 그렇게도 내가 나를 방치했구나.

　이후 저는 부엌일을 마칠 때마다 강화 유리를 깨끗이 닦습니다. 그 행동이 저를 돌보는 의식처럼 느껴집니다. 있는 그대로 너를 비추며 세상을 살아라. 잘하고 있다, 잘살고 있다. 강화 유리를 닦으며 저 스스로를 토닥이고 쓰다듬어 줍니다.

DAY 064   예술가의 삶   엘린

나른한 주말 오후 프랑스영화를 보았습니다. 고레에다 히로카즈 감독이 만들고 프랑스 배우인 까뜨린느 드뇌브가 주연한 〈파비안느에 관한 진실〉입니다. 배우였던 엄마 파비안느는 삶의 모든 중심에 연기가 있었습니다. 연기에 필요한 감정과 행동만을 중요시했기에 딸은 늘 소외되었고 사랑받지 못한 주변인으로 컸습니다. 엄마에게 충분히 사랑받지 못한 딸이 성인이 되어서야 엄마를 이해하고 용서하게 된다는 이야기. 늘 가까이 있지만 마음은 열지 못하는 관계가 가족 아닌가 싶습니다. 평범한 일상에서 서로를 향한 마음을 표현해야 한다는 메시지를 주는 영화였습니다.

이 영화는 잔잔한 가족영화로서 추천할만합니다만 저는 영화를 보는 내내 딴생각도 했습니다. 배우들의 연기와 장면연출이 너무 자연스러워서 실제 여배우들의 삶을 촬영한 다큐멘터리를 보는 듯 했습니다. 계속되는 촬영과 평범한 일상을 보내기 어려운 스케줄. 본인의 정체성까지도 바꿀 정도로 작품 속 인물에 몰입해야 하는 일. 훌륭한 작품을 알아보고 뛰어들 수 있는 판단력. 정치적인 일. 기부의 삶. 나이가 들어가면서도 유지하고 싶은 인기와 후배들에게 치이고 싶지 않은 욕구. 어긋난 듯 보이는 가족과의 관계를 풀어나갈 때조차 연기인지 진심인지 구분하기 어려운 행동과 감정 등 그동안 몰랐던 여배우의 삶을 들여다보았습니다.

하는 일과 살아가는 일이 늘 같아야 한다고 생각한 적은 없었는데 이 영화를 보니 예술가의 삶이 곧 예술이었습니다. 파비안느는 삶이 모두 진실된 연기였고 연기가 곧 삶이었습니다. 삶으로 예술을 표현하는 연기를 하고 싶은 이에게 이 영화를 추천합니다.

DAY 065　　스스로 인정하기　　김선민

나는 지금 행복한가? 사람들은 큰집, 좋은 자동차, 많은 돈이 있어야만 행복하다고 생각하기도 한다. 하지만 뭐니 뭐니해도 사람은 좋아하는 것과 잘하는 것이 일치할 때 가장 행복하지 않을까?

> 내가 제일 잘할 수 있는 것도 축구, 내가 제일 좋아하는 것도 축구다. 축구만 할 수 있다면 나는 매일 새롭게 태어난다. 컴퓨터를 리부팅하면 속도가 빨라지는 그런 느낌이다.
> 「축구를 하며 생각한 것들」, 손흥민, 브레인스토어, 2020

손흥민 선수의 글을 읽으며 나는 무엇을 잘 할 수 있으며 좋아하는가, 라는 뻔하지만, 근본적인 질문에 빠지게 된다. 내가 특별히 무언가를 잘하는지 모르겠다. 어쩌면 그것은 특별한 재능을 가진 사람들만 바라보면서 생각하기 때문은 아닐까. 나는 특별히 잘하는 것은 없지만 두루두루 흉내 내는 것을 잘한다. 전문가의 모습은 아니지만 SNS를 보면서 영상을 보면서 흉내 내는 것을 곧잘 한다. 눈썰미가 좋고 활용과 응용을 잘하는 편이다. 이 능력은 내가 상담프로그램을 만드는 데 큰 장점이 된다.

뭐든 나의 것이 된다면 나에게는 특별한 것이다. 그래서 우리는 다른 사람들의 능력과 비교하기보다 내가 잘하고 즐거워하는 것들을 소중히 여겨야 한다. 사소할지라도. 다른 누군가의 인정으로 인해 특별해지는 것이 아니다. 내가 나 자신을 인정할 때 나는 특별해진다. 인생이라는 필드에서 우리 각자는 모두 손흥민이다.

DAY 066　　보고 싶다 친구야　　에밀리

우정은 천천히 자랍니다. 연애가 한순간의 격정에 뜨거워진다면, 우정은 고구마를 구울 때 모닥불 속에 든 돌처럼 천천히 뜨거워집니다. 사랑이 한여름에 느닷없이 퍼붓는 장대비라면 우정은 봄날에 내리는 보슬비나 가을에 내리는 가랑비입니다.

「내 인생에 힘이 되어준 한마디」, 정호승, 비채, 2018

　이중섭과 구상, 둘은 오랫동안 우정을 나누는 친구였습니다. 구상이 폐결핵으로 수술하고 입원하였는데 평소 교류가 적었던 지인들도 병문안을 왔건만 친한 이중섭은 나타나지 않습니다. 구상은 섭섭해하면서도 이중섭에게 무슨 일이 생긴 것이 아닌가 걱정도 됩니다. 뒤늦게 찾아온 이중섭을 보자 반가운 마음보다 부아가 치밀었습니다. 어떻게 이럴 수 있냐며 화를 냅니다. "정말 미안하게 됐네. 빈손으로 올 수가 없어서... 어른들 말씀이 천도복숭아를 먹으면 무병장수한다지 않든가 그러니 자네도 이걸 먹고 어서 일어나게" 과일 하나 사 올 수 없었던 가난한 친구가 복숭아 그림을 그려 오느라고 늦은 것입니다.

　시간을 내서 아픈 친구 병문안 가는 것도 소중하지만, 이중섭과 구상의 이야기에서 깊게 생각해봐야 할 것이 있습니다. 차마 빈손으로 가지 못하고 천도복숭아를 그려 선물하고자 했던 이중섭의 마음입니다. 그림을 그리는 내내 친구 구상을 생각했을 이중섭의 마음입니다.

DAY 067 지금 당신은 기우제를 멈추시겠습니까? 모두쌤

「그랜트 스터디」는 하버드 대학에 입학한 학생들 268명의 삶을 60년간 추적하여 이루어진 종단연구입니다. 이 연구에 따르면 연구의 대상인 268명 중 누가 봐도 성공적인 인생을 산 사람은 30% 정도였고, 30% 정도의 사람들은 부적응하여 실패한 삶을 살았다고 합니다. 성공한 사람들의 특징은 일희일비하지 않은 채 포기하지 않고 자신을 끊임없이 변화시켜 주변 사람들에게 도움이 되도록 노력한 점이라고 합니다.

북미 대륙에 사는 다코다족의 호피 원주민(일명 호피 인디언)들은 기우제를 지내면 100% 비가 내렸다고 합니다. 이게 가능할까요? 그것이 가능한 이유는 호피 원주민이 비가 올때까지 기우제를 지내기 때문입니다.

그랜트 스터디에서 연구한 성공한 사람들의 모습, 비가 올 때까지 기우제를 지내는 원주민의 모습은 서로 닮아있습니다. 몇 번의 실패가 이어지더라도 포기하지 않는 것, 목표를 이룰 때까지 끈기 있게 노력하는 것이 그들의 공통점입니다.

지금 내 앞에 놓인 수많은 '실패할 것들'을 대하는 마음 자세가 중요합니다. 내가 포기하지 않으면 언젠가 비는 내릴 것이고, 언젠가 내 주변 사람들은 웃을 것입니다. 그러니 확률 100%인 기우제, 멈추지 맙시다. 시간은 춤추는 자의 편이니까요.

DAY 068　　사도세자　　　토마스

　어느 날, 학교에서 역사 수업을 듣던 중 사도세자 이야기가 나왔습니다. 저는 어렸을 때 극장에서 〈사도〉라는 영화를 본 적이 있었는데 수업을 듣고 나니 한 번 더 보고 싶어져서 사도를 집에서 한 번 더 봤습니다.

　왜 사도가 그런 선택을 했는지 영조는 어째서 그렇게 가혹할 수밖에 없었는지 그 이유를 알고 보니 정말 눈물이 났습니다. 어려서부터 세자의 자리에 올라 부모의 사랑을 충분히 받지 못했던 사도세자와 첫째 효장세자의 죽음으로 어쩔 수 없이 사도세자에게 많은 기대를 걸 수밖에 없었던 영조, 그들의 사이를 파국에 이르게 만든 정치적 문제까지 너무나도 비극적이고 슬픈 역사를 이해하게 되었습니다. 저는 사도의 감상평 중 이 말이 제일 인상 깊었습니다. '이 영화가 1000만 영화가 되지 못한 이유는 너무 슬퍼서 두 번 볼 수 없기 때문이다.'

　영화를 보면서 감독이 우리에게 전하려던 메시지가 무엇일까 생각했습니다. 역사적 사실을 전달하려는 것에도 큰 의미가 있지만, 이 영화 속 영조와 사도세자처럼 현대의 부모와 자녀 관계에 대해서도 여러 가지 생각할 거리를 던져주었다고 생각합니다. 어떤 지역에서는 아이들이 여러 학원을 돌며 혹사당한다고 합니다. 제 친구 몇 명도 이미 이런 삶을 살고 있습니다. 만약 영조가 지금 세상에 살고 있다면 더 가혹했을까요? 사도세자가 이 시대에 살고 있었다면 더 불쌍했을까요?

DAY 069 　　아침 햇살　　연정인

<아침 태양>, 에드워드 호퍼, 1952, 출처 : www.edwardhopper.net

이 그림 속 여성의 시점에 몰입하며 그녀가 느낄 법한 감각에 제 감각을 일치시켜보려고 합니다.

햇살이 비치는 휴일 아침, 늦은 시간에 일어나 창가의 침대에 편안히 앉아 바깥 풍경을 묵묵히 바라보며, 그 순간의 여유로움을 한없이 만끽하는 것 같습니다. 한편, 얼굴을 자세히 보니 표정에서 여유보다는 고독한 감정도 같이 깔려 있는 것 같기도 하고요. 다양한 감정이 엿보입니다.

조용한 느낌의 그림을 좋아하는 제게 에드워드 호퍼의 <아침 태양>은 고독한 감정을 느끼게 해주면서도 햇볕의 따뜻함을 동시에 안겨줍니다. 우리의 삶처럼 복잡 미묘한 것 같아요. 오늘 아침, 마치 혼자 침대에서 일어난 것처럼 고독하지만, 한편으로는 내 남은 삶이 저 태양처럼 따뜻하게 빛나기를 소망해 봅니다.

DAY 070 모든 삶에는 그 만의 냄새가 있다 엘린

    신혼 때부터 사용한 장롱이 있습니다. 사회 초년생일 적 알뜰히 월급을 모아 결혼 준비를 했는데 꽤 큰 거금을 들여서 산 물건이었습니다. 깔끔한 화이트톤이고 그 나이에 비해 아직은 쓸만합니다. 그런데 어느 날부터 이불을 꺼내어 덮으려고 하면 이상한 냄새가 났습니다. 냄새에 예민한 아이가 먼저 말합니다.

    "엄마, 이불에서 냄새나!"

    환기가 잘 안되는 장롱에 오래 넣어두어서 그렇다고 얼렁뚱땅 넘겼습니다만 마음속에 의문이 듭니다.

    '이불을 넣을 때마다 깨끗이 빨아서 넣었는데 왜 그러지?'

    급기야 저녁에는 냄새에 크게 예민하지 않은 남편이 말합니다.

    "우리 집 장롱에서 할머니 집에서 맡았던 것 같은 냄새가 나기 시작하네? 우리도 이제 늙었나 봐."

    아무런 대꾸를 하지 않았지만 속으로 적잖이 충격을 받았습니다. 시골에 다녀온 뒤에는 옷에 스며든 냄새를 빼기 위해 세탁을 열심히 했었는데 이제 내 방 장롱에서 그런 냄새가 난다니. 창문을 활짝 열고 모든 이불을 꺼내 정리를 시작했습니다. 마음 같아선 햇빛에 뽀송하게 말리고 싶지만 아파트는 옥상이 없기에 알콜소독제를 뿌리고 다시 각을 잡아 이불을 정리했습니다. 그런데 이불을 정리하며 원래의 목적과 달리 엉뚱한 방향으로 생각도 정리되었습니다.

    '이불에서 냄새 좀 나면 어때? 나는 이 이불을 덮고 행복한 꿈을 꾸어도 보았고, 슬퍼서 울어도 보았고, 몸이 덜덜 떨릴 정도로 아파도 보았는데. 그러니 내 이불에는 내 삶의 냄새가 나는 거잖아?' 장롱 속 이불도 정리가 되고 내 생각도 정리가 되니 꽤 괜찮은 저녁입니다.

DAY 071 당신이 줄 수 있는 최고의 선물은? 찰리쌤

당신이 줄 수 있는 최고의 선물은
그를 위해 당신의 시간을 쓰는 것이다.
프랑카 포텐테(독일 배우)

무슨 말이 더 필요하겠습니까? 어떤 사람을 위해 선물을 하고 싶으신가요? 그 사람을 위해 당신의 시간을 선물하십시오. 여러분이 아끼는 시간, 에너지, 관심을 그 사람을 위해 선물할 줄 아는 여유가 있다면 여러분은 이미 최고의 선물을 한 것입니다.

"너나 잘하세요!"라고요?

맞습니다. 글을 쓰는 지금, 둘째 아들 생일인데도 새벽에 작업할 일이 있어 제가 끓이기로 한 미역국을 아내가 끓이게 되었고, 생일 저녁에는 촬영이, 밤에는 빠질 수 없는 협의회 일정이… 짬을 내서 중간 시간에 생일 파티는 하기로 했지만… "아빠는 왜 이리 바빠!"라는 소리만 듣게 되네요.

우리, 남 말고 스스로 돌아보며 가족과 지인들에게 최고의 선물을 주세요. 아 참! 저나 잘 할게요. ㅜㅜ

오늘도 다들 파이팅!!

DAY 072 '정의'란 무엇인가? — 허경심

작가란 어떤 사람일까요? 사전에는 이렇게 정의되어 있어요.

'작가 : 문학 작품, 사진, 그림, 조각 따위의 예술품을 창작하는 사람.'

제가 내린 작가의 정의는 이렇습니다.

'어떤 대상이나 개념을 사전적 정의가 아닌 자기 나름으로 정의 내리는 사람.'

저는 최근 예술가에 대해서도 나름의 정의를 내려 보았어요.

'예술가 : 사람이 살아가면서 중요한 걸 잊지 않도록 영감을 주는 사람.'

자신만의 정의를 가질 때 생각과 글의 깊이가 한층 깊어진다고 생각합니다. 우리들의 인생도 마찬가지라고 생각해요. 내가 바라보는 세상을 내 나름으로 정의 내리고 살 수 있는 삶은 그 깊이가 남다르겠죠. 자, 아래 개념들에 대해 여러분의 언어를 사용하여 다양하게 정의 내려 보세요.

행복이란? 리더란? 진정한 친구란? 성공한 삶이란? 후회 없는 삶이란?

DAY 073　설레는 일이 있습니다　엘린

'설레다'의 사전적 의미는 '마음이 가라앉지 아니하고 들떠서 두근거리다'입니다. 요즘 설레는 일 있으신가요?

저희 반 아이들은 작은 일에도 마음이 둥둥 떠다닐 때가 많습니다. 수요일에 맛있는 반찬이 나와서 아침부터 기대하고, 체육 시간에 무엇을 할까 기대합니다. 자리 뽑기를 하면서도 어떤 자리가 나올지 떨린다고 하고, 금요일 미술 시간을 기다리느라 두근거린다고 합니다. 아이들의 마음을 가장 설레게 하는 일은 곧 있을 체험학습입니다. 기대하고 두근거리는 마음으로 손꼽아 기다리는 감정이 모두 설렘이겠지요? 크든 작든 아이들을 설레게 하는 일이 참 많습니다.

저도 설레는 일이 있습니다. 수영 강습을 시작했거든요. 첨벙거리는 물소리, 약간은 찡한 락스물 냄새, 호루라기 소리, 물에 둥둥 떠 있는 편안함이 좋습니다. 그래서 수영하러 가는 날은 아침부터 설렙니다. 또 친구들과 약속이 있는 주말도 설렙니다. 거리낌 없이 웃으며 이야기할 수 있으니까요. 맛있는 디저트와 함께 먹을 커피를 사러 가는 길도 설렙니다. 그리고 호수공원 벤치에 앉아 독서하는 일도 설레고 좋아하는 영화를 손꼽아 기다리는 일도 설렙니다.

회사에 갔다가 집에 왔다 똑같은 하루를 사는 것이 참 재미없다고 느껴지신다면 설레는 일 한 가지를 넣어보세요. 그 설렘 때문에 하루를 기분 좋게 시작할 수 있을 것입니다.

DAY 074 웃자 에밀리

'외상 후 성장'이라는 말을 아시나요? 트라우마를 통해 고통을 경험한 후 오히려 더 성장하고 강해지는 현상입니다. 한 실험에서 소음을 줄일 수 없는 폐쇄된 공간에 있던 실험자의 70%가 소음을 제어할 수 있게 되어도 소음을 줄이려고 하지 않았다는 연구결과가 있었습니다. 학습된 무기력에 빠진것이지요. 그러나 이 실험에서 대체적으로 1/3은 무기력을 학습하지 않고 더욱 적극적으로 문제를 해결하는 경향을 보였습니다.

이들은 세 가지 공통점을 가지고 있었습니다.

1. 현재의 어려움이나 시련, 고통을 있는 그대로 인정한다.
2. 그럼에도 이런 상황이 언젠가 나아질 수 있을 것이라는 희망을 놓지 않는다.
3. 괴로움에서 빠져나오는 조금이라도 나아지는 순간이 있다면 이를 사소하게 보지 않고 중요하게 생각한다.

생각과 관심의 초점을 지금의 불안에 두기보다 다가오는 회복과 긍정적 상황에 두면서 현재의 고통과 미래를 분리하는 것이 중요합니다. 그러기 위해서는 작게나마 웃을 수 있는 일을 자주 만들어야 합니다. 당신의 일상에서 즐거운 경험의 빈도를 높이세요. 행복은 강도보다 빈도에 달려 있으니까요.

DAY 075 누군가를 창의적으로 만들지 못하게 하는 비법은? 찰리쌤

학교에서 갑자기 어떤 업무가 떨어지면 선생님들은 습관처럼 이런 말을 합니다.

"이 일을 하려면 틀이 있어야 합니다. 작년 자료가 있어야 합니다. 작년에 했던 사진을 봐야 합니다."

당연한 얘기지만, 작년 기획서를 참고하며 올해 공문을 기획하고, 작년 사진을 보며 올해 행사를 준비하죠.

그러나 이제는 안 해봤던 것을 시도하고, 새로운 것을 추구하며 누구도 대체할 수 없는 나만의 무기를 장착해야 할 시대입니다. 다중지능이론을 제안한 미국의 심리학자, 하워드 가드너는 이렇게 말합니다.

누군가를 창의적으로 만드는 것보다 그것을 막는 것이 훨씬 쉽다. "다른 사람과 똑같이 하라."라고 하면 그만이다.

하워드 가드너 (미국 심리학자)

교사로서, 부모로서, 인생의 선배로서 '다른 사람과 똑같이 하라'라는 말만큼은 절대 하지 말자고요!

DAY 076 당신의 인생에 브레이크가 있나요?   죠쌤

> 자동차에 비유하자면 도파민은 액셀러레이터고 세로토닌은 브레이크다. 액셀러레이터가 없는 차는 움직이지 않지만, 브레이크가 없는 차는 사고가 난다. 둘의 조화가 필요하다. 매일 순간순간을 신명 나게 살기 위해선 도파민이 필요하다. 긴 호흡을 가지고 인생을 살아내려면 세로토닌이 중요하다.
>
> 「트렌드 코리아 2024」, 김난도, 미래의창, 2023

위 비유는 읽고 또 읽어도 찰떡이라는 생각이 듭니다. 현대인들은 어찌 보면 액셀만 있는 스포츠카를 탄 채 짜릿한 속도감에 취해 소리를 지르는 운전자처럼 보입니다. 브레이크가 없는 차량에 어떤 미래가 닥칠지 알지 못한 채.

도파민 중독입니다. 우리는 더 잦은, 더 강력한 자극에 절어 있습니다. 보상과 쾌락에 중독되어 어젯밤에도 붉은 눈과 붉은 입술로 기절할 때까지 영상, 게임, 야식에 빠져 있지 않았나요?

요즘에 뜨는 키워드가 '도파민 디톡스'입니다. 일정 기간 각종 자극물을 끊어버리는 것입니다. 타버릴 것 같이 폭주한 삶에 브레이크를 걸어 보는 것입니다. 효과가 좋다고 합니다. 갑자기 삶이 지루해지고 느려지지만, 소소한 일상이 자극의 빈자리를 채우면서 행복감과 평안함이 찾아온다고 합니다. 명상, 독서, 글쓰기, 걷기 등 도파민 디톡스를 할 때 '세로토닌'이 분비됩니다. 삶의 밸런스를 위해 세로토닌 활동에 집중합시다. 좋은 습관을 가지면, 자연스레 도파민의 노예에서 벗어날 수 있습니다. 오늘도 가만히 생각하고, 가만히 읽고, 가만히 걷고, 가만히 쓰겠습니다.

DAY 077 오늘도 타인과 나를 비교하며 작아지셨나요? 허경심

저는 2017년 故최복현 작가님 그리고 두 분의 문우님들과 함께 「좌충우돌 유쾌한 소설쓰기」라는 책을 썼습니다. 그런데 제 생의 첫 책이었던 「좌충우돌 유쾌한 소설쓰기」를 실물로 받아 보고 저는 이런 생각을 했어요. '내 글은 형편없어. 최복현 작가님과 문우님들이 아니었다면 절대 불가능했을 일이야. 사람들에게 책이 나왔다는 걸 알리지 말아야지.'

많은 날이 지나고 저는 문득 깨달았습니다. 왜 생의 첫 책을 내고도 기뻐하지 못했는지를. 그건 나를 평가하는 기준이 타인에게로 맞추어져 있었기 때문이었습니다. 남들은 혼자서도 몇 권을 내는데 고작 공저 출판으로 우쭐거리는 건 용납할 수 없었던 겁니다.

기준을 저 자신으로 가져와 봤습니다. 1년에 책 한 권도 안 읽던 내가, 글쓰기의 'ㄱ'도 몰랐던 내가 A4 30매 분량의 글을 쓰고 공저 출판을 했다니! 그것도 육아와 직장 생활로 바쁜 와중에! 저에게 「좌충우돌 유쾌한 소설쓰기」는 엄청난 성장의 방증이었습니다. 이렇게 기준을 저에게 가져와 보니 지난날 노력했던 저에게 미안한 마음까지도 올라왔습니다.

혹시 타인과 나를 비교하며 의기소침해졌다면 기준이 어디에 있는지 생각해 보세요. 자신의 노력을 타인과 비교해 아무것도 아닌 걸로 치부하지 마세요. 나에게 정말 잘했다고, 자랑스럽다고 이야기해 주세요.

DAY 078　꽃씨를 거두며　　엘린

<꽃씨를 거두며> 도종환

언제나 먼저 지는
몇 개의 꽃들이 있습니다.
아주 작은 이슬과 바람에도
서슴없이 잎을 던지는
뒤를 따라지는 꽃들은
그들을 알고 있습니다.

아이들과 함께 꽃씨를 거두며
사랑한다는 일은
책임지는 일임을 생각합니다.

사랑한다는 일은 기쁨과 고통
아름다움과 시듦
화해로움과 쓸쓸함
그리고 삶과 죽음까지를
책임지는 일이어야 함을 압니다.

시드는 꽃밭 그늘에서
아이들과 함께
꽃씨를 거두어 주먹에 쥐며

이제 기나긴 싸움은
다시 시작되었다고
나는 믿고 있습니다.

아무것도 끝나지 않았고
삶에서 죽음까지를 책임지는 것이
남아있는 우리들의 사랑임을 압니다.

꽃에 대한 씨앗의 사랑임을 압니다.

　가을입니다. 찬란했던 여름의 녹색 잎들도 벌과 나비들을 불러 모으던 향긋했던 꽃들도 마지막 향연을 끝내고 떨어지는 가을입니다. 가을이 깊어져갈수록 마음도 깊어집니다. 곧 있으면 바람이 더 차가워질 텐데 마음도 덩달아 차가워질까 염려하게 됩니다.

　여기 아이들과 함께 꽃씨를 줍는 선생님이 계십니다. 사랑한다는 일이 아름다움과 시듦까지, 삶과 죽음까지를 책임지는 일이라는 것을 꽃씨를 주우며 보여줄 수 있다는 것이 놀랍습니다. 꽃씨를 거두는 일까지가 사랑입니다.

　저도 오늘은 눈에 띄지 않았을 꽃씨를 거두러 정원으로 나가겠습니다. 정원에서 꽃씨를 거두다 저와 마주치시거든 살며시 나누어 드릴게요. 봄이 담긴 꽃씨를.

DAY 079　　자기 위로　　김선민

<내가 나에게> 이해인

오늘은 내가 나에게
칭찬도 하고 위로도 하며
같이 놀아주려 한다.

순간마다 사랑하는 노력으로
수고 많이 했다고 웃어주고 싶다.

계속 잘하라고 힘을 내라고
거울 앞에서 내가 나를 안아준다.

　누구의 위로도 도움이 되지 않을 때가 있다. 그럴 때 우리는 자기연민을 가져야 한다. 하지만 많은 사람들은 자기비판에 더 몰두한다. 그렇다면 어떻게 우리는 자신에게 연민의 마음을 가질 수 있을까?

　방법은 간단하다. 나를 이해해 주는 것이다. 말로만 머리로만 이해하는 것이 아니라 이해인 신부님의 시에서와 같이 거울을 바라보며 나에게 말을 걸어보는 것도 참 좋은 방법이다. "수고했다", "힘들었겠구나", "속상하겠다" 등 위로의 말을 스스로 해주는 것이다. 말할 때는 손으로 가슴을 쓸어내리며 말해주는 것도 추천한다.

　그렇게 나를 위해 위로를 하고 나면 내 앞에 있는 문제나 감정을 깊이 알아채고 해결할 힘을 얻게 될 것이다.

DAY 080　　무한도전 챨리쌤　　챨리쌤

　바야흐로 1999년. 챨리가 고등학교 3학년 때였습니다. 친구 2명과 함께 대학 첫 여름방학이 되면 자전거 전국 일주를 하자고 약속했습니다. 2000년 6월. 드디어 대학 첫 여름방학이 되었습니다. 그러나 친구들은 다들 가기 어려운 이유가 생겼습니다. 쉽게 말해, 저 혼자 가야 할 상황이었죠.

　그때였던 것 같습니다. 제가 제 인생의 주인공이 돼본 경험. 단돈 7000원을 들고 자전거를 타고 성남에서 인천, 인천에서 목포, 목포에서 제주도, 제주도에서 부산, 부산에서 강원도까지 4주간의 자전거 전국 일주를 해낸 것이죠.

　그 이후로 저는 알바를 하며 돈을 벌어 해외 무전여행을 시작했고 대학 방학 시간을 40개국 100개 이상의 도시를 돌아다니는 특별한 경험을 하게 되었습니다. 돌아보면, 이 모든 시작이 바로 '자전거 전국 일주를 출발하기로 다짐한 그때'였던 것 같습니다.

　　　　오늘은 진짜로 다짐해볼까요? "이번 주말은 ~하겠다!"

　　　예) 아이들과 온 에너지를 쏟아부어 시간을 보내주겠다.
　　　　 나만의 힐링 여행을 해보겠다.
　　　　 도서관에서 미친 듯이 하루 종일 책을 읽어 보겠다.
　　　　 부모님께 감사 인사 연락을 드리겠다.

　그리고 다짐의 완성은 '끝맺음'입니다. 오늘 했던 다짐을 어설프게라도 끝맺어보는 경험! 그 특별한 경험을 꼭 해보세요!

DAY 081 적당하게 맛있는 하루로 요리하기   엘린

저녁 무렵 미열이 있어 누워있었습니다. 엄마가 누워있으니 학원에 가야 하는 딸이 직접 저녁을 차려야 했습니다. 퇴근길에 부대찌개 밀키트를 사두었으니 그걸 끓여서 먹으라고 말하곤 잠이 들었습니다. 밀키트야말로 전 국민 누구나 똑같은 맛을 낼 수밖에 없는 편리한 식품입니다. 그런데 잠시 뒤 딸이 만든 찌개를 보니 국물이 매우 많아 색이 연해 보였습니다.

"물 제대로 넣었니?"
"네, 1000mL 라고 되어있어서 그렇게 넣었어요."
"그런데 물이 너무 많아 보이는데?"
"모르겠어요. 왜 이렇게 되었지?"

조금 싱거웠지만 그런대로 먹을 만했습니다. 배가 고팠으니까요. 때마침 돌아온 둘째가 부대찌개를 먹었습니다. "엄마, 이거 왜 이렇게 싱겁지?, 아무 맛도 안 나는데" 쓰레기통에서 집은 포장 팩에는 아직 다 짜내지 못한 부대찌개 양념이 묻어 있었습니다. 정확한 물 양에 딱 맞는 양념장이 요리에 완벽한 맛을 냅니다. 더하면 짜지고 덜하면 싱겁지요.

삶도 그러하지 않을까요? 하루를 살면서 딱 알맞은 양의 감정들이 있어야 완벽한 하루가 만들어진다는 생각이 들었습니다. 너무 과하면 감정에 취해 헤어 나오지 못할 테고, 감정이 너무 없으면 밋밋한 하루가 될 테니까요. 적당한 기쁨, 적당한 슬픔, 적당한 욕심으로 맛있는 부대찌개 같은 하루를 만들고 싶습니다.

DAY 082　　말보다 더 빠른 노루　　연정인

> 말보다 더 빠른 노루가 잡히는 것은 두려움 때문이다. 혹시 잡히지 않을까 염려하는 마음에 뒤를 돌아보다가 자기 능력을 제대로 발휘하지 못한다. 이런 마음의 약점은 위기뿐 아니라 그 어떤 일에서도 사람의 족쇄가 된다. 특히 큰 일을 하려면 반드시 마음의 안정과 올바름이 필요하다.
> 「하루 한 장 고전 수업」, 조윤제, 비즈니스북스, 2022

우리는 두려움 때문에 때를 놓치고, 두려움 때문에 사랑을 포기합니다. 괜히 했다가 거절당하면 어떡하지, 안 되면 어떡하지 하며 걱정과 근심, 염려에 사로잡혀 뒤만 자꾸 돌아보느라 오도 가도 못합니다.

저도 어떠한 일을 하기 전에 '그 일이 내가 바라는 대로 안 되면 어쩌지!'라며 지레 걱정하고 주저할 때가 많았습니다. 제가 포기한 그 일을 다른 사람이 해내는 모습을 보며 자책하거나 비교하며 후회하는 경우가 많았습니다.

말보다 노루가 더 빠를 수 있다는 사실이 놀랍습니다. 노루가 포식자에게 잡히는 이유는 노루의 능력 때문이 아니라 노루의 두려움 때문이라는 사실은 더 놀랍습니다. 노루가 된 저는 발목이 시큰거리는 것을 느낍니다.

제 연약한 발목에 잠겨 있는 족쇄를 바라봅니다. 이 족쇄 때문에 얼마나 많은 구렁텅이에 빠져야 했던가요. 운이 좋았는지, 감사하게도 저 같은 겁쟁이가 이 생존의 사냥터에서 아직 살아남았습니다. 이제부터라도 다시 앞만 보고 달리는 연습을 해야 하겠습니다.

DAY 083 　　　　　구원자　　　　　토마스

넌 날 어디로 데려가려나
정말 너는 언제까지라도
옆에 있어줄 수 있을까
나의 구원자
하늘이 내려주셨나
너를 안고 슬픈 꿈을 꾸었다
너를 본 순간 말없이 알 수 있었다

이하이 〈구원자〉

　예전에 그랬던 적이 있습니다. 너무 외롭고 또 힘들고 스트레스 받았을 때 누구라도 상관없으니 누군가 내 곁에 있어 주기를 바랐습니다. 누구나 힘든 상황이 온다면 기댈 사람을 찾습니다. 나를 망치지만 나에게 위로를 건네는 그런 구원자라도 말이죠. 인생을 망친다는 가사를 꼭 부정적으로만 해석할 필요는 없을 것 같습니다. 재미없고 슬프기만 한 인생이라면 오히려 그 인생을 망쳐서 재밌고 짜릿하게 바꿔놓는 것이 나을 수도 있으니까요.

　〈구원자〉라는 노래도 좋지만, 이 노래의 뮤직비디오도 해석의 여지가 많아 재미있습니다. 사랑하는 연인 두 사람이 서로가 서로에게 구원자인 것은 아닐까 하는 생각이 듭니다. 벅차고 힘겨운 삶에서 나와 함께 해줄 구원자가 있다는 건 얼마나 축복된 일일까요? 언젠가는 저도 누군가를 안아줄 수 있는 구원자가 되기를, 또 저를 안아줄 수 있는 구원자를 만나기를 소망해봅니다.

DAY 084 이기거나 배우세요! 찰리쌤

I never lose.
I either win or learn.
나는 절대로 지지 않는다.
이기거나 배울 뿐이다.

넬슨 만델라(남아공 대통령)

저에게 체스를 진 막내아들이 킹을 넘어뜨리고는(체스에서 패배를 인정할 때 하는 동작) 제 노트북에 있는 체스 레슨을 클릭합니다.

몇 시간 후, 다시 하자는 말에 저는 절대 져주지 않겠다는 다짐을 하며 다시 둡니다. 하지만 잠시 후 도저히 피할 곳이 없는 체크메이트, 저는 패배를 인정합니다. 우리는 인생에서 자주 집니다. 꼬마에게도 지고 옆 동료에게도 집니다. 하지만 진 것을 어떻게 받아들이는지가 더 중요합니다.

이 명언을 한 넬슨 만델라의 삶을 아실 겁니다. 그는 27년간 투옥되었지만 결국 사람들의 지지 속에 석방되고 결국 4년 뒤 남아공 최초의 흑인 대통령이 됩니다. 그는 대통령이 된 후 '용서하되 잊지 않는다'란 슬로건 아래 단 한 명도 과거사로 처벌하지 않습니다. 단 한 명도요.

그의 삶은 실패와 패배로 가득 찼지만 우리 중 아무도 그를 패배자로 기억하지 않습니다. 그는 늘 이기거나 배웠으니까요.

I either win or learn!

DAY 085　왜 목표와 열정은 실패하는가　조쌤

오늘 소개할 책은 스콧 애덤스의 「더 시스템」입니다. 저는 벌써 2번 읽었는데 이 책을 읽어야 하는 이유 2가지입니다.

1. 왜 목표와 열정은 실패하는가

새해가 되면 어김없이 신년 목표를 세웁니다. 그리고 열정적으로 달리기 시작합니다. 그런데 이내 지쳐서 주저앉고 맙니다. 목표는 사막의 신기루처럼 아득하게 느껴지고, 열정은 온데간데없어집니다. 저자는 말합니다.

"패배자는 목표를 설계하고 승자는 시스템을 만든다."

"당신이 장기적으로 행복해지기 위해 무언가를 매일 꼬박꼬박 하는 것은 시스템이다. 반면에 특정한 어느 시기에 무언가를 달성하고자 기다리고 있다면, 그것은 목표다."

2. 실패를 대하는 자세는 무엇인가

이 책이 진짜 좋은 이유는, 실패를 대하는 자세를 배울 수 있기 때문입니다. 이 책의 원제가 이것입니다. 'How to fail at almost everything and still win big' 실패와 친해지면서 실패와 성공의 패턴을 학습하고, 자신을 성공하는 시스템 안에 정착시키는 것, 그리고 타이밍을 잡는 것. 그것이 저자가 전해주는 삶의 지혜입니다.

"실패는 당신의 친구라는 점을 늘 기억하라. 실패가 원석이라면 성공은 다이아몬드다. 실패를 불러들여라. 실패에서 배워라. 그리고 실패라는 놈의 주머니를 탈탈 털어낼 때까지 그냥 돌려보내지 마라. 그게 바로 시스템이다."

DAY 086   몸이 주는 신호   허경심

분명 같은 날 비슷한 정도로 자른 손톱이 신기하게도 오른쪽이 늘 더 많이 자라있습니다. 왜일까 생각하다가 이렇게 결론 내렸습니다.

'나는 오른손잡이이니까 왼손보다는 오른손을 더 많이 쓴다. 내 몸이 오른손을 더 보호하려고 손톱이 빨리 자라는 건 아닐까? 몸은 우리가 의식하지 못하더라도 자신을 스스로 잘 보호하고 있구나.'

그러고 보면 언제나 몸은 제가 의식하기 전에 먼저 신호를 보냈던 거 같아요. 예를 들어 위경련이 일어났던 건 과도한 스트레스에서 벗어나라는 신호였고, 고개가 안 돌아갈 정도로 목이 아픈 건 컴퓨터 앞에 있는 시간을 좀 줄이라는 신호였습니다. 몇 해 전 앓았던 공황장애는 몸이 주는 모든 신호를 무시했기에 찾아온 건 아니었을까 하는 생각이 듭니다. 당시 제 몸은 저에게 이렇게 말하고 있던 건지도 모르겠습니다. 계속 가다간 너는 더 이상 버틸 수 없을 거야. 이제 정말 쉬어야 해!

몸은 언제나 저를 더 주의 깊게 관찰하고 관심과 애정을 주고 있습니다. 살아가면서 내 몸이 주는 신호에 귀 기울이는 것 또한 나를 존중하고 사랑하는 방법이겠구나 하는 생각을 합니다.

여러분의 몸에서는 지금 어떤 신호를 보내고 있나요?

DAY 087 놀 줄 모르는 엄마 김선민

하루에 3시간, 자는 시간을 제외한 평일에 아이와 함께 하는 시간이다. 하지만 그 시간 중에서 나는 과연 몇 시간 아니 몇분이나 아이와 온전히 소통하고 있을까? 어제도 학습에 대한 욕심에 워크지를 꺼내 들으며 아이와의 소통보다는 일방적 정보를 나열하고는 놀이라는 이름 하에 아이와 시간을 가졌다. 그리고 내 공부한다며 인터넷 강의를 틀었다.

그때 아이가 감정카드를 꺼내며 읽어달라고 했다. 난 귀찮은 듯 무심하게 글자를 읽어주었다. 그냥 글만 읽어 줄 수 없다고 생각하여 질문을 던졌다.

"오쭈는 오늘 기분이 어때?"
"오늘의 기분은 즐거움이야"
별생각 없이 "아 그렇구나~ 좋았겠네." 했더니 아이가 되물었다.
"왜 그런 줄 알아? 그건 바로!!! 엄마랑 함께 했기 때문이야!"

순간 멍했다. 아이의 예상치 못한 답변에 많은 생각을 했다. 솔직히 처음에는 고마웠고 다음에는 미안한 감정이 올라왔다. 이렇게 워크북을 하는 것만으로도 아이는 나와 함께 해서 즐겁다고 하는데 엄마는 즐거워하지 못했다.

'부모란 자녀에게 사소한 것을 주어 아이를 행복하게 만들도록 만들어진 존재다.'라고 미국의 시인 오그든 내쉬는 말했다. 또 지키지 못해 자책하겠지만 다시 한번 다짐해본다. 그리고 노는 방법을 공부해야겠다. "오쭈 엄마랑 놀자"

DAY 088   봄처럼 아름다운 사람   허경심

<무언으로 오는 봄> 박재삼

뭐라고 말을 한다는 것은
천지신명께 쑥스럽지 않느냐
참된 것은 그저 묵묵히 있을 뿐
호들갑이라고는 전연 없네
말을 잘함으로써 우선은 그럴싸해 보이지만
그 무지무지한
추위를 넘기고
사방에 봄빛이 깔리고 있는데
할 말이 가장 많은 듯한
그것을 그냥
눈부시게 아름답게만 치르는
이 엄청난 비밀을 곰곰이 느껴보게나

  책을 읽기 시작하면서 세상이 달리 보였습니다. 안 보이던 것이 보이고 느끼지 못하던 것이 느껴졌어요. 마치 초능력을 얻은 영웅이 된 기분이었습니다. 이 멋진 일을 모두에게 알려주고 싶어 지인들에게 설파했지요. "이 책을 읽어 봐라, 저 책을 읽어 봐라. 이 책은 이런 점이 좋고 저 책은 저런 점이 좋다." 등등

  지금 생각하면 참 부끄럽습니다. 저는 오만했고 과시욕을 부렸던 것입니다. 이 시에서 봄을 사람이라 생각한다면 봄이야 말로 고수 중의 고수라는 생각이 듭니다. 그 많은 일들을 하면서도 호들갑이 전혀 없으니까요. 저도 이제는 봄처럼 겸손하고 아름다운 사람이 되고 싶습니다.

DAY 089 반찬을 골고루 먹어주어 고마워   엘린

> 칭찬받는다는 것은 타인으로부터 '좋다'의 평가를 받는 걸세. 그리고 그 행위가 좋은지 나쁜지를 결정하는 것은 타인의 기준이고. 칭찬받고 싶다면 타인의 기준에 맞춰 행동할 수밖에 없어. 자신의 자유에 브레이크를 걸어야 하네. 반면 '고맙다'는 말은 평가가 아니라 보다 순수한 감사의 인사라네. 인간은 감사의 말을 들었을 때 스스로 타인에게 공헌했음을 깨닫게 되지.
>
> 「미움받을 용기」, 기시미 이치로, 인플루엔셜, 2022

"밥을 잘 먹었네? 잘했어."
"학교를 잘 다녀왔구나. 잘했어."
"시험 보느라 힘들었겠구나. 잘했어."

저는 아이에게 '잘했어'라는 칭찬을 해왔습니다. 하지만 이러한 칭찬이 아이 스스로 하고 싶은 마음을 자라게 하기보다는 제 기준에 맞추어 행동하게 만들었다는 것을 알았습니다. 참 미안했습니다.

"반찬을 골고루 먹어주어 고마워."
"친구들과 사이좋게 지내는 너의 마음이 참 예쁘구나."
"끝까지 최선을 다해주니 엄마는 참 고마워."

"인간은 자신이 가치 있다고 느낄 때만 용기를 얻는다."라고 아들러는 말합니다. 타인에게 도움을 줄 때 그리고 고맙다는 인사를 받을 때 사람은 자신이 가치 있다고 느끼게 됩니다. 칭찬이나 평가는 필요하지 않습니다. 그저 '고맙다'라고 말해주면 됩니다.

오늘 주변 사람에게 고마움을 전하면 어떨까요? 여러분의 고맙다는 말 덕분에 그 사람은 용기를 갖게 될 것입니다.

DAY 090   봄날은 온다   조쌤

<봄날> 김기택

할머니들이 아파트 앞에 모여 햇볕을 쪼이고 있다
굵은 주름 가는 주름 하나도 놓치지 않고
꼼꼼하게 햇볕을 채워 넣고 있다
겨우내 얼었던 뼈와 관절들 다 녹도록
온몸을 노곤노곤하게 지지고 있다
마른버짐 사이로 아지랑이 피어오를 것 같고
잘만 하면 한순간 뽀오얀 젖살도 오를 것 같다
할머니들은 마음을 저수지마냥 넓게 벌려
한 철 폭우처럼 쏟아지는 빛을 양껏 받는다
(...중략...)
깜빡 졸았던가 한평생이 그새 또 지나갔던가
할머니들은 가끔 눈을 비빈다

싱그러운 생명의 계절이자 계절의 여왕으로 불리는 봄이지만, 봄날에 골목마다 광합성(?)하고 계시는 할머니들을 떠올려 보는 건 어떨까요? 우리도 언젠가는 다 할머니 할아버지가 될 테니까요. 한평생 허리가 휘도록 고생만 하셨으니, 노곤노곤 졸면서 한평생을 또 한 번 보내더라도 이제는 허허 웃을 수 있습니다. 따스한 봄날에 어르신들을 보면 격려해 주세요.

편하게, 즐겁게 쉬세요. 참 고생 많으셨습니다.

챕터2

이야기가 펼쳐지다

DAY 091　초고속 개화, 지금 무슨 일이?　에밀리

4월 4일, 우리 딸 어린이집 들어가는 길가를 보니 벌써 벚꽃이 만개하였어요. 벚꽃으로 가득한 화사한 꽃길이 어쩌면 이리도 마음을 설레게 하는지 아이 등원하면서 왠 눈 호강이냐 싶었답니다. 그러다 문득 작년 이맘때가 떠올랐어요. 제가 사는 곳은 다른 곳보다 춥다 보니 벚꽃이 늦게 피고 일찍 집니다. '이번에는 좀 빨리 피었구나, 왜 이리 빨리 활짝 피었을까? 곧 지면 어쩌지? 아름다운 꽃을 더 볼 수가 없겠네' 아쉬운 마음이었습니다.

아침에 활짝 핀 벚꽃이 오후가 되니 벌써 흩날리고 있습니다. 예전에는 일주일 정도 벚꽃을 보며 감성에 젖었었는데요. 예년보다 일주일 이상 벚꽃이 빨리 핀 이유는 따뜻한 날씨 때문이라고 합니다. 너무 일찍 피는 봄꽃은 꿀벌 등 생태계에 혼란을 가져올 수 있고 개화 시기와 꿀벌 활동 시기가 어긋나면 과실 수의 수정에도 악영향을 끼치게 된다고 하네요. 기후 변화가 멈추지 않으면 이번 세기 후반에는 2월에도 봄꽃이 만개한다고 하니 이를 어쩌면 좋을까요?

2023년의 봄, 서둘러 꽃망울을 터뜨리는 꽃을 가벼운 마음으로 대할 수 없는 이유는 다음 세대에 대한 기성세대의 미안함 때문이겠지요. 우리 아이들에게도 봄날의 아름다운 기억을 오래 남기게 해주고 싶어요. 기후위기에서 벚꽃을 구할 수 있는 방법 없을까요?

DAY 092 제주도 푸른 밤 토마스

떠나요 둘이서 모든 것 훌훌 버리고
제주도 푸른 밤 그 별 아래

성시경 <제주도의 푸른 밤>

여러분들은 시험을 언제 보셨나요? 중학생인 저는 시험이 너무나 부담스럽습니다. 주변 어른들이 주는 부담, 사회가 주는 부담, 나 자신이 스스로 주는 부담까지. 이 모든 것들이 심신을 지치고 힘들게 만듭니다. 저에게 기말시험이 정말 중요했기에 최상의 결과를 얻기 위해 최선을 다했습니다. 동시에 제가 느낄 수 있는 최대치의 부담도 느꼈던 것 같습니다.

시험이 끝난 뒤 저는 제가 너무나 지쳐있음을 알아차렸습니다. 지친 몸과 마음을 회복하기 위해 혼자 여행을 떠나기로 마음먹었습니다. 저는 지금 제주도에서 이 글을 쓰고 있습니다. 홀로 떠난 여행은 생애 처음이라 많이 설레고 떨렸습니다. 홀로 여행을 왔기에 저를 다시 되돌아볼 기회를 얻었고 힐링에 집중할 수 있었습니다.

여러분도 시험 같은 나날을 보내고 있다면 꼭 홀로 회복하는 시간을 가지시길 바랍니다. 굳이 거창한 여행이 아니더라도 근처 공원 가보기, 맛집 찾아가기, 조용한 카페에서 책 읽기 등등 자신만의 작은 여행을 떠나보세요. 새로운 세계가 주는 속삭임을 듣다 보면 충전되는 자신을 발견할 테니까요.

DAY 093   소소한 삶   연정인

> 소소한 아침을 시작하는 지금, 나는 나답게 천천히 걷는다.
> 우울과 절망, 슬픔과 고통을 끌어안고 '다시' 걷는다.
> 그냥 한 발, 한 발, 나아간다.
> 내 발걸음에 작은 소리가 퍼진다.
>
> 「소소한 하루」, 김태현, 교육과실천, 2023

   국어 교사이면서 작가인 김태현 시인의 시 〈소소한 하루〉의 구절입니다. 그 시에서도 이 구절이 제 마음에 와 닿았습니다. 왜 그럴까요? 아마 이 때 제 맘이 힘겨웠기에 더 마음이 와 닿았을 것입니다.

   시작하는 아침에 우울, 절망, 슬픔, 고통을 끌어안고 걷는다, 라는 표현이 같은 직장생활을 하는 저에게 공감을 불러일으켰습니다. 어느 날 학교 앞 횡단 보도를 건널 때, 저의 뒷모습을 본 직장 동료가 저에게 '아침 출근길 선생님의 발걸음이 너무 힘겨워 보이더라'라는 말을 전했습니다. 그때 직장생활과 직업에 대해서 많이 고민하며 흔들리던 시기였기에 아마 제 마음이 발걸음까지 전달되었던 것 같습니다.

   대부분 직장인들의 삶이 그러지 않을까요? 가족을 위해서, 생계 유지 등 다양한 이유로 자신의 직장을 관두지 못하는 경우가 많을 것입니다. 삶이 쉽지는 않습니다. 그럴 때 너무 멀리 보려고 하지 맙시다. 현기증만 나니까요. 침착하게 한 걸음에만 집중합시다. 시인의 말처럼 그냥 한 발 한 발 나아갑시다.

DAY 094   삶이란 기적과 기적 사이   모두쌤

    책보다 영화가 더 아름다웠다고 기억되는 영화가 있습니다. 적어도 제겐 그렇습니다. 나카에 이사무 감독의 〈냉정과 열정 사이 (2001년 개봉)〉가 그것입니다. 에쿠니 가오리와 츠지 히토나리가 함께 쓴 소설을 바탕으로 만든 영화입니다. OST로 사용된 엔야(Enya)의 음악과 목소리가 귀에 맴돌아 매일 듣곤 했던 기억이 있습니다. 게다가 배경인 이탈리아의 피렌체는 그야말로 이 영화의 숨결과도 같습니다.

    영화 원작에서는 남녀주인공의 마음을 각각의 책에 담고 있는데 여자 주인공인 아오이의 마음은 붉은색 커버 책(ROSS)에, 남자 주인공인 준세이의 마음은 파란색 커버 책(BLU)에 담았습니다. 남녀의 차이, 같은 일을 바라보는 시각 차이 등 미묘한 감정 변화를 남녀 주인공 각자의 내레이션을 통해 느끼며 읽었던 기억이 있습니다.

> 기적은 쉽게 일어나지 않아.
> 우리들에게 일어난 기적은 단지 네가 혼자 기다려주었다는 거야.
>
> 준세이의 나레이션, 영화 <냉정과 열정 사이>

    두 주인공은 헤어지고 8년이라는 시간이 흐른 후 두오모 성당에서 우연히 마주칩니다. 둘은 오래된 약속을 떠올리며 같은 장소로 향했던 것이죠. 기적이라고 밖에 할 수 없는 이 만남에서 둘은 쑥스러운 웃음만 짓습니다. 누구도 오랫동안 기다렸다고 말하지 않습니다. 어색한 미소와 멋쩍은 웃음이면 충분했습니다. 삶이란 어쩌면 기적과 기적 사이 어딘가에서 흘러가는 것 아닐까요?

DAY 095　　내 삶의 색채　　　　김선민

　딸과 나는 꽃을 좋아해 마트에 갈 때면 꽃다발을 종종 사 오곤 한다. 꽃 중에서도 우리 딸은 장미를 좋아한다. 그래서 아이와 장미가 그려져 있는 그림을 검색하다가 존 윌리엄 워터하우스의 〈장미의 영혼〉이라는 그림을 알게 되었다. 이 그림은 영국 빅토리아 시대의 시인 알프레드 테니슨의 시에서 "장미의 영혼이 내 핏속으로 들어갔다"라는 대목을 묘사한 그림이라고 한다.

　만약에 내가 화가였다면, 우리가 일반적으로 생각하는 빨간 장미를 그려서 뭔가 강렬함을 표현했을 것 같은데 존 윌리엄 워터하우스는 빨강 대신 분홍장미를 그려서 로맨틱한 분위기를 강조한 것 같다. 이 그림을 보고 있으면 나도 여인처럼 눈을 감고 장미꽃의 향기를 음미하는 동작을 취하고 싶어진다. 그림에서 장미 향이 나는 것 같아 후각이 자극되는 신선한 경험이다.

　장미는 꽃 중의 여왕이라고 불리고 무엇보다도 향기는 피곤한 몸과 맘을 풀어준다고 한다. 그래서 그림 속 여인은 더 사랑스러워 보이는 것일까? 여인 곁에 누군가가 없는데도 왠지 이 여인은 사랑을 시작하거나 사랑에 빠져있지 않을까 하는 행복한 상상을 하게 된다.

　'장밋빛' 삶, 색채가 주는 힘을 느끼며 문득 질문을 던져본다. 지금 나의 삶이 그림이라면, 그 그림은 어떤 색일지, 어떤 향을 가졌을지.

DAY 096 고마워 아기 오리야   엘린

　우리 동네에는 산책로가 잘 꾸며진 호수공원이 있습니다. 가끔 출근 준비를 빠르게 마친 날이면 차를 놓고 호수공원을 가로질러 출근합니다. 운전할 때와는 달리 걷다 보면 나무와 꽃 그리고 호수를 찬찬히 보며 행복함을 느낄 수 있기 때문입니다. 오늘은 지나가다 호수에 유유히 떠 있는 오리들을 보았습니다. 몸이 갈색이고 얼룩덜룩한 것이 청둥오리입니다. 아기 오리들도 보입니다. 어떤 동물이든 어린 새끼를 보면 참 예쁘고 기특하다는 생각이 듭니다.

　'너도 잘 태어났구나, 살아가느라 애쓰는구나. 참 기특하다.'

　가만히 살펴보니 어미와 새끼들이 헤엄치는 모습이 매우 다릅니다. 어미는 물에서 미끄럼을 타듯이 매끄럽게 쭈우욱 앞으로 나아가고 있는데 새끼들은 뒤에서 연신 고개를 앞뒤로 흔들며 헤엄을 칩니다. '나 지금 앞으로 갈 거야. 앞으로 가고 있는 거야'라고 외치며 하나둘 하나둘 구령에 맞추어 물결을 헤쳐나갑니다. 마치 군대에 막 들어간 사병이 잔뜩 긴장한 채로 행군을 하는 모습이랄까요?

　오리들은 태어나자마자 능숙하게 헤엄을 칠 거로 생각했는데, 가만 보니 어린 오리들에게도 헤엄은 아직 힘겨운 일인가 봅니다. 너무나 쉬워 보이는 일도 사실은 시간을 내어 꾸준히 연습해야 익숙해질 수 있구나! 우아하게 헤엄치기 위해서 오리는 얼마나 많은 시간을 발을 저으며 연습했을까. 저 작은 아기 오리의 열심을 보며 출근하는 길에 마음 한 곳이 찡해졌습니다. 아기 오리처럼 저도 오늘 하루 서투르지만 힘차게 발걸음을 내딛겠다고 다짐합니다.

DAY 097 결정을 위한 등대

허경심

저는 17년 직장 생활을 뒤로하고 난생처음 프리랜서로 살고 있습니다. 최근 저의 프로젝트를 모집 중인데 모집 글을 이렇게 쓸까, 저렇게 쓸까, 어떻게 하면 사람들이 더 반응할까 아주 사소한 것마저도 고민하고 또 결정을 못 내리고 있는 저를 발견했어요. 어떤 결과가 나오든 받아들이고 그에 대한 책임을 질 각오를 단단히 해야 하는데 미래에 대한 불확실성과 불안감 때문에 자꾸만 피하고 싶습니다.

어떤 결정을 내리기 힘들 때는 나의 핵심 가치를 생각해 보라고 배웠습니다. 저의 핵심 가치는 '사랑, 나눔, 성장, 진정성'입니다. 핵심 가치에 비추어 생각해 보니 처음부터 잘못되었습니다.

'어떻게 하면 사람들이 더 반응할까?'가 아니라 '어떻게 하면 사람들을 더 도와줄 수 있을까'로 질문했어야 했어요. 저의 핵심 가치에 비추어 생각해 봐야 했어요.

여러분의 핵심 가치는 무엇인가요? 결정을 내릴 때 등대가 되어주는 핵심 가치가 있으신가요?

DAY 098   불과 물이 만나 사랑이 되는 이야기   죠쌤

애니메이션 〈엘리멘탈〉 보셨나요? 어떤 이들은 유치하고 식상했다고 혹평을 하기도 했지만, 저는 개인적으로 불과 물 '원소'를 주인공으로 삼은 점과 작품 곳곳에 녹아 있는 한국 문화의 요소들로 인해 매우 흥미롭게 시청했습니다.

이 영화에서 가장 감동적인 장면은, 원소 성질 상 불을 만들 수 없는 웨이드가 앰버의 도움을 받아 빛을 반사 시켜 불을 만드는 장면이었습니다. 서로의 장점을 창의적으로 활용하여 서로에 대한 진심과 사랑을 확인하는 모습이 감동적이었습니다. 앰버가 부모님을 떠날 때 큰절을 올리고, 앰버의 아버지도 큰절로 화답하는 모습을 볼 땐 가슴이 찡했습니다.

우리 사회는 점점 더 '엘리멘트 시티'와 같아질 것입니다. 각기 다른 4가지 원소들은 엘리멘트 시티에서 자신의 색깔과 개성을 유지하면서 잘 어울려 살아갑니다. 물론, 때로는 서로 차별하기도 하고 다투기도 하죠. 우리는 이들의 갈등과 화해, 사랑을 지켜보며 '함께 잘 사는 법'을 배워야 합니다.

사람들은 불과 물이 만나면 재앙이 생길 것이라고 편견을 가지고 있습니다. 그래서 서로를 두려워하고 미워하고 멀리하죠. 그러나 이 작품을 보며 차별을 이길 수 있는 것은 사랑뿐이라는 진실을 다시 한번 깨닫게 됩니다. 불과 물이 만나 사랑이 되는 이야기, 여러분도 그 이야기에 풍덩 빠져 보시길 추천해 드립니다.

DAY 099 ｜ 우리 삶에 꼭 필요한 마중물 ― 찰리쌤

> 즐거운 마음은 병을 낫게 하지만,
> 근심하는 마음은 뼈를 마르게 한다.
> 잠언 17:22 RNKSV

오늘의 명언은 성경 새번역버전에서 가져왔습니다. 우리는 행복하고 즐겁게 지내고 싶습니다. 안 그러고 싶은 사람 있을까요? 그런데 왜 불행하고 즐겁지 않은 거죠? 기쁨은 삶의 결과물이라고 생각하기 때문입니다. 좋은 일이 있어서 내가 기쁘다, 즐겁다… 이런 식으로요. 기쁨은 삶의 결과물이 아닙니다. 기쁨은 삶의 결과물을 만드는 마중물입니다. 그것이 기쁨의 능력입니다.

오늘도 즐거운 마음을 회복하기 위한 시도를 해봅시다! 아래는 제가 했던 시도들입니다. 비웃지 마세요!

- **출근길 차에서 크게 웃어보기,**
- **직장이나 학교에서 처음 만나는 사람에게 오버(?)하면서 인사해보기**
- **즐거웠던 추억 떠올리며 웃음 짓기**
- **재미있는 유머 글을 찾아 읽기**
- **퇴근길에 맛있는 초콜릿 하나 사 먹기**

별것 아닌 것 같아도, 이런 시도들이 삶을 변화시키는 원동력이 됩니다! 오늘도 딱 한 개만 적용해 볼까요?

DAY 100 　'노멀'들을 위한 매트리스 　조쌤

'슈퍼'와 '노멀'이라는 두 단어는 '특별'과 '평범'이라는 단어들처럼 어울리지 않는다. 평범한 흙수저로 태어나 평범한 대학을 나와 평범한 직업을 가지지만 절대로 평범하지 못한 삶. 불행하고 불만족스러운 삶. 대한민국 노멀의 삶이다. 그런데 온라인 플랫폼을 통해 '돌연변이'같은 노멀의 성공스토리가 퍼졌고, 이제는 이렇게 「슈퍼 노멀」이라는 책으로까지 나왔다. 그럴 만하다. 저자만큼 '슈퍼 노멀'의 정의에 부합한 사람은 없을 테니까.

아주 단순하게 정리하면, 저자의 전략은 '벤치마킹'이다. 노멀 중에서 성공한 돌연변이를 이해하고 분석하고 따라 하는 것이 어떻게? 치열하고 절박하게.

어쩌다 내 눈에 기회(돌연변이)가 포착되면 붙잡고 절대 놓아주지 않았다. 지독할 정도로 뜯어보기로 했고, 물어볼 기회를 만들기로 마음먹었으며, 배우는 것에 주저하는 태도를 버렸다. 당장 할 수 있는 것은 곧바로 실행으로 옮겼다. 이것이 특별하지 않은 내가 한국 사회에서 성공하기 위해서 선택한 생존전략이었다.

많은 노멀들이 이 책을 읽었으면 한다. 불공평한 사회에서 돌연변이로 성장하기를 바란다면. '슈퍼'들과 달리 우리 노멀들에겐 '부의 매트리스'가 없다. 그러니 맨땅에서 텀블링을 하기 전에 이 책을 읽자. 다른 노멀들을 위해 얇은 매트리스라도 깔아줄 수 있는 슈퍼 노멀로 성공하고 싶다면.

DAY 101 — 우리도 꿈꾸고 싶어요   토마스

나도 꾸물꾸물 말고 꿈을 찾으래
어서 남의 꿈을 빌려 꾸기라도 해
내게 강요하지 말아요 이건 내 길이 아닌걸
내밀지 말아요 너의 구겨진 꿈을
난 차라리 흘러갈래
모두 높은 곳을 우러러볼 때
난 내 물결을 따라
Flow flow along flow along my way~
악뮤(AKMU) 〈후라이의 꿈〉

인터넷에서 이런 글을 보았습니다. 세상은 우리에게 모두 고래와 상어만 되길 바란다는 것이죠. 바다에는 고래와 상어뿐 아니라 물고기와 해초, 조개와 꽃게 같은 다양한 생물이 있어야 비로소 아름다운 바다가 되는 법인데. '내 꿈은 해초가 되는 것이에요,' '나는 멸치가 되고 싶어요'라고 말한다면 아마 사람들은 그 사연을 듣기도 전에 비웃을 것입니다.

우리는 모두 각자만의 꿈이 있는데 세상은 행복한 삶과 근사한 꿈을 규정해 놓고 우리에게 그 꿈을 강요합니다. 저는 해파리와 같이 둥둥 떠다니기만 하는 삶도 아름답고요, 해초처럼 꿋꿋하게 자신의 자리를 지키는 삶도 멋져 보입니다. 저는 그래서 악뮤의 〈후라이의 꿈〉이란 노래를 정말 좋아합니다. 누군가의 방식으로 굳어지지 않은 채 나만의 방식으로 구겨지고 흘러가는 꿈, 모두가 높은 곳을 우러러볼 때 나만의 리듬과 멜로디로 흘러가는 꿈. 저는 후라이의 꿈을 격하게 응원합니다.

DAY 102   항상 웃자   연정인

> 거울을 쳐다보면서 입 양쪽 끝을 힘껏 위로 올리는 연습을 한다. 댄싱을 하거나 교회에서 대표 기도를 할 때도 웃음 띤 얼굴 모습을 보여 주려 노력하고 있다. 수십 년 전 어느 기도원 정문에 내걸린 표어를 아직도 기억하고 있다. "암은 병이 아니다. 낙심이 병이다. 웃읍시다. 하하하!" 내 좌우명의 첫 번째도 "항상 웃자"이다.
> "항상 웃자. 모두에게 감사하자. 바보가 되자."
> 「혼자서도 고물고물 잘 놀자」, 박태호, 범한, 2021

옛말에 '웃으면 복이 온다'는 말이 있습니다. 의학적으로도 웃을 때마다 엔도르핀이라는 호르몬이 샘 솟아서 몸을 건강하게 만든다고 합니다. '그냥 웃지요'라는 말이 있는 것처럼 스트레스를 받더라도 웃는다면 그 일이 아무것도 아닌 일이 될 수도 있을 것입니다.

웃는 얼굴과 무표정한 얼굴을 오랜 시간 동안 비교하면, 웃는 얼굴은 동안으로 남는 반면, 무표정한 얼굴은 근육이 굳어 얼굴도 굳어진 상태로 남게 됩니다. 저도 직장 내에서 잘 웃지 않고 무표정으로 있는 경우가 많다 보니 간혹 거울 속 제 얼굴을 보고 있으면 양쪽 입꼬리가 내려가 있고 전반적으로 얼굴이 쳐진 듯한 느낌이 있습니다. 그래서 일부러 거울을 보며 웃어봅니다. 양쪽 입꼬리를 올리고 입을 살짝 벌려 웃어보면 활기찬 표정만으로도 기분이 상쾌해지며 피로감이 줄어듭니다.

낙심이 병이라면, 유일한 약은 웃음입니다. 남은 인생, 병에 걸린 채 민폐를 끼치기보다 사람들에게 힘을 주는 비타민 같은 사람이 되고 싶습니다. 함께 외쳐볼까요? "항상 웃자. 모두에게 감사하자. 바보가 되자."

DAY 103 매일매일 집에 오는 것이 마법입니다 모두쌤

오즈의 마법사에는 다양한 캐릭터가 등장합니다. 동물의 왕으로 태어났지만 겁이 많은 겁쟁이 사자, 잃어버린 사랑을 찾기를 갈망하여 심장을 원하는 틴맨, 머리 속이 텅 빈 허수아비, 그리고 주인공인 도로시와 강아지 토토. 주인공들이 만나게 될 다양한 먼치킨과 마법사와 마녀들.

갑자기 불어닥친 토네이도로 인하여 집까지 통째로 날아가 버린 도로시는 정말 놀라운 모험을 시작합니다. 주인공들은 이런저런 어려움을 극복하면서 점점 성장해 나가고, 결국 에메랄드 시티에 도착하여 오즈를 만나게 됩니다. 그리고 오즈의 본 모습을 보게 되고, 착한 마녀의 도움으로 결국 집으로 돌아오게 됩니다.

> "From the Land of Oz," said Dorothy gravely. "And here is Toto, too. And oh, Aunt Em! I'm so glad to be at home again!"
>
> "오즈의 나라에 갔다 왔어요. 오, 엠 아줌마. 다시 집에 돌아오게 되서 정말 기뻐요!"
>
> 영화 <오즈의 마법사>

"집이 최고야!" 긴 여행에서 돌아온 뒤 제 입에서 튀어나온 첫 마디입니다. 위대한 마법사 오즈조차도 집으로 가기를 간절히 원했습니다. 우리가 매일매일 집으로 돌아오는 게 마법입니다. 날 반겨주는 가족이 있다면 그건 대마법입니다. 오늘은 꼭 외칩시다. "집이 최고야! 가족이 최고야!"

DAY 104 늦지 않았어요 에밀리

지금 당신이 가장 간절히 원하는 것은 무엇인가요? 목구멍이 포도청이라 삶에 여유가 없다는 이유로 어린 시절의 꿈을 잊고 살아온 것은 아닌가요? 이 나이에 무슨 꿈이야 하는 생각이 들 땐, '모지스 할머니'를 만나보세요.

「인생에서 너무 늦은 때란 없습니다」
애나 메리 로버트슨 모지스, 수오서재, 2017

평범한 농부의 아내로 소박하게 살아온 모지스 할머니. 그녀는 76세에 처음으로 그림을 그리기 시작했습니다. 손자의 방에 있는 그림물감과 도화지를 보고 어렸을 때의 기억을 떠올립니다. "내 어릴 적 꿈이 화가였는데..." 할머니는 붓을 들어서 도화지에 그림을 그리기 시작했습니다. 그녀만의 아기자기하고 따뜻한 그림들은 어느 수집가의 눈에 띄어 세상에 공개됩니다. 그녀는 말합니다. "나는 행복했고 만족했으며, 이보다 더 좋은 삶을 알지 못합니다. 삶이 내게 준 것들로 나는 최고의 삶을 만들었어요. 결국 삶이란 우리 스스로가 만드는 것이니까요. 언제나 그래왔고 또 언제나 그럴 겁니다".

할머니의 이야기를 통해 제 어릴 적 꿈을 떠올려 봅니다.
할머니, '늦은 꿈'이란 없다는 것을 알려주셔서 감사합니다.

DAY 105 바디스캔

김선민

사람들은 슬플 때 아무것도 못 하게 된다. 그로 인해 더 깊은 슬픔에 빠지기도 한다. 영국의 철학자이자 문학, 연극평론가였던 조지 헨리 루이스는 '슬픔의 유일한 치료제는 행동이다'라고 말했다.

슬플 때 우선 몸을 움직이는 것만으로도 각성이 될 수 있다. 격한 움직임이 아니더라도 손가락을 움직이고 내 몸의 감각을 느끼고 호흡하는 정도도 적절한 행동이 될 수 있다. 또한 슬픔이 몰려올 때 소리 내어 울거나 특정 행동을 함으로써 감정을 해소하고 치료할 수도 있다. 이러한 치료는 단연코 슬플 때만 해당되는 것은 아닐 것이다.

학교에서 아이들과 상담하며 감정에 대해 이해할 때 가장 먼저 하는 것이 내 몸의 반응을 파악하는 것부터 시작한다. 감정이라는 것은 다양한 이유로 다양한 방법으로 느껴지고 표현된다. 그래서 우리는 내가 느끼는 감정의 이름과 함께 내 몸이 어떻게 반응하고 있는지 파악해야 한다. 이것을 바디스캔이라고 한다.

우리의 감정에 기인한 행동을 파악한다면 전조증상을 알 수 있게 되고 그로 인해 감정의 이유와 해결 방법을 찾아 나갈 수 있게 될 것이다. 지금 혹시 슬프거나 화가 나거나 우울하다면 나의 몸이 어떤지 느껴보자. 표현해보자. 움직이며 생각해보자. 움직임은 느낌을 이긴다.

DAY 106 되돌리고 싶은 순간을 되돌리는 것은 옳은 일일까? 엘린

〈플래시〉라는 영화를 보았습니다. 벼락을 맞고 시간보다 빨리 달리는 능력을 얻게 된 주인공은 과거로 돌아가 강도 탓에 죽은 어머니를 살리는 선택을 합니다. 그러나 어떠한 선택을 해도 결과는 변하지 않았습니다. 아무리 시간을 다시 되돌려도 결국 어머니는 죽게 되는 운명에 처하게 되며 결국 주인공은 어머니가 죽게 되는 과거를 그대로 둘 수밖에 없었습니다.

시간은 직선으로 흐르지 않는다는 시간의 왜곡성과 멀티유니버스 세계관은 영화에서 많이 나오는 설정입니다. 진실이 무엇인지는 둘째로 하더라도, '과거를 바꾸는 일이 옳을까?'라는 의문이 생깁니다. 사실 저는 꿈속에서 매우 많이 생각했었거든요.

아이를 낳지 않았더라면?

결혼을 하지 않았더라면?

이 직업을 선택하지 않았더라면?

'않았더라면'을 상상하며 궁금해한 적이 많습니다. 그런데 아무리 상상해 보아도 그건 저 자신이 아니라는 생각이 듭니다. 수많은 과거의 선택들이 지금의 나를 만들어 놓았듯이 과거에 다른 선택을 한 내가 지금의 나와 같지는 않을 테니까요. 제 결론은, '지금 내가 처한 현실에서 최선의 선택을 하자'입니다. 맞습니다. 지금, 여기에서, 최선의 선택을 해봅시다.

DAY 107 컵라면을 샀는데 젓가락이 없다면? 허경심

　수년 전 보라카이 여행을 갔을 때 일입니다. 편의점에 들렀는데 아이가 보라카이의 컵라면을 먹어 보고 싶다고 해서 한 개 샀습니다. 그런데 깜빡하고 젓가락을 안 챙겼습니다. 다음 날 큰 마트에 장을 보러 간 김에 젓가락도 챙길 겸 컵라면을 몇 개 더 샀습니다. 점원에게 젓가락이 있는지 물어보니 없다고 합니다. 아니, 컵라면을 팔면서 젓가락이 없다니?

　마트 내 다른 식기를 찾아보니 컵라면 가격의 몇 배 되는 포크 세트가 있더군요. 컵라면 하나 먹겠다고 굳이 포크 세트까지 사야 하나 싶어 한국에 돌아가면 먹기로 하고 포기하고 말았습니다. 그렇게 한국에 돌아와 컵라면을 뜯어보고 저는 웃음을 멈출 수 없었습니다. 세상에! 컵라면 속에 포크가 들어있지 뭡니까?

　보라카이 편의점에서도 마트에서도 컵라면을 샀는데 따로 식기를 안 준 이유는 컵라면 속에 이미 도구가 들어 있기 때문이었죠. 제가 점원에게 젓가락을 물었을 때 점원 또한 당연히 컵라면 안에 포크가 있으니 젓가락을 찾는 저를 보며 그저 순수하게 젓가락을 찾는다고만 생각했나 봅니다. 저는 생각했습니다. '아! 나는 뼛속까지 한국 사람이구나! 고정관념이 이렇게도 무섭구나!'

　고정관념 때문에 여행지에서 저는 맛있는 컵라면을 맛볼 수 없었습니다. 고정관념 때문에 개인이 망할 수도 있고, 국가가 망할 수도 있습니다. 그러니 일단 컵라면을 뜯어봅시다. 행동하면 방법이 있을 테니까요.

DAY 108 사기꾼 말고 OO꾼!
조쌤

두 개의 분파로 갈라져 갈등을 겪는 조직에서 고통받아 본 적 있나요? 어쩌면 한반도에 사는 모든 대한민국 사람들이 겪는 고통 아닐까 싶습니다. 남과 북, 진보와 보수, 신 세대와 기성 세대... 작은 축구 동호회 모임에서도 분파가 나눠져 고성이 오간 경험이 있습니다. 특정 축구대회에 참석을 할지 말지를 놓고 말이죠. 가족 내에서도 이런 말싸움 많이 하죠. "너, 딱 말해. 엄마 편이야? 아빠 편이야?" 이렇게 갈등과 편가르기가 난무하는 사회에 살고 있으니 우리는 심리적으로 늘 피로합니다. 故 이어령 선생님의 명언을 들어보며 하루를 시작합시다.

> 어느 조직이든 이쪽과 저쪽의 사이를 좁게 하는 사람이 있다면 그 조직은 망하지 않아. 개발부와 영업부, 두 부서를 오가며 서로의 요구와 불만을 살살 풀어주며 다리 놓는 사람, 그 사람이 인재고 리더야. 리더라면 그런 '사잇꾼'이 되어야 하네. 큰 소리 치고 이간질하는 '사기꾼'이 아니라 여기저기 오가며 함께 뛰는 '사잇꾼'이 돼야 해.
>
> 「이어령의 마지막 수업」, 이어령, 열림원, 2021

박쥐 같은 사기꾼 말고, 꽃과 꽃을 이어주는 꿀벌 같은 사잇꾼이 절실한 요즘입니다. 우리가 속한 조직에서 우리부터 사잇꾼이 되도록 노력합시다. 간사한 '간신(奸臣)'이 아니라 사이와 사이를 보는 '간신(間臣)'으로 살아봅시다.

DAY 109 당신의 어휘력 수준은? 찰리쌤

다음 중 틀린 표현을 찾아 바르게 고치시오.

1. 삶과 고인의 명복을 빕니다.
2. 골이 따분한 성격
3. 나물할 때 없는 며느리
4. 곱셈 추위
5. 무운을 빕니다.
6. 심심한 사과의 말씀 드립니다.

얼마 전, 어느 카페에서 '심심한 사과 말씀드립니다.'라는 글을 게시했다가 난리가 났습니다. '마음이 깊고 간절하다'를 의미하는 '심심하다'를 '지루하고 재미가 없다'는 '심심하다'로 이해한 사람들의 반응이었던 건데요. 어휘력, 문해력 문제가 우리 사회의 수면 위로 떠오르는 계기가 되었습니다.

위의 답을 알아볼까요?

1. 삼가 고인의 명복을 빕니다.
2. 고리타분한 성격
3. 나무랄 데 없는 며느리
4. 꽃샘추위
5. 무운을 빕니다. (틀린 것 없음)
6. 심심한 사과의 말씀 드립니다. (틀린 것 없음)

비록 우스운 문제를 통해 알아봤지만, 문해력 향상에 대한 사회적 관심을 늘 가져주세요. 그나저나 여러분, 몇 개나 맞혔나요? ^_^

DAY 110 페르소나 토마스

꼴이 볼품없대도 망가진다 해도
다신 사랑받지 못한대도,
Yes, I'm a nude
여자아이들 <Nxde>

며칠 전 '여자아이들'의 노래 〈Nxde〉를 들었습니다. 솔직하게 말하자면 처음 곡명을 봤을 때는 큰 충격을 받았습니다. 하지만 어느 순간 저는 신나는 음악에 몸을 맡긴 채 흥겹게 발로 박자를 타고 있었습니다. 자신의 본모습을 Nude 즉 맨몸이라는 말에 빗대어 직설적으로 표현하는 모습이 뭔가 통쾌했습니다.

'페르소나'는 이미지를 위해 연기자가 쓰는 가면을 뜻하는 말인데 현대를 살아가는 사람들은 일종의 가면을 쓰고 살아갑니다. 짜증 나는 친구에게도, 보기 싫은 직장 상사에게도 어쩔 수 없이 웃는 얼굴을 보여줘야 할 때가 있습니다. 저도 제가 아닌 모습으로 남에게 웃음 지으며 말하고 공감되지 않는 얘기에 공감하는 척해야 할 때가 있습니다. 그렇게 지내다가 어느 순간에는 '내가 지금 뭐 하는 거지?'라는 생각이 들기도 합니다.

저는 오늘도 〈Nxde〉를 들으며 흥얼거립니다. 여러분들도 때로는 자신만의 신나는 노래를 들으며 가면을 벗어 던지길 바랍니다. 그 순간만큼은 가면이 아닌 진짜 내 얼굴로 진정한 자유와 기쁨을 느껴보세요.

DAY 111   집은 내 마음의 거울   연정인

내 집은 내 마음 상태를 대변한다는 것.
에너지 넘치고 행복할 때의 나는 아늑하고 따뜻한 집에 살았고,
힘없고 우울할 때의 나는 외롭고 쓸쓸한 집에 살았다.
어느 순간 집이 엉망이 된 채로 방치되고 있다면,
내 마음을 한 번 들여다볼 것.

「스물셋, 지금부터 혼자 삽니다」, 숏뚜, 21세기 북스, 2019

마음이 어지러울 때 어떤 이는 구석구석 박박 묵은 때를 밀며 청소를 합니다. 반대로 어떤 이는 아무것도 하지 않고 소파에 널브러져 시간을 보냅니다. 주변에 빨래 더미와 쓰레기가 서서히 쌓여가지만 마음의 동굴 속에서 빠져나오지 못합니다.

저는 후자입니다. 번아웃이 올 때 모든 것을 포기하고 몇날 며칠이고 동굴 속에 누워있습니다. 그러다가 '아냐, 청소라도 하자!'라는 생각이 들어 부지런히 집을 정리하기 시작합니다. 어두웠던 마음이 조금은 밝아집니다. 주변이 깨끗하니 다시 무언가를 시작해야겠다는 기대감도 생기고요.

마음이 복잡할 때 힘을 내서 빗자루를 집어 드세요. 집은 거울입니다. 묵은 거울이 깨끗해지기 시작하면 내 소중한 얼굴도 보이기 시작할 거예요.

DAY 112 영업은 끝났더라도 모두쌤

저녁에 딸아이를 학원에서 픽업하며 눈여겨본 빵집이 있었습니다. 테디베어 같은 모양의 간판이 달린 그 빵집에선 귀여운 모양의 빵들을 팔고 있었습니다. 빵집을 지나치면서 아이와 함께 '저 집 빵은 얼마나 맛이 있을까' 하는 이야기를 하곤 했습니다. 어제 딸아이 학원을 마치고 함께 가다 그 빵집이 생각이 나서 함께 들렀습니다. 영업시간은 오후 9시까지였는데 2분 늦게 빵집에 들어가게 되었습니다. 분주해 보이는 종업원이 보입니다.

"영업 끝났습니다!"
"빵을 살 수 없나요?"
"네!"

단답형의 단호한 대답을 듣는 순간, 딸아이의 실망한 얼굴이 눈에 들어옵니다. 아빠 한번, 빵 한번 번갈아 쳐다봅니다. 민망한 아빠는 "음, 다음에 오지 뭐."하면서 아이의 손을 끌어당깁니다.

테디베어의 이미지와 달리 쌀쌀맞았던 빵집. 동심에 금이 간 아이의 손을 잡은 소심한 아빠는 괜히 "흥, 여기 말고 다른 빵집이 없나."하고 아이에게 말합니다.

만약 종업원에게 "어쩌죠? 지금은 계산이 불가합니다. 다음엔 꼭 영업시간에 오세요~"라는 따뜻한 거절의 말을 들었다면, 다음 날 아이 손을 잡고 그 빵집으로 향했을 텐데 말이죠. 따뜻한 빵보다 따뜻한 말 한마디가 더 절실한 날이었습니다.

DAY 113 우리가 있어서 나도 있습니다 에밀리

> 어떤 사람도 섬은 아니다. 아무도 완전히 혼자서는 존재하지 않는다. 모든 사람은 대륙의 한 조각이며 본토의 일부다. 바다에 진흙덩이 하나가 씻겨나가면 유럽은 그만큼 작아지고, 곶도 더 작아지고 친구나 당신이 소유한 정원도 더 작아지는 것처럼. 그와 똑같이 어떤 사람이 죽으면 나도 더 작아진다. 내가 인류에 포함되어 있는 존재이기 때문이다. 그러니, 누구를 위해 종이 울리는지를 알아내려고 누구를 보내지 마라. "종은 당신을 위해 울리는 것이므로"
>
> 던(영국 시인, 성공회 사제)

한 인류학자가 아프리카의 작은 부족 마을에서 아이들에게 한 가지 제안을 합니다. 큰 나무 옆에 과일이 가득 든 바구니를 놓고 아이들에게 말합니다. "저기 나무까지 제일 먼저 도착하는 사람이 저 과일 바구니를 모두 갖는 거야" 그가 호루라기를 불자 아이들은 서로 손을 잡고 나무를 향해 함께 달려갔습니다. 그리고 모두 나무 아래 앉아 과일을 나누었습니다. 그는 아이들에게 승리하면 모두 가질 수 있었는데 왜 같이 달려갔는지 물었습니다. 아이들은 합창하듯 이렇게 말했습니다. "우분투!(UBNUTU!)" 그리고 그중 한 아이가 덧붙였습니다. "다른 친구들 모두가 슬픈데 어떻게 한 사람만 즐거울 수 있나요?"

우분투는 네가 있기에 내가 있고, 우리가 있기에 내가 있다는 뜻입니다. 서로에 대한 존중과 신뢰, 포용의 뜻을 담고 있지요. 종은 당신을 위해서, 그리고 우리 모두를 위해서 울리고 있습니다. 우분투!

DAY 114 — 나의 울음 버튼

김선민

출근길 라디오에서 나오는 노래에 눈물이 흘렀다. "…………내가 좀 더 좋은 엄마가 되지 못했던 걸 용서해 줄 수 있겠니? 넌 나보다는 좋은 엄마가 되겠다고 약속해 주겠니?"

양희은 <엄마가 딸에게>

이 곡은 나의 울음 버튼이다. 매번 들을 때마다 내 맘이 너무 시리도록 아프다. 내가 엄마가 되어서일까? 난 어렸을 때부터 살이 잘 붙는 아이였다. 그래서 엄마는 날 위해 제빵을 배우실 정도로 나에게 정성을 쏟아부으시며 몸매를 유지 시켜주셨다. 덕분에(?) 나는 비만이 되지 않기 위해 엄마와 참 많이 싸워야 했다.

지나가며 하는 소리로 엄마한테 "난 한 번도 내가 말랐다는 생각을 못 하고 항상 움츠리고 살았는데 아이를 낳고 아줌마가 되니 아쉬웠어. 움츠릴 필요 없었는데."라고 가볍게 투정 부리듯 말했다.

며칠이 지났을까 엄마와 통화를 하는데 엄마는 울면서 말했다. '엄마는 널 위해 많이 먹이려고 했는데 네가 그렇게 살았다고 하니 너무 미안하다'는 것이었다. 내가 더 미안했다. 투정을 부린 내가 참 어리고 경솔했다는 생각이 들었다.

엄마들은 잘해도 언제나 죄인이 된다. 나 또한 딸을 키우면서 보니 미안한 것 투성이다. 그래서 모든 사람의 울음 버튼은 "엄마"인가보다. 오늘은 나의 울음 버튼 엄마에게 사랑한다고 꼭 말해주어야겠다.

DAY 115　당신의 하루를 응원합니다　엘린

<하루> 박노해

여명은 생의 신비다
밤이 걸어오고 다시 태양이 밝아오면
오늘 하루 새로운 인생을 시작한다.

짐을 진 발걸음은 무겁고 느리지만
이 삶의 무게에 사랑이 있고 희망이 있다면
기꺼이 그것을 감내할 힘이 생겨나느니

나는 하루하루 살아왔다.
감동하고 감사하고 감내하며

만약 저에게 하루를 어떻게 살고 싶은지 물으신다면 박노해 시인의 하루처럼 살고 싶다고 대답하겠습니다. 밝아오는 태양을 바라보며 '오늘 하루가 나에게 주어졌구나'. 감동하고 싶습니다. 어제의 힘듦으로 발걸음이 무거울지라도 사랑하는 사람이 곁에 있음을 감사하고 싶습니다. 그 사랑으로 인하여 하루를 살아갈 힘을 얻고 삶의 무게를 감내하고 싶습니다.

만약 당신에게 삶의 무게를 견딜 힘이 없다면, 그래서 어떠한 일에도 감동이 되지 않고 감사한 마음이 들지 않는다면 이렇게 묻고 싶습니다. 태양이 떠오르며 어둠을 밀어낼 때 창밖을 보신 적이 있으신가요? 따뜻한 아침햇살을 오롯이 느끼며 기지개를 켜보세요. 오늘도 시작되었구나. 나에게 새로운 하루가 주어짐에 감사하고 감동하면 됩니다. 하루하루 그거면 충분합니다.

DAY 116 스틸 라이프, 무빙 라이프 허경심

영화 〈스틸 라이프(Still Life)〉의 주인공 존 메이는 매일 같은 시간에 일어나 같은 음식을 먹고, 같은 옷을 입고, 같은 길로 출근하고, 같은 일을 반복하는, 런던 케닝턴 구청 소속 22년 차 공무원입니다. 그가 하는 일은 고독사한 사람들의 장례를 치러주는 것인데 고인의 유품을 단서 삼아 아무도 듣지 못할 추도문도 정성스레 작성합니다. 주인공을 보니 영화 제목의 Still은 '아직'이라는 의미가 아닌 '고요한, 정지한'이란 뜻이라는 생각이 듭니다.

어느 날, 존 메이는 새로 온 상사로부터 정리해고 통보를 받습니다. 그는 상사에게 마지막 고인 '빌리 스토크'의 장례를 위해 3일을 더 요구하지요. 이후 존 메이는 처음으로 사무실을 벗어나 고인의 삶을 쫓습니다. 그리고 깨닫습니다. 빌리 스토크는 알코올 중독으로 세상을 떠났지만, 자신의 인생을 마음껏 살아 냈다는 것을요. 그에겐 비록 헤어졌지만, 열렬히 사랑한 여인이 있었고, 비록 미움을 샀지만 불합리한 직장 체제에 열정적으로 맞섰고, 비록 노숙자 시절이 있었지만, 자신을 따뜻한 이로 기억하는 동료가 있었습니다.

존 메이는 빌리 스토크의 삶을 따라가며 변화를 경험합니다. '스틸 라이프(still life)'가 아니라 '무빙 라이프(moving life)'로 살고자 하죠. 그러나 애석하게도 주인공 존 메이는 교통사고로 운명을 달리합니다. 너무나 허무한 결말에 황망하고 화가 날 지경이었지만 마지막 반전 장면 덕분에 이 영화를 인생영화로 꼽게 되었죠. 우리는 이 세상을 떠날 때 누군가에게 어떤 기억으로 남을까요? '스틸 라이프'가 주는 큰 울림을 여러분과 함께 나누고 싶습니다.

DAY 117   부서진 달 조각 주우러 가자   죠쌤

<반딧불> 윤동주

가자, 가자, 가자
숲으로 가자.
달 조각을 주우러
숲으로 가자미.

그믐밤 반딧불은
부서진 달 조각

가자, 가자, 가자
숲으로 가자.
달 조각을 주우러
숲으로 가자.

  한국을 대표하는 윤동주 시인이 동시도 많이 썼었다는 사실을 다 커서 알았다. 그런 사실도 모르면서 시를 좋아한다고 떠들고 다닌 자신이 부끄러웠다. 윤동주의 동시들은 꾸밈없이 순수하고 맑고 깨끗했다. 그런데 이상하게도 반복해서 읽다 보면 슬픔과 외로움이 느껴졌다. 더 읽다 보니 저릿한 괴로움이 마음 깊은 곳에서 올라왔다. 당시 시대 상황 때문일까? 아니면, 나의 착각일까? 어쩌면 시인이 간결한 시어 속에 입체적인 감정을 담아 창작했기 때문일까?

  반딧불을 '그믐밤 부서진 달 조각'으로 보는 청명한 상상력에 감탄하며 이 시를 읽고 또 읽는다. 문득 나는 숲에 들어가 반딧불을 보며 울고 싶어졌다. 윤동주 시인이 보고 싶었다.

| DAY 118 | **챨리쌤의 독심술** | 챨리쌤 |

경기도 남양주시 와부읍에 위치한 와부도서관 3층 일반열람실 61번 자리에서 정면을 응시하면 이 글이 보입니다.

> The world is full of suffering
> but it is also full of people overcoming it.
> (세상은 고통으로 가득하지만,
> 그것을 극복하는 사람들로도 가득하다.)
> 헬렌 켈러(미국 작가, 교육자)

독심술 2급 자격증을 소유한 챨리쌤이 지금 윗글을 읽은 여러분의 삐딱한 생각을 3단계로 맞춰보겠습니다.

1. 세상은 고통으로 가득하다.
2. 그 고통을 극복하는 사람들이 많다.
3. 그래서 어쩌라고? 난 극복 못 하는디?

생각을 한번 바꿔 보자고요. 나에게 주어진 고통을 극복하는 모습이 누군가에는 희망이 될 수 있다면. 희망이 없는 세상에 내가 누군가의 희망이 될 수 있다면.

내 삶은 누군가에게 희망을 주고 있나요? 오늘, 누군가에게 희망이 될 기회를 놓치지 마세요!

오늘 같은 이런 이상한 글을 쓰고 있는 챨리쌤도 누군가에는 희망이 되지 않을까요?

DAY 119   오늘 새들은 어떤 노래를 부르던가요? 토마스

저는 학생이자 작가입니다. 이런 이유로 기말고사 같은 큰 시험이 있을 때는 밤늦도록 공부한 후, 새벽 고요한 밤거리를 홀로 걸어가곤 합니다. 그럴 때는 보통 이어폰으로 잔잔한 노래를 들으며 걸음을 내딛습니다.

어느 날 저는 이어폰이 없어 노래를 듣지 않고 집으로 향하고 있었습니다. 그 어두운 길에선 수풀 속 풀벌레가 우는 소리 외에는 아무것도 들리지 않았습니다. 그때 저는 '내 주변에는 아무것도 없구나, 나의 삶도 이런 길처럼 어둡고 외로울 것 같다.'라는 생각이 문득 떠올라 우울했습니다.

이제 와 생각해 보면 제가 걷고 있던 그 길은 사실 풀벌레가 노래하고 이름 모를 풀들과 제비꽃, 민들레, 개나리꽃들이 아름다운 미소로 반갑게 인사하고 있었던 따뜻한 길이였습니다. 그럼에도 저는 몇 달, 몇 년이라는 긴 시간 동안 그들의 인사를 듣지 못하고 귀와 눈을 닫은 채로 살아왔었습니다.

이 글을 읽고 계신 여러분들에게 묻고 싶은 게 있습니다. 오늘 하늘은 어떤 색이었나요? 오늘 새들은 어떤 목소리로 노래하고 있었나요? 여러분들 옆에 있던 사람의 오늘 얼굴빛은 밝았나요? 아니면 어두웠나요?

가끔은 등과 어깨에 지고 있는 짐을 내려두고 주위를 한번 둘러보세요. 이 세상은 우리를 향해 손을 흔드는 존재들로 넘치니까요.

DAY 120   자신이 원하는 만큼   연정인

> 인간은 자신이 원하는 만큼 위대해질 수 있다.
> 자신을 믿고 용기, 투지, 헌신, 경쟁력 있는 추진력을 가진다면,
> 그리고 가치 있는 것들을 위한 대가로
> 작은 것들을 희생할 용기가 있다면 가능하다.
> 빈스 롬바디(미국 풋볼 선수)

'생각이 팔자'라는 말이 있습니다. 생각하는 대로 팔자가 변한다는 말입니다. 이순신 장군은 전쟁터에 나가기 전에 생즉사, 사즉생(生卽死, 死卽生) 이라고 말했다고 합니다. 이 말인즉, 죽을 각오를 다 해 싸우면 살 수 있다는 것을, 최선을 다해 싸우자고 장군으로서 병사들에게 말하는 것입니다. 생각대로 되어야 한다고 한다면 이순신 장군의 말은 반대가 됩니다. '살려고 하면 살 것이고, 죽으려고 하면 죽는다'가 되어야 합니다. 장군의 의도는, 죽을 정도로 노력하며 싸울 정도로 삶에 대한 의지가 가득하면 살 것이고, 대략 상황만 모면해서 살아야지 하며 나약하게 마음을 먹으면 죽게 될 것이라는 뜻이겠죠? 즉, 아이러니 속에 담긴 속뜻은, 더 살고 싶은 만큼 더 절실히 원하고 더 절실히 노력하라는 뜻일 것입니다.

저는 '안되면 어떡하지'와 같이 염려를 달고 다닙니다. 아마도 저 자신에 대한 믿음이 부족해서 나오는 말이겠지요. 그래서 빈스 롬바디의 말을 더 깊이 되새기며 반복해봅니다.

우리는 원하는 만큼 위대하게 살 수 있습니다!

DAY 121   지친 그대여, 몰입 한 잔 하시죠?   모두쌤

"아직도 그리고 있니?" 딸아이는 여전히 자기 방에서 나올 생각이 없습니다. 이런저런 다양한 색깔의 색연필과 싸인펜(제가 보기에는 그리 큰 차이가 없어 보이는)을 골라가며 색을 칠하는데 마냥 즐거운 표정입니다.

> 몰입(沒入, flow)은 주위의 모든 잡념, 방해물들을 차단하고 원하는 어느 한 곳에 자신의 모든 정신을 집중하는 일이다. 몰입하는 사람의 심리 상태는 에너지가 쏠리고, 완전히 참가해서 활동을 즐기는 상태이다. 본질적으로, 몰입은 한 가지에 완전히 흡수되는 것을 나타낸다.
>
> 위키백과

심리학자인 미하이 칙센트미하이는 몰입은 '물 흐르는 것처럼 편안한 느낌'이라고 하였고 이 순간에 '시간개념의 왜곡' 현상이 일어난다고 했습니다. 마치 시간 가는 줄 모른다는 말과 같은 현상이죠. 좋아하는 일에 푹 빠져있을 때 집중이 극대화되고 행복감이 몰려오는 그 순간 말입니다.

몰입하는 사람들을 보면 주위에서 무슨 일이 일어나고 있는지 모르는 경우도 허다합니다. 그리고 그들은 정말 행복해 보입니다. 당신을 몰입시키는 당신만의 색칠 놀이는 무엇인가요? 오늘은 그 놀이에만 몰입해보세요.

DAY 122　　　소금인형　　　에밀리

<소금인형> 류시화

바다의 깊이를 재기 위해
바다로 내려간 소금인형처럼
당신의 깊이를 재기 위해
당신의 피 속으로 뛰어든 나는
소금인형처럼
흔적도 없이
녹아 버렸네

　인도의 영성 신학자 앤서니 드 멜로가 쓴 〈바다로 간 소금인형〉이란 글에 자신의 존재를 알기 위해서 목말라하는 소금인형이 나옵니다. 그 소금인형은 무엇으로도 해갈되지 않는 목마름에 큰 바다를 찾아 여행을 떠납니다. 소금인형이 바다에 물었습니다. "너는 누구니?" 바다가 말했습니다. "나를 알고 싶으면 너의 발을 나에게 담그렴" "소금인형아, 너는 누구니?" 바다가 물었습니다. "난 바다야. 그리고 나는 너야." 소금인형은 알게 됩니다. 자신과 바다가 하나라는 진실을요.

　소금인형은 바다로 뛰어들 때 녹아서 흔적도 없이 사라질 것을 알고 있었을까요? 행동하는 순간까지 우리는 결과를 알지 못합니다. 도전하여 부딪히기 전까지, 고통을 감수하기 전까지는요. 소금인형처럼 자신을 내던지는 용기를 내 보고 싶습니다. 자신을 잃는 만큼 자신을 얻는 신비, 여러분의 바다는 어디에 있나요?

DAY 123 진정 위한다는 것

김선민

아이를 낳고 좋은 엄마가 되고 싶었다. 그래서 많은 교구에도 눈독 들이고 엄마표 미술, 엄마표 수학 엄마표 영어 등등 내가 할 수 있는 것들을 열심히 했다. 그러던 어느 날, 문득 한 사자성어가 떠올랐다. 바로 「맹자(孟子)」의 〈공손추(公孫丑)〉 상(上)에 나오는 중국 송(宋)나라의 한 농부 이야기이다.

힘들게 모내기를 한 후, 성격이 급했던 농부는 벼가 어느 정도 자랐는지 궁금해서 논에 가서 확인하게 된다. 논에 도착하고 보니, 자신이 심은 벼가 다른 사람의 벼보다 덜 자란 것 같아서 조바심이 난다. 그래서 농부는 벼의 순을 잡아 빼어 자신의 벼가 다른 사람의 벼보다 더 키가 큰 것을 보고 만족하고 집에 돌아가게 된다. 이튿날 벼는 이미 하얗게 말라 죽어 버렸다. 이렇게 벼에게 이로운 행동이라고 여기고 행한 농부의 어리석은 행동 때문에 일을 그르치게 된다는 이야기를 '拔苗助長(발묘조장)'이라고 한다. 이 사자성어는 순리에 맞지 않게 서둘러 성과를 얻으려 이치에 맞지 않는 어리석은 행동을 하는 사람 또는 서둘러 행동하여 일을 그르치게 되는 경우 등을 묘사할 때 사용한다.

내가 아이를 위한다고 행동했던 일들이 어리석은 농부처럼 벼의 순을 잡아 빼고 있었던 것들은 아닐까 돌아보았다. 실제로 주변 친구들의 한글 실력을 보며 아이를 다그치기도 했고 구구단을 하는 아이도 있다는 조바심에 아이에게 수학 학습지를 강요하기도 했다. 어리석은 농부가 되지 말자고 다짐은 하지만...

도대체 다른 농부들은 어떻게 참는 거지?

DAY 124   어른의 사춘기   엘린

볼빨간 사춘기의 노래를 들으면 묘한 감정이 듭니다. 선명한 피아노 선율과 첼로의 묵직한 전주가 나오면 어떤 이야기를 들려줄까 귀를 기울이게 됩니다.

아름답게 아름답던 그 시절을 난 아파서
사랑받을 수 없었던 내가 너무나 싫어서
엄마는 아빠는 다 나만 바라보는데
내 마음은 그런 게 아닌데 자꾸만 멀어만 가
어떡해, 어떡해, 어떡해, 어떡해

볼빨간사춘기 <나의 사춘기에게>

사라지고 싶은 마음. 사랑받고 싶지만, 자신도 사랑할 수 없는 모습. 이러지도 저러지도 못하는 모습이 사춘기 소녀에게만 있을까요?

어른이라고 모든 걸 이해하고 감당하고 늘 용감하게 나설 수 있는 것은 아닙니다. 주저하고 두렵고 고민스러워 밤잠을 설치는 날도 있습니다. 늘 어른스럽지만은 않습니다. 오히려 어른이기에 내색하지 못하는 아픔이 마음속에 있지 않을까요?

얼마나 얼마나 아팠을까 얼마나 얼마나 아팠을까
얼마나 얼마나 얼마나 바랬을까

같은 노래 중에서

어른인 당신에게 아직 사춘기가 남아 있다면 위로해드리고 싶습니다. 괜찮아요. 저도 그러는걸요.

DAY 125　길들인 것에 책임이 있어　허경심

생텍쥐페리의 「어린 왕자」하면 무엇이 가장 떠오르시나요? 뱀? 장미? 여우? 저는 여우가 가장 먼저 떠오릅니다. 여우가 어린 왕자에게 했던 말이 늘 가슴을 울립니다.

"내 비밀은 이거야. 길들인 것에 책임이 있어."

「어린 왕자」를 쓴 생텍쥐페리에게는 비행사 친구 기요메가 있었어요. 기요메는 안데스산맥 위를 비행하다가 그만 추락했어요. 삶과 죽음의 갈림길에서 기요메는 안간힘을 다해 언덕 위 바위를 향해 한 걸음 한 걸음을 내딛습니다. 살기 위해서가 아니라 죽기 위해서요. 자신이 실종된다면 가족들은 4년 뒤에나 보험금을 탈 수 있어요. 그러나 시체가 발견되면 바로 보험금을 탈 수 있다고 해요. 기요메가 기를 쓰고 바위 위로 올라간 이유입니다.

기요메는 가족을 위해 죽음의 발걸음을 옮겼습니다. 생텍쥐페리는 기요메의 이런 책임감에 감동했어요. 여우가 말한 "길들인 것에 책임이 있어."라는 명문장은 이렇게 탄생했습니다.

사람이 짐승보다 위대한 것은 책임질 줄 아는 존재이기 때문이라고 합니다. 이 글을 쓰며 나는 길들인 것들에 진정으로 책임지고 있는가? 저를 돌아보게 됩니다. 여러분은 어떤 것을 길들이셨나요? 누구를 길들이셨나요? 길들임에 책임을 더하는 삶, 그 삶이 후회 없는 아침을 열어줄 것입니다.

DAY 126　I have enough　죠쌤

현대 미국 코미디 영화를 논하면 절대로 빼놓을 수 없는 레전드가 있습니다. 〈마스크〉부터 〈트루먼 쇼〉까지 전 세계를 웃고 울게 만든 배우 '짐 캐리'입니다. 어린 시절 그는 우리에게 마치 '피터 팬'과 같은 존재였습니다. 그런데 인생에 이리저리 치이다 보니 어느새 저는 더 이상 동화를 믿지 않는 중년의 아재가 되어 있었습니다.

얼마 전 우연히 짐 캐리의 은퇴를 암시하는 인터뷰를 보게 되었습니다. 피터 팬을 다시 만난 반가움에 목을 앞으로 빼고 영상에 집중했습니다.

"I have enough. I've done enough. I am enough."
"저는 충분히 가졌습니다. 저는 충분히 해냈습니다. 저는 충분합니다."

바닥부터 우러나오는 감사와 만족감이 느껴지자 눈물이 왈칵 쏟아질 것 같았습니다. 인생을 충만하게 살아낸 인간 짐 캐리의 모습이 왜 그렇게 멋있고 감동적이던지요. 더 바랄 것이 없어 보이는 짐 캐리의 완숙한 미소는, 이 세계에서 수여하는 어떤 상보다도 값진 것이었습니다.

그가 남긴 말이 아직도 제 명치에 걸려 있습니다. 저는 퇴직할 때 무슨 말을 하게 될까요? 그 미소를 조금이라도 닮을 수 있을까요? 이번 생을 퇴직하고 하늘로 돌아가는 날, 저도 미소 지으며 고백해 볼 수 있을까요?

"I have enough. I've done enough. I am enough."

DAY 127   인생의 변곡점   찰리쌤

미적분학에서 변곡점이란 '곡선이 오목에서 볼록으로 변하는 지점, 즉 곡률이 바뀌는 자리를 나타내는 곡선 위의 점'을 의미합니다.

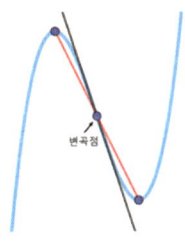

변곡점 그래프

위의 사진과 같이 굴곡의 방향이 바뀌는 자리를 뜻하죠. 즉, 1번이나 3번이 아니라는 겁니다. 변곡점을 우리의 인생에 대입해본다면, '좋아지기 시작한 때', '안 좋아지기 시작한 때' 정도로 생각할 수 있습니다. 변곡점은 최상의 때나 최악의 때가 아니라는 것이죠.

우리의 인생에서 변곡점이라는 말을 할 때, 우리는 과거의 변곡점에 대한 기억에 머뭅니다. "내가 왕년에"라는 말을 자주 하는 사람은 "난 현재는 별 볼 일 없어"라고 말하는 것이나 다름없죠.

오늘은, 여러분에게 있었던 '과거의 변곡점'이 아닌 '현재'에 집중해봅시다. '오늘의 선택'이 여러분의 인생에서 변곡점이 될 수 있으니까요.

여러분의 오늘은 여러분 인생의 변곡점인가요?

| DAY 128 | **나무의 꿈** | 토마스 |

  우리 동네에는 커다란 은행나무 한 그루가 있었습니다. 어렸을 적 학교가 끝나면 그 나무 아래에서 친구들과 만나 세상을 탐험했습니다. 더운 여름날이면 나무가 펼친 그늘 밑에 앉아 더위를 식히고 눈 내리는 겨울날이면 나무 밑에 커다란 눈사람을 만들기도 했습니다. 어린 시절 제게 그 나무는 아버지 같은 존재였습니다.

  제가 초등학교를 졸업할 무렵 그 나무는 갑자기 베어졌습니다. 나무 그늘이 너무 커서 이웃의 집 내부로 들어오는 햇빛을 막는다는 이유였습니다. 어렸을 적 제 가족과도 같았던 그 나무는 그렇게 사라졌습니다.

  아직도 가끔씩 그 나무가 생각납니다. 길을 걷다가 홀로 덩그러니 남겨진 나무 밑동을 바라보며 생각에 잠기곤 합니다. 나의 동심은 어디로 사라진 걸까?

  어렸을 때 그 아름드리 나무를 보며 나는 무엇이든지 될 수 있을 것 같은 자신감을 얻었습니다. 제가 너무 어리고 순수해서 세상을 잘 몰랐던 것일까요? 제 몸은 이렇게 커졌는데 제 꿈은 나무 밑동처럼 점점 작아지는 것만 같습니다.

  여러분은 나무 밑동만 남은 것 같은 이 세상을 어떻게 견디시는지 궁금합니다. 오늘은 한없이 나무의 꿈을 꾸고 싶습니다.

DAY 129 나이가 든다는 것 연정인

> 나이가 든다는 것은 좋은 일이다. 내 나이가 오십인데 내가 하고 싶은 대로 하고, 내가 책임지면 되니까 좋다. 타협하지 않아도 되고, 내 머리로, 내가 생각하고, 내가 판단하고, 행동하고, 책임지면 되니까.
>
> 「완벽한 태도를 지닌 원장과 사자 그리고 노란 약속」, 이다정, 인디펍, 2022

어느 쉬는 날, 팔순이신 어머니께서 친구분과 전화 통화를 하며 이렇게 말하는 것을 들었습니다.

"나이가 드니 젊었을 때보다 훨씬 좋다."

어릴 때 빨리 나이가 들었으면 좋겠다고 생각했습니다. 어떤 일을 하든 부모님께 허락받지 않아도 되고, 내가 하고 싶은 것을 알아서 할 수 있으니 정말 좋으리라 생각했습니다. 물론, 나이가 든 지금도 하고 싶다고 다 할 수 있는 건 아니지만, 그래도 나이가 들면서 확실히 여유가 더 생기는 것 같습니다.

젊었을 때는 시험 한번 못 보면 큰일 나는 줄 알았고, 친했던 사람과 멀어지기만 해도 인생이 막막하게 느껴졌으나, 이제 와 돌아보니 별거 아닌 것도 많았습니다. 가끔 젊은 사람들이 자신의 실수나 실패로 너무 자책하고 힘들어하는 것을 보면 시간이 해결해 줄 것들이 많다고 마음을 놓으라고 말하고 싶습니다. 나이 들면, 조금 더 자유롭고 조금 더 편해질 것입니다. 이 글을 읽는 모두가 나이 들며 하고 싶은 거 하나씩 하나씩 즐기기를 바랍니다.

DAY 130   오래 만진 슬픔   모두쌤

"어렵겠습니다. 죄송합니다." 이 말을 듣고 멍해졌습니다. 논문을 쓰기 위해 일정상 다음 달부터 '죄송합니다'라고 말한 사람과 인터뷰가 진행되어야 하는데, 청천벽력과도 같은 연락을 받았습니다. '아 여기서 이제 다 접어야 하는구나!' 하는 생각에 그저 멍하니 하늘만 쳐다볼 수밖에는 없었습니다. 왜 내 인생은 이렇게 꼬이기만 할까. 약속을 지키지 않는 그 사람을 한참 원망했습니다.

며칠 동안 미친 듯이 서울, 경기 인근의 학교를 찾고 찾다가 드디어 한 학교 설립자님의 협조를 받을 수 있었습니다. 그분이 말했습니다. "네, 그럼 오세요." 기적이 일어난 것입니다.

> 그렇지 아니한가
> 우리를 힘들게 한 것들이
> 우리의 힘을 빠지게 한 것들이
> 어느덧 우리의 힘이 되지 않았는가
>
> 이문재 <오래 만진 슬픔>

"축하합니다. 임박사님!" 박사논문 심사를 마치고, 한 심사위원님이 도장을 찍어주시면서 해주신 말입니다. 처음 듣는 말이라 너무 어색했지만, 하늘을 나는 것 같았습니다. 박사 과정의 난관은 결국 저에게 성취와 자신감을 주었습니다. 나를 힘 빠지게 한 것이 이제는 나의 힘이 되었습니다. 오래 만진 슬픔이 언젠가는 힘이 되는 날이 옵니다.

DAY 131   재미있게 살고 있니?   에밀리

> 인생은 스트레스를 받는 리허설이 아니다
> 에너 퀸들런(뉴욕타임즈 칼럼리스트)

최근에 정말 즐거운 지낸 적이 있나요? 배를 잡고 한참을 깔깔거리며 숨이 멎을 정도로 웃거나 30분 정도 얼굴에 웃음이 가시지 않았던 그런 기분 좋은 경험 말입니다. 나이가 들어갈수록 웃을 일보다는 걱정거리가 많아지고 있습니다. 가만히 생각해보니 실컷 웃고 떠들었던 시간이 언제였나 너무도 아득합니다.

나는 무엇을 할 때 가장 즐겁게 놀았을까? 재미있는 놀이 전문가들이 알려주는 10가지 재미있는 시간 보내기를 참고해서 함께 적어 보면 어떨까요?

1. 친구들과 놀기
2. 게임하기
3. 장난감 가게에 가기
4. 새끼 고양이 알아보기
5. 아이스크림 먹기(큰 통을 고를 것. 그래야 오래오래 먹으니까)
6. 미끄럼틀이나 그네 타고 놀기
7. 해변에 가서 물장구치기
8. 썰매 타기(장갑 꼭 가져갈 것!)
9. 정글짐에서 놀기
10. 샤워하지 않기

DAY 132 내공 김선민

왜 항상 엄마들은 책 좀 읽으라고 잔소리를 하는 것일까? 나도 그렇게 책을 안 읽었으면서 나의 아이에게는 항상 책을 많이 읽으라고 하고, 좋은 독서 습관을 만들어 주려고 노력한다. 참 아이러니하다.

내 인생이 장사로 인해 바뀌었던 것, 내가 돈에 끌려다니는 대신 돈이 나를 따라오게 하는 부의 선순환을 만들었던 것은 꾸준히 쌓아 올린 내공 덕분이다. 내공은 어떻게 쌓이는가? 네 번의 사업 실패와 그 과정에서 치열하게 해왔던 독서가 나의 내공이 되어주었다. 난 오늘도 출근 전 30분 동안 책을 읽는다.

「이 책은 돈 버는 법에 관한 이야기」, 고명환, 라곰, 2022

독서하려고 하면, 앉은 자리에서 한 권을 다 읽어야 할 것 같은 두려움이 몰려온다. 알고 보면 책을 전혀 읽고 싶지 않은 것이 아니라 끝까지 읽을 자신이 없었다. 나는 책을 한 권 사면 너무 여유를 부리다가 결국 안 읽게 된다. 내가 즐겨 쓰는 방법인데, 도서관에서 빌려 대출 반납일의 압박을 받으며 읽는 방법을 추천한다. 어떤 방법이든 상관없다. 나만의 방법으로 책에 대한 두려움을 이겨보자.

평소에는 책과 거리를 두는 사람이라도 책을 읽어보겠다며 서점에 가서 책을 고르는 행위만 해도 장하고 기특한 일이다. 책을 고르는 것 자체가 내공을 쌓는 첫 단추를 끼는 것이다.

DAY 133 수포자? 도대체 왜? 토마스

　요즘 우리나라에선 이른바 수포자가 많아지고 있습니다. 수학을 포기하는 사람들의 증가는 우리 사회에 큰 악영향을 미칩니다. 그 문제를 우리 모두 알고 있음에도 묵과하고 있습니다. 당장 제 주위에 친구들을 보아도 "수학은 너무 어렵고 암기할 공식도 정말 많다.", "솔직히 인생에 하등 쓸모도 없는 수학을 배워 뭐하냐?"라고들 말합니다. 그런데 수학을 잘하고 좋아하는 친구들은 "수학만큼 우리 삶과 밀접한 과목이 없다.", "수학은 암기가 아니라 이해하는 과목이고, 하나씩 이해하게 되면 무엇보다 재밌는 학문이다."라고 말합니다. 수학은 왜 이런 대접을 받는 학문이 되어버린 걸까요?

　사실, 우리가 일상에서 많이 쓰는 스마트 기기, 대중교통 도착 시간 안내, 유튜브, 인스타 알고리즘들도 모두 다 수학이 없었다면 존재할 수 없었을 것입니다. 수학의 노벨상이라 불리는 필즈상을 받은 허준이 교수는 인터뷰에서 수포자의 발생 원인은 완벽하게 환경의 문제라고 말합니다. 우리나라의 주입식 교육은 수학을 깊이 이해하고 그 원리를 깨치기엔 많은 무리가 있습니다. 또한 이 문제는 수학만의 문제가 아닌 다른 과목에도 영향을 끼칩니다. 우리 사회가 건강하고 행복해지기 위해서는 학생들의 건강하고 행복한 학습이 가장 중요합니다.

　더 이상의 수포자들이 나오지 않았으면 합니다. 시험을 위한 수학이 아닌 삶과 사회를 위한 수학을 가르쳐주세요. 우리를 인간 계산기가 아닌 크리에이터로 길러 주세요.

DAY 134 가만히 돌아가기   연정인

<가만히 돌아가기> 박노해

자연을 거스르면 몸이 운다.
몸이 울면 마음도 아프다.

아플 땐 멈추고 자연으로 돌아가기
거스르고 무리한 것들 내려놓고 비우기

힘들고 아플 땐 기본으로 돌아가기
새 힘이 차오르도록 그저 비워두고 기다리기

직장에서 인간관계로 인해 아주 힘들었을 때가 있습니다. 그땐, 주변에서 그 일을 거론하는 것이 괜히 부끄러워 제 탓으로만 생각했습니다. 그리고 그것을 '참고 이겨내야지. 그냥 없던 일처럼 생각하고 넘어가면 괜찮을 거야.'라고 견뎌냈지만, 돌아보니 그때 그 일이 저에게는 치유되지 않은 상처로 남아 있었습니다.

그냥 아프다고 말하고 쉬어가도 되었을 것을 뒤늦게 후회합니다. 힘들고 아플 땐 숨기지 말고 주변에 힘들다고 말합시다. 아프면 아프다고, 힘들면 쉬고 싶다고 말하는 것이 자연의 순리입니다. 참기만 하면 몸도 마음도 아프기만 하니까요.

DAY 135 선택은 축복인가, 저주인가   모두쌤

'어떻게 할까?' 우리는 매일 무언가를 선택합니다. 다시 말해 매일 '딜레마'에 놓입니다. 누군가는 선택의 자유를 축복으로 여기지만, 때로 누군가에게는 저주처럼 느껴질 수도 있습니다. 누가 날 이런 상황에 놓은 것인지 신도, 남도 원망을 해보지만, 선택의 굴레에서 벗어날 수 없습니다. 결국 나의 선택들이 쌓여 나라는 사람을 만든 것이겠죠?

일러스트레이터로 일하면서 우연히 올린 그림들이 인스타그램에서 인기를 끌며 일약 스타가 된 찰리 맥커시는 말합니다.

> 우리가 어떤 일에 어떻게 대처하는가.
> 그것이야말로 우리가 가진 가장 큰 자유야!
> 「소년과 두더지와 여우와 말」, 찰리 맥커시, 상상의힘, 2020

그의 그림과 글은 많은 이들에게 용기를 주며, 선택의 중요성과 그로 인한 자유를 상기시킵니다. 길지 않은 내용이지만, 아름다운 그림과 영감이 넘치는 글에서 깊은 공감을 합니다.

어떻게 보면, 우리에게 선택권이 많다는 사실은, 우리에게 자유가 많다는 것을 의미합니다. 가난한 나라에 태어나 굶주림에 고통받으며 구걸을 나가야 하는 아이에게는 선택할 권리가 거의 없겠죠? 선택권이 많다는 것을 감사한 축복으로 여기고 그 자유를 소중히 사용해야겠습니다. 그런데 오늘 점심 메뉴는 진짜 못 정하겠네요.

DAY 136   건강하게 살고 싶나요?   에밀리

관계의 단절은
사람을 죽게 만들고, 병들게 만든다.
「환자 혁명」, 조한경, 에디터, 2017

    1960년대 미국 펜실베니아주, 한 무리의 이탈리아 이민자들이 로세토 지역에 자리를 잡게 되었습니다. 로세토는 먹거리나 일자리도 변변치 않았고, 주민들은 기름진 음식과 과한 술, 담배로 인해 매우 열악한 환경 속에서 살았습니다. 그런데도 이상하게 심장병 발병률은 전국 평균의 절반에도 미치지 않았다고 합니다. 오클라호마 대학의 스튜어트 울프 박사와 사회학자 존 브룬 박사가 30년 동안 추적 조사한 결과, 로세토 주민들이 건강했던 비결이 밝혀졌습니다. 바로 이웃 간 강력한 유대감과 응집력이었죠. 공동체가 나를 지켜줄 것이라는 확고한 믿음이 사람들을 건강하게 만든 것입니다.

    저는 지금껏 건강을 위해 운동, 디톡스, 다이어트 등등 안 해본 것이 없습니다. 해볼 것 다 해보았으나 2% 부족함을 느끼고 있었는데 이 글을 읽으니 신선한 깨달음이 옵니다.

    간만에 친한 친구에게 연락해서 즐겁게 수다를 떨며 한참 웃다 와야겠습니다. 독기를 품고 마시는 비싼 디톡스 음료 한 병보다 좋아하는 사람과 웃으며 마시는 믹스커피 한 잔이 건강에 더 좋을지 모르니까요.

DAY 137　아이야, 내일은 꼭 해보자　　김선민

나는 6살 여자아이를 키우고 있다. 집에서는 매일 발레복과 드레스를 입고 춤을 추고 셀카를 찍는 아주 발랄하기가 끝도 없는 친구이다. 그런데 이 친구는 낯선 환경과 낯선 사람에 대해서는 불안도가 높다. 예민하고 섬세한 친구다. 만약에 내가 심리 공부를 하지 않았더라면, 내 아이를 이해하지 못한 채 매번 싸웠을 것 같다.

교회에서 여름성경학교가 있던 날, 아이는 여러 체험을 잘 해내고 있었다. 그런데 눈을 감고 청각과 직감을 써서 뻥튀기를 머리 위의 통에 넘치지 않게 받아내는 놀이에서 아이는 자기 순서가 되었지만 움직이지 않았다. 모두가 괜찮다며 한 번만 해보라고 했지만 아이는 단호히 안 하겠다고 버텼다. 그 모습을 보자 내 마음은 답답해서 천불이 났지만, 꾹 참았다. 집에 돌아와서 물으니 아이의 대답이 충격적이다. "내가 실패해서 우리 편이 질까 봐 내가 안 했지"라고 말했다. 질까 봐 시도조차 하지 않은 것이다.

어쩌면 자기 생각 없이 휩쓸려가는 것보다 거절의 의사를 표현하는 것이 나을 수도 있다. 하지만 도전하지 않으면, 실패하지 않으면 더 성장할 수 없다. 아이에게 전해주고 싶은 명언이 떠올랐다.

'실패하면 실망할지 모른다. 그러나 시도도 안 하면 불행해진다.'

아이야, 너와 함께 더 많은 것을 도전하고, 시도하고 싶다. 그런데 말이지, 오늘 엄마는 너무 피곤하구나. 오늘은 쉬고 내일 도전하자.

DAY 138 잠시 비틀거려도 괜찮아요   엘린

'비틀거리다'의 사전적 의미는 '힘이 없거나 어지러워서 몸을 바로 가누지 못하고 이리저리 쓰러질 듯이 계속 걷다.'입니다. 혹시 비틀거려본 적 있으신가요?

가끔 드라마에서 원하는 일이 뜻대로 되지 않아 실의에 빠진 주인공이 술을 잔뜩 마시는 장면을 봅니다. 술을 많이 마셔 몸을 가누지 못할 정도로 비틀거립니다. 저도 대학교 새내기 시절 이제는 성인이 되었다는 도취에 빠져 새벽까지 술과 함께한 후 비틀거렸던 적이 있습니다. 혹은 사랑니를 뽑고 음식을 못 먹어서 자리에서 일어나다가 어지러워서 비틀거렸던 적도 있습니다. 술에 취한 사람 혹은 몸이 아픈 사람 등 누군가 비틀거린다면 꼭 도와주어야 할 것 같은 마음이 듭니다. 비틀거림은 연약한 모습으로 보입니다. 그런데 비틀거림이 꼭 겪지 말아야 할 일은 아닙니다. 우연히 읽은 한 구절에 시선이 닿았습니다.

> 비틀거리는 것은 넘어지는 것을 막을 수도 있다
> 영국 속담

마음이 이리저리 비틀거릴 때가 있습니다. 이렇게 살아도 되는 건가. 나의 선택이 맞나. 혹시 다른 길로 갔어야 하는 건 아닌가. 마음이 흔들립니다. 그래도 이렇게 흔들리는 것이 아예 고꾸라지는 것보다는 덜 다치지 않을까요? 비틀거리다 보면 오히려 중심을 잡을 수 있을지도 모릅니다. 혹시 모르죠. 나의 비틀거리는 모습에 누군가 다가와 붙잡아 줄 수도 있고요. 그럼, 잠시 힘을 내어 또 걸을 수 있겠지요. 그러니 잠시 비틀거려도 괜찮아요.

DAY 139   홀로 서기   허경심

> 나는 당신에게 성공을 위한 확실한 공식은 알려줄 수 없다.
> 하지만 실패를 위한 공식은 말할 수 있다.
> 그건 언제나 모든 사람을 기쁘게 하려고 노력하는 것이다.
> 허버트 바야드 스위프(미국 저널리스트)

중학교 시절 어느 날, 친구가 저에게 말했습니다.

"OO이가 너 때문에 불편하대."

저에겐 참 충격적인 말이기도, 큰 깨달음을 준 말이기도 했습니다. '아, 내가 했던 말이나 행동이 모두에게 좋을 수는 없구나. 모두가 나를 좋아해 주진 않는구나.'

그런데 참, 사람은 간사하죠. 알면서도 모든 사람으로부터 좋은 사람, 멋진 사람으로 남고 싶은 욕망이 사그라지지 않았습니다. 이랬던 제가 달라지기 시작한 건 내면 아이 치유를 경험하면서 저의 부모님으로부터 심리적으로 독립한 이후부터입니다. 저는 한 아이의 엄마이지만 아직도 제 안에는 부모님의 특별한 사랑을 갈구하고 있는 어린아이가 있다는 걸 알았습니다. 저는 스스로 저의 부모가 되어 내면 아이를 안아주고 사랑을 주었습니다.

사실 우리가 타인에게 잘 보이고 싶고 사랑받고 싶은 건 어린아이가 부모님께 사랑받고 싶어 하는 마음과 비슷합니다. 타인에게 사랑을 갈구하기보다 자신에게 사랑을 줄 수 있는 사람, 멋진 어른으로 홀로 설 수 있는 사람이 되면 좋겠습니다. 나 자신에게 부모님과 같은 사랑을 줄 수 있다면 우리는 더 자유로워질 거예요.

DAY 140 　인간은 말과 경주하지 않는다　조쌤

　챗GPT 이후로 참 많은 것이 바뀌고 있다는 생각이 듭니다. 글쓰기 코치로서 챗GPT를 가지고 여러 가지 장난(?)을 쳐봤습니다. 우선, 요약 정리하기. 1쪽 분량의 글을 긁어다가 한 문단으로 줄여달라고 해봅니다. 와우, 5초 만에 뚝딱하네요?? 이번엔 자소서 쓰기 테스트. 제 경력, 이력, 장단점, 취미 등을 나열식으로 입력하고 자기소개서 초안을 써달라고 해봅니다. 설마했는데... 이것도 쉽게 해냅니다. 물론, 퀄리티로 보면 최상의 자소서라고는 볼 수 없겠지만요. 또한, 네이밍도 시켜봅니다. 지금 이 책의 부제를 가지고요. 책 제목이 '매일 아침 메시지'라고 설명하며 책의 콘셉트를 세줄 정도 적은 후에 부제를 한번 부탁해봤죠. 대박! 괜찮은 부제들을 막 생성해냅니다. 두려움을 느낄 정도입니다. PPT를 만들어 주는 AI 툴도 있어서 주제랑 키워드만 입력해보니 몇 초 만에 10장 정도의 그럴듯한 PPT 초안을 만들어 줍니다. 왜 전문가들이 챗GPT의 등장을 두고 '아이폰 모멘트'니 '검색의 종말'이니 이런 표현을 썼는지 알 것 같네요. 정신을 부여잡고 故 이어령 선생님의 말씀으로 힘을 내봅니다.

> 인간은 AI와 싸워서 이길 수 없습니다.
> 인간은 말과 경주하지 않죠.
> 말의 등에 올라타 이용하는 존재로서
> 인마일체(人馬一體)가 되는 게 중요합니다.
> 이어령(국문학자, 언론인) 2017년 인터뷰

　AI와 경쟁하지 맙시다. 이용하고, 친구가 되고, 배웁시다. 저부터 말과 싸우려고 했던 생각을 버리겠습니다.

DAY 141 하고 싶지 않은 일을 대처하는 자세 찰리쌤

"당신이 하고 싶은 일을 하기 위해 해야 할 일을 지금 해라??"

우리가 흔히 듣는 명언입니다. 현재 해야 할 일을 하지 않고 하고 싶은 것만 하고 살면 개인적 성장이 없다는 지극히 당위적인 이야기입니다. 그러나 어쩌면 우리는 해야 할 일들에 둘러싸여, 정작 하고 싶은 일은 못하는 것은 아닐까요?

'찰리쌤이 늦은 나이에 사춘기 오셨나?' 그러실 수 있습니다. 오늘 드리고 싶은 말씀은 '하고 싶지 않은 일에 대처하는 자세와 그에 대한 해법'입니다. 습관 형성 이론에서 '유혹 묶기' 전략을 '죽기보다 하기 싫은, 할 일 목록'에 대입해보았습니다.

"나는 오늘 (지겨운 일)을 하고 난 뒤, 나에게 (작은 보상)을 주겠다."

여기서 보상은 큰 것일 필요가 없어요. 아주 간단한 보상부터 시작해봐요. 과자, 라면, 커피 한 잔에도 의미를 부여하기 위해 앞에 무언가를 붙여보세요. 어느 순간 '할 일'을 마무리하고 웃으며 커피 한잔하고 있는 자신의 모습을 발견할 것입니다.

DAY 142   책임지는 자유   토마스

> 자유는 책임을 뜻한다.
> 이것이 대부분의 사람들이 자유를 두려워하는 이유이다.
> 조지 버나드 쇼(아일랜드 극작가, 비평가, 소설가)

저는 어렸을 때 어른들이 부러웠습니다. 어머니의 잔소리도 듣지 않고 편식을 해도 되고 밤늦게까지 놀아도 되는 그런 삶을 사는 것처럼 보였기 때문입니다. 제 눈에 비친 어른의 모습은 하늘을 마음껏 날며 자유를 누리고 사는 새로 보였습니다. 자유로운 면을 보며 '빨리 어른이 되고 싶다'라는 생각을 갖곤 했습니다.

지금 와서 생각해 보면 그분들은 진정한 자유를 누리는 것이 아니었습니다. 어른들은 자유로워 보이지만 사슬을 매고 있습니다. 어른에 한 발짝씩 매일 다가가고 있는 저는 조금씩 더 자유를 얻고 있지만, 모순되게도 자유로운 만큼 저는 '책임'에 묶이고 있습니다.

제가 실수하면 자유는 가면을 벗고 '책임'이라는 무서운 얼굴을 드러냅니다. 어른은 무엇이든 할 수 있고 선택이 가능하지만, 그 선택에 대한 책임을 오롯이 혼자 받아들여야 합니다. 저는 이런 면을 일상에서 조금씩 느껴가고 있습니다. 이미 중학생으로서 제가 느끼는 책임의 무게도 나름대로 무거운데 어른이 되면 어떨지…

오늘 여러분은 어떤 자유를 누리고 있나요, 또 어떤 책임을 지고 있나요? 오늘만큼은 어른들에게 책임을 맡긴 채 장난꾸러기 어린아이가 되는 상상을 즐겨보는 건 어떨까요?

DAY 143   자아 회복의 장소를 찾아서   에밀리

우리는 본능적으로 자아 회복의 장소를 찾으려는 의지를 지니고 있습니다. 투우장 한쪽에는 소가 안전하다고 느끼는, 사람들에게는 보이지 않는 구역이 있다고 합니다. 투우사와 싸우다가 지친 소는 자신이 정한 그 장소로 가서 숨을 고르며 힘을 모읍니다. 기운을 되찾아 계속 싸우기 위해서지요. 그곳에 있으면 소는 더 이상 두렵지 않습니다. 소만이 아는 그 자리, 스페인어로 퀘렌시아라고 합니다.

「새는 날아가면서 뒤돌아 보지 않는다」, 류시화, 더숲, 2017

삶에는 힘든 순간이 있습니다. 누군가는 말합니다. 인생은 쉼표 없는 악보와 같아 연주가 필요할 때마다 스스로 쉼표를 매겨가며 연주해야 한다고요. 새벽녘, 어스름 햇살이 떠오르는 순간 홀로 거실에 앉아 있거나 인적이 드문 카페에서 고소한 향에 취해 아메리카노 한잔을 마시며 책 한 권을 읽을 때 기운을 되찾게 됩니다.

지친 소처럼 맥없이 털썩 주저앉고 싶을 때 남은 힘을 짜내어 쉴 자리를 찾아갑시다. 가장 나답고 나 자신일 수 있는 그곳, 당신의 퀘렌시아는 어디인가요?

DAY 144 〈보통의 용기〉를 보고 김선민

코로나가 시작될 때쯤, 우리나라에 캠핑이 유행을 탔다. 유행에 뒤처질 수 없었던 우리 가족은 큰맘 먹고 텐트를 샀고 캠퍼가 되기로 마음먹었다.

캠핑하면서 맑은 공기를 사계절을 느낄 수 있다는 게 참 매력적이었다. 자연과 하나 된다는 것은 감격이었지만 한편으로는 부담감이 생기기 시작했다. 왜냐하면 사람이 숨 쉬는 것만으로도 쓰레기가 나오기 때문이다. 나의 아이가 어른이 되는 날, 내 손녀가 태어날 때도 '자연이 아름다울 수 있을까?'라는 고민이 생겼다.

영화 〈보통의 용기〉는 경계를 먼저 정하는 것이 중요하다고 알려준다. 할 수 있는 것과 없는 것을 정하는 것이다. 그래서 나와 아이는 우리가 할 수 있는 것부터 찾기로 했다.

나와 아이는 먼저 캠핑을 갈 때면 큰 집게와 쓰레기봉투를 들고 가기로 하였다. 줍깅을 하기 위해서이다. 쓰레기를 주우면서 보니 생각보다 제일 많은 쓰레기는 생수병이었다. 그래서 우리는 사소한 실천을 위해 물병을 챙기기 시작했다. 생각보다 많은 플라스틱 컵이 사용되고 있다는 것을 알 수가 있었고 물병을 못 챙겼을 때는 플라스틱보다는 종이를 사용하는 방법이 있었다.

영화에서는 '왜 생수병은 플라스틱일까'로 시작된 의문이 '종이팩 생수의 대량생산'이라는 혁신까지 이어진다. 우리 모두 보통의 용기를 실천한다면, 다음 세대도 아름다운 자연을 즐길 수 있지 않을까?

DAY 145　의자를 형이라 부르는 사람들　엘린

> 의자는 나보다 먼저 태어났다. 형이라고 불러야 하지만 나는 무시하고 궁둥이로 깔아뭉갠다. 수많은 의자 위에서 사춘기를 보냈고 나는 앉아 있기 위해 태어난 것 같기도 하다.
>
> 차성환 <의자1>

재미있는 시를 발견했습니다. 과학자만큼 관찰력이 뛰어난 사람들이 시인이 아닌가 싶습니다. 책상 앞에 앉아 공부했고 컴퓨터를 앞에 두고 일을 하는 경우가 많은데 한 번도 의자를 형님이라 생각해본 적이 없습니다. 궁둥이로 깔고 앉음을 당한 의자들이 그동안 얼마나 서운했을까 생각하니 미안한 마음이 듭니다. 의자에 앉아서 밥을 먹고 일을 하고 책을 보고, 그러다 힘들면 잠시 쉬고 이렇게 매일 의자의 도움을 받고 살았는데 말입니다. 게다가 의자가 꼭 있어야 하는 책상과 달리 홀로도 쓰이는 의자가 얼마나 대단한지요. 그동안 의자를 소홀히 대해서 미안합니다. 시인의 말처럼 형이라고 부르는 게 맞습니다.

시인이란 일상을 유심히 관찰하고 만나는 대상에 마음을 주며, 감정을 살펴보는 일을 하는 사람이라는 생각이 들었습니다. 안도현 시인은 시를 거의 읽지 않으면서 시인이라는 말을 듣고 싶어 하는 사람보다는 시를 읽는 일로 생을 통과하는 사람이 훨씬 시인에 가깝다고 말합니다.

오늘 시를 한 편 읽으며 생을 통과하고 있으니 이 마음으로 하루하루 살다 보면 시인에 더 가까워지겠지요?

DAY 146 비교의 정석 　　　　허경심

아이가 유치원 시절, 소풍을 다녀와 저에게 말했습니다.

"엄마, 친구 OO이가 로봇 물통을 가져왔는데 정말 멋졌어!"

아이는 그 로봇 물통이 어떻게 생겼는지 앵두 같은 입을 조잘대며 설명했습니다. 아이의 말을 다 듣고는 제가 말했습니다.

"그렇구나~ 너도 그 로봇 물통이 갖고 싶었겠다."

그러자 아이는 의아하다는 표정을 지었습니다. 그 표정을 보자 저의 유치원 시절이 떠올랐어요. 하루는 같은 반 여자아이가 공주처럼 화려한 원피스를 입고 왔습니다. 창가에 앉은 아이의 원피스가 햇빛을 받고 반짝였습니다. 그 모습이 저에겐 마치 천사처럼 보였어요. 그 이야기를 집에 와서 엄마에게 했는데 저희 엄마가 이러시는 거예요.

"우리 경심이도 그 원피스 갖고 싶구나."

당시 저의 표정은 저희 아들이 지었던 표정과 똑같았을 거예요. 저도 엄마의 말이 의아했거든요. 저는 그저 원피스를 입은 친구의 모습이 예뻤고, 인상 깊었습니다. 그냥 아름다운 것을 감상하는 순수한 호기심. 그게 다였어요. 나와 비교하며 부럽다거나 질투를 느끼는 감정은 전혀 없었습니다. 아마도 저희 아들도 똑같았겠죠. 그냥 로봇 물통이 멋있었다. 그게 다였을 거예요.

제가 아이에게 남과 비교하는 습관을 심어준 건 아닌지 반성합니다. 시기와 질투가 덕지덕지 붙어 있는 비교가 아닌, 순수한 호기심과 때 묻지 않은 감탄, 아이들에게 또 한 번 배워봅니다.

DAY 147 빠르게 실패하는 자에게 축복이 있으리라   죠쌤

서점을 방문해 보면, 성공에 관한 서적들이 서가를 가득 채우고 있는 것을 쉽게 확인할 수 있습니다. 사실, 성공보다 실패가 더 자주 발생하는 것이 현실인데, 왜 실패에 관한 책은 거의 없는지 늘 의아했습니다. 갈증을 속 시원하게 해결해 준 「빠르게 실패하기」를 통해 우리는 어떻게 실패를 바라보고, 실패를 활용할 수 있는지 깨닫게 됩니다. 이 책의 핵심 메시지는 이것입니다.

Fail Fast, Fail Often
성공하는 사람들을 빠르게 실패하는 것을 두려워하지 않는다. 최대한 빨리 '실패를 없애버릴 수 있는 가장 좋은 방법'이기 때문이다.
「빠르게 실패하기」, 존 크럼볼츠, 라이언 바비노, 스노우폭스북스, 2022

이 책을 읽고 나면, 실패를 더 이상 악마처럼 두려워할 필요가 없음을 깨닫게 됩니다. 오히려 실패와 '친구 맺기'를 하고 싶어집니다. 실패를 통해서 배우는 게 훨씬 더 많기 때문이죠. 그러면서 동시에 성공에 대한 인식도 변화됩니다. 우리를 짓누르는 거대한 목표가 아닌, 일상 속 작은 성공들에 대한 자각이 생깁니다.

'실패하며 전진하기 failing forward'를 삶의 나침반으로 삼아 이 책에서 제시한 예시를 참고하여 남은 인생을 작은 성공들로 채워나가겠습니다.

DAY 148 아버지의 해방일지 — 찰리쌤

아버지가 죽었다. 전봇대에 머리를 박고. 평생을 정색하고 살아온 아버지가 전봇대에 머리를 박고 진지 일색의 삶을 마감한 것이다.
만우절은 아니었다. 만우절이라 한들 그런 장난이나 유머가 오가는 집안도 아니었다. 유머라니. 유머는 우리 집안에서 일종의 금기였다. 그렇다고 유머가 없었던 것은 아니다. 누가 봐도 유머일 수밖에 없고 유머여야 하는 순간에도 내 부모는 혁명을 목전에 둔 혁명가처럼 진지했고, 그게 사람들의 웃음을 자아냈다.

「아버지의 해방일지」, 정지아, 창비, 2022

이 책은 아버지 장례식 때 있었던 3일 동안의 일을 소재로 해서 쓴 소설입니다. '빨치산의 딸'로 힘겹게 살아온 주인공은 환갑이 넘은 '빨갱이 아버지'와의 시트콤 같은 일화를 가볍게 쏟아냅니다.

주인공의 이야기를 따라가다 보면 어느새 쓰라리고 참혹한 역사의 민낯을 마주하게 됩니다. 지독하도록 처절한 삶의 현장에 서 있는 딸이 아버지의 죽음을 계기로 '아버지를 이해하는 과정'을 오롯이 느낄 수 있습니다.

이처럼 아픔은 시간을 통해 변형된 기억의 한 조각이 되어 우리의 삶 깊숙한 곳에 흉터를 어쩌면 소중한 표식을 남기게 됩니다.

DAY 149 하루 중 언제가 가장 행복하세요? 에밀리

> 깨어 있는 동안 쓸 에너지를 충전하기 위해 애써 잠을 청하거나, 게임이나 스포츠는 반드시 이겨야 하는 것이며 멍때리고 있는 시간은 낭비라고 생각한다면 당신은 너무 열심히 살고 있다. 행복하기 위해 게으름을 피워야 하는 게 아니라 게으름을 피우기 위해 행복해야 한다.
>
> 「최재천의 공부」, 최재천·안희경, 김영사, 2022

아무것도 할 것이 없는 날이면 늘어지게 낮잠을 자거나 음악을 듣거나 소위 말하는 멍때리기를 하던 때가 있었습니다. 가만히 생각해보니 나의 멍때리기가 멈춘 시점은 직장 생활로부터 시작되었습니다. 새벽 별 보고 출근하고 저녁달을 보며 퇴근했던 그때. 주어진 시간을 그냥 흘려보낼 수가 없다는 강박관념에 사로잡히기 시작했습니다. 할 수 있는 것은 주어진 시간을 알차게 쓰는 것. 그래서일까요? 틈만 나면 무언가 해야 한다는 생각이 무의식적으로 자리를 잡았습니다. 다양한 일로 나 자신을 멋지게 포장하고 싶었나 봅니다. 열심히 살아왔어, 이 정도면 훌륭해, 혼자 스스로 합리화하면서 그 속에서 행복을 찾고 있었는지도 모릅니다.

최재천 교수님은 사람들과 어울리기도 좋아하시지만, 하루 중 혼자 있는 시간이 가장 행복하다고 합니다. 멍때리며 느긋하게 게으름을 피울 수 있어서 아닐까요? 게으름을 피우기 위해 행복하게 사는 삶, 이 나라에서 얼마나 희귀할까요? 그 희귀한 삶을 응원하며 저도 조금 덜 노력하려 합니다. 오늘은 다 그만하고 멍때리자!

DAY 150 　바다를 보며　　연정인

<푸르빌의 밀밭 길>, 클로드 모네, 1882

지난 주말에는 바다를 보러 갔습니다. 일만 하다 보니 진짜 내가 좋아하던 게 무엇인지 잠시 잊고 있었습니다. 웃음을 잃은 채 무표정으로 영혼 없이 직장만 다니며 지쳐가던 때에 다녀온 바다는 저에게 큰 안정과 평온을 가져다주었습니다. 사주를 진지하게 믿지는 않지만, 누군가 제 사주를 보더니 물을 가까이하면 안정감을 얻을 수 있는 사람이라고 했습니다. 그래서 그런지 바다를 보면 아무것도 하지 않아도 기분이 나아집니다.

바다를 보면서 다시 힘을 내어봅니다. 시간을 내 직접 바다에 갈 여유가 없다면, 바다 그림을 보는 것만으로도 도움이 됩니다. 클로드 모네가 그린 저 포근하고 아름다운 밀밭 길을 지나면 하늘보다 더 짙푸른 바다가 저를 맞이해 줄 것입니다. 탁 트인 바다를 보며 저는 자유로운 갈매기가 될 수도, 향유고래가 될 수도 있겠지요. 잠시 눈을 감고 저와 함께 밀밭 길을 걸어보는 건 어떨까요?

DAY 151 주입식 교육, 대안은 없나요? 모두쌤

서울대에서 4.0 이상의 학점을 받는 학생들에 대한 연구 결과를 보고 많이 놀랐습니다. 학생들은 교수님이 원하는 답안을 적기 위해 토씨 하나도 놓치지 않으려고 녹음까지 하면서 공부하고 있었죠. 대학에서 높은 학점을 받는 비결이 단지 교수님이 말한 것을 잘 기억하고, 그대로 완벽하게 재현하는 것이라면, '이것이 바람직한 최상위 대학의 모습일까'라는 의문이 들었습니다.

선생님, 그때 수업에서 하도 저만의 생각을 발굴해 내고, 저만의 관점을 만들어 내고, 보이지 않는 질문을 캐내는 훈련을 계속하다 보니, 그 이후로 남이 주는 문제를 해결하는 것보다는 새로운 문제를 발굴해 내는 것이 더 재미있더라구요.

「서울대에서는 누가 A⁺를 받는가」, 이혜정, 다산에듀, 2014

이혜정 선생님은 미국 미시건대, 홍콩 중문대, 영국 맨체스터대, 싱가포르국립대, 캐나다 브리티시 콜럼비아대, 하버드대 등 다양한 대학의 이야기를 통하여 우리의 문제점을 짚어줍니다. 그녀의 주장은 세계에서 외면받지 않으려면 기존 대학의 주입식, 획일성을 강조하는 교육에서 탈피하여 창의성 및 다양성을 함양할 수 있는 교육으로 나아가야 한다는 것이 요점이었습니다. 우리가 추구해야 하는 교육은 녹음기와 복사기를 제조하는 교육이 아니라 창의적 인재를 길러내는 교육이어야 할 텐데요, 현실을 보니 막막합니다. 제가 있는 학교에서부터 변화가 일어날 수 있도록 고민하고 질문을 던져야 하겠습니다.

DAY 152 기분과 태도 그 사이

김선민

　상담사라는 직업 때문일까? 나는 평화주의자이다. 그래서 웬만해서는 화를 내거나 따지지 않는다. 그런데 우리 집에는 나보다 더한 평화주의자, 남편이 있다. 그래서 음식점에서 문제가 생길 때 사장님에게 말하는 것은 나의 몫이 되었다. 평화주의자인 나임에도 컴플레인을 걸다 보면 내 태도가 굉장히 거만하게 변하는 것을 느낀다. 그래서 이 글을 읽으면서 부끄러워졌다.

> 크고 작은 차이만 있을 뿐이지 누구나 기분을 드러낸다. 내 기분은 내 선에서 끝내야 하는데 나도 모르게 겉으로 드러난다. 하지만 기분과 태도는 별개다. 내 안에서 저절로 생기는 기분이 스스로 어찌할 수 없는 것이라면 태도는 다르다. 좋은 태도를 보여주고 싶다면 소중한 사람에게 상처 주고 싶지 않다는 마음만 있다면, 우리는 충분히 태도를 선택할 수 있다.
>
> 「기분이 태도가 되지 않게」, 레몬심리, 갤리온, 2020

　그날 그랬다. 남편과 아이와 함께 음식점에 갔는데 음식에서 머리카락이 나왔다. 그래도 나름 배려한다며 큰소리로 내지 않고 참았다. 기분이 심하게 나쁜 편은 아니었다. 그런데 종업원에게 컴플레인을 하다 보니 기분이 나빠졌고 내 눈빛과 태도는 완전한 '갑' 그 자체였다. 나는 분명히 태도를 선택할 수 있었는데 그러지 못했다.

　책의 내용이 떠올라 부끄러워 얼굴이 붉어졌다. 내 기분이 태도가 되어 누군가에게 상처를 준 것은 아닌지 생각하니 미안한 마음뿐이다. 이젠 태도를 바꾸자 내 태도가 기분이 될 때까지.

DAY 153 낭만은 누구에게 있지? 엘린

드라마 좋아하시나요? 저는 드라마를 참 좋아하는 대한민국의 평범한 아줌마입니다. 드라마를 너무 좋아해서 오히려 드라마를 경계합니다. 한번 푹 빠지면 다른 일을 못 할 정도로 마음이 설레니까요.

요즘 기다리는 드라마가 있습니다. 바로 〈낭만닥터 시즌3〉입니다. 작년에는 〈슬기로운 의사생활 시즌2〉를 정말 열심히 보았는데 아무래도 못 이룬 의사의 꿈을 드라마를 보며 위안으로 삼나 봅니다. 아무튼 〈낭만닥터 김사부〉에는 생과 사를 오가는 긴박한 사고 현장과 한 생명도 포기하지 않고 고군분투하는 의료진들, 더불어 가슴을 울리는 멋진 대사들이 툭툭 나옵니다. 그중 한석규 씨의 목소리를 상상하며 마지막 대사를 들어보실래요?

매 순간 정답을 찾아갈 순 없지만, 우리가 왜 사는지 무엇 때문에 사는지에 대한 질문을 포기해서는 안 된다. 그 질문에 포기하는 순간 우리의 낭만도 끝나는 거다.

드라마의 막은 내렸는데 그 대사는 제 가슴에 계속 남았습니다. 멋진 그림을 보거나 음악을 들었을 때 마음에 여운이 오래 남듯이 말입니다.

나는 어떠한 사람이었던가? 내 삶에 어떤 질문을 던지고 있나? 질문에 답을 찾기 위해 어떤 노력을 해야 하지? 포기하지 않고 저의 낭만을 찾으며 살아보려 합니다. 오늘 하루 동안 여러분도 여러분만의 낭만을 찾아보시길 바랍니다.

DAY 154 훌륭한 아이로 키우고 싶다면 꼭 해야 할 일 허경심

「살며 사랑하며 배우며」는 미국의 교육학자이자 교수, 저술가인 레오 버스카글리아가 미국 전역을 다니며 사랑의 가치를 강조한 강연을 엮은 책입니다. 미국인이 뽑은 '내 인생 책'이기도 하지요. 가슴을 울리는 문장이 많아 유난히도 줄을 많이 그으며 읽었는데 그중에서도 한 아이의 엄마로서 큰 울림을 받은 문장이 있었습니다.

제가 지혜를 모르면 여러분에게 무지를 가르칠 따름입니다. 기쁨을 모르면 절망을 가르칠 따름입니다. 자유를 모르면 여러분을 새장 안에 가둘 따름입니다. 하지만 제가 가지고 있는 것이라면 무엇이든 여러분께 드릴 수가 있습니다. 무엇인가를 드리려면 먼저 제가 가지고 있어야 합니다. 그렇기 때문에 이 세상에서 가장 훌륭한 나 자신이 되기 위해 혼신의 힘을 다하는 것입니다. 이 세상에서 가장 훌륭한 레오 버스카 글리아가 되어야 이 세상에서 가장 훌륭한 여러분을 사랑할 수 있습니다.

「살며 사랑하며 배우며」, 레오 버스카글리아, 이은선, 홍익출판미디어그룹, 2020

저는 위 문장에서 '레오 버스카 글리아'를 현재 '나'로 '여러분'을 '아이'로 바꿔 읽어보았습니다. 내가 지혜를 모르면 우리 아이에게 무지를 가르칠 것이고, 내가 기쁨을 모르면 절망을 가르칠 따름이겠죠. 자유를 모르면 새장 안에 가둘 따름이고 하지만 내가 가지고 있는 것이 훌륭한 것들이라면 나는 훌륭한 우리 아이를 사랑할 수 있는 것입니다. 자녀가 훌륭하게 자라길 바란다면 부모인 나부터 훌륭해져야 한다는 걸 다시 한번 생각하는 오늘입니다.

DAY 155 '저주 토끼'가 되고 싶은 날에는 죠쌤

왜 이 세상에는 '축복'할 일보다 '저주'할 일이 더 많은 걸까? 왜 '착실하고, 성격도 좋고, 회사 일 열심히 하고, 마누라한테도 잘해주고.... 좋은 친구'인 사람이 악인에게 처참하게 당해야 하는가?

불의가 만연하고 억울한 사연이 들끓는 세상이지만, 사실상 우리가 할 수 있는 일은 거의 없다. 우리는 겁 많고 귀여운 초식 동물인 토끼이기 때문에 악인에게 정면으로 대들어 봤자 가엾은 토끼처럼 사냥만 당할 뿐이다.

그래서 우리가 선택한 방법은 저주다. 악인을 속이기 위해 우리는 예쁜 토끼를 만들어야 한다. 작품의 초반과 결말에서 반복되는 할아버지의 결의에 찬 속삭임이 책을 덮은 후에도 귓가에 맴돈다.

"저주에 쓰이는 물건일수록 예쁘게 만들어야 하는 법이다."
「저주토끼」, 정보라, 아작, 2022

토끼는, 사자처럼 상대를 한 번에 잡아먹는 것이 아니라 조금씩 조금씩 갉아먹는다. 악인의 재산을 갉아먹고, 악인의 몸을 갉아 먹고, 악인의 정신까지 갉아먹는다. 육식 동물처럼 즉시 숨통을 끊는 것이 아니라 초식 동물의 독특한 복수 공식으로 악인에게 지독하게 긴 고통의 시간을 선사한다. 그래서 토끼의 복수가 더 쾌락적인 것일까? 토끼들의 복수가 성공하면 이 세상은 조금 더 정의로워질까? 그것은 알 수 없다. 내가 할 수 있는 건, 억울한 이의 눈물 젖은 저주 이야기를 들으며 고개를 끄덕이는 것뿐...

DAY 156 우리 집 변기는 누가 청소했을까? 찰리쌤

어느 날, 제가 우리 집에서 존경하는 여성분께서 이런 질문을 하셨습니다.

"궁금한 게 생겼어. 우리 집 변기는 누가 청소했을까?"

저는 너무 황당하여 되물었습니다.

"누가 청소했는지 정말 모르시겠다고요?"

정말 누가 청소했을까요? 누군지 다들 알고 계실 것입니다. '깨끗한 변기'라는 당연한 현상 이면에 숨겨진 한 남성의 노고를....

오늘 아침, 지금 여러분은 불평, 불만, 짜증으로 시작하시나요? 감사는 개뿔, 전쟁터로 끌려가기 30분 전인가요? 우리의 일상 곳곳에서 '깨끗한 변기'를 찾아본다면 삶의 태도가 달라질 것입니다.

감사할만한 일이 없어서가 아니라, 내 마음이 너무 무딘 겁니다. 일상생활에서 주어지는 작은 도움, 배려 하나하나에 감사할 일이 정말 많다는 것을 우리는 알고 있습니다.

오늘은 똑같은 상황, 똑같은 나에게 감사를 한 스푼 먹여주세요.

DAY 157　'사랑해요' 이 한마디　에밀리

> 사랑해요 이 한마디 참 좋은 말
> 우리 식구 자고 나면 주고받는 말
> 사랑해요 이 한마디 참 좋은 말
> 엄마 아빠 일터 갈 때 주고받는 말
> 이 말이 좋아서 온종일 신이 나지요
> 이 말이 좋아서 온종일 일 맛나지요
> 이 말이 좋아서 온종일 가슴이 콩닥콩닥 뛴대요
> 사랑해요 이 한마디 참 좋은 말
> 나는 나는 이 한마디가 정말 좋아요. 사랑 사랑해요
>
> 작사 김완기, 작곡 장지원 <참 좋은 말>

　이 동요를 흥얼거리는 딸을 보며 문득 어린 시절이 떠올랐습니다. 퇴근하고 돌아오신 아버지가 무서워 "다녀오셨어요"하고는 오빠와 후다닥 각자의 방으로 급하게 줄행랑을 쳤답니다. 아버지란 존재 자체가 우리에게는 가깝고도 먼 당신이었던 것이죠. 그때만 해도 사랑한다는 말은 소설이나 영화 속에서 남녀 간의 사랑을 표현할 때만 사용하는 말인 줄 알았습니다. 사랑이라는 이 한마디가 너무도 어색해서 "엄마, 아빠 사랑해요"라고 말하지 못하였답니다. 엄마가 되고 보니 알게 되었습니다. 부모님이나 우리나 마음만큼 표현하지 못했다는 것을요.

　온종일 신이 나게 하고 온종일 일 맛 나게 하며 온종일 가슴이 콩닥콩닥 뛰기까지 하게 하는 신묘한 말. 사랑한다는 이 한마디, 소중한 사람에게 전합니다. 사랑합니다.

DAY 158   이 또한 지나가리라   연정인

삶이 그대를 속일지라도
슬퍼하거나 노여워하지 말아라.
슬픈 날에 참고 견디라.
즐거운 날은 오고야 말리니

마음은 미래를 바라느니 현재는 한없이 우울한 것.
모든 건 하염없이 사라지나가 버리고 그리움이 되리니.

푸쉬킨(러시아 문학가)

모든 일은 지나갑니다. 좋은 일도 나쁜 일도 지나갑니다. 지나고 나면 다른 사람들이 겪은 일을 듣더라도 그 일에 대해서 초연해지는 마음을 가질 수 있습니다.

인생의 가장 중요한 날이라고 꼽히는 수능 시험 날, 감독관의 부주의한 행동으로 불편함을 느꼈었습니다. 불길한 예감대로 시험성적이 잘 안 나와 고통스러웠습니다. '그 상황을 민원으로 넣을까?' 고민했지만 '민원을 넣는다고 해서 내 성적이 복구될 수 없다면 굳이 감독관 선생님을 신고할 필요가 있을까?' 생각했습니다. '지나고 나면 다른 좋은 일이 생기겠지'라며 흘러버렸습니다. 세월이 지나 지금은 그저 웃으며 얘기할 수 있는 에피소드가 되었습니다.

별것 아닌 것까지도 자신의 권리라면 목숨 걸고 덤벼드는 사람들이 늘어나고 있습니다. 세상은 각박해지고, 사람들은 여유를 잃어버렸기 때문일까요? 그럴 때 푸쉬킨의 글을 나지막이 읽어봅니다. 슬픈 것도, 힘든 것도 다 지나가고, '즐거운 날은 오고야 말리니' 이 마음으로 살고 싶습니다.

DAY 159　　나다워짐　　　　김선민

우리는 나이가 들면서 변하는 게 아니다.
자기다워지는 것이다.
We did not change as we grew older;
we just became more clearly ourselves.
린 홀(미국 성우)

우리는 나이를 먹더니 변했다는 말을 자주 한다. 긍정적인 의미일수도, 부정적인 뜻일 수도 있다. 어쩌면 그 사람이 변한 것이 아니라 우리가 그동안 그 사람의 본모습을 잘 몰랐던 것 아닐까?

짧다면 짧을 40년 인생 중에서 나의 사회적 성격은 많은 변화를 겪었다. 지금의 나와 어렸을 때 집안에서의 나는 어디서도 적응을 잘하는 분위기 메이커이자 정말 외향적인 사람이었다. 그러나 초등학교와 중학교 시절의 나는 조용하고 얌전하면서 소극적이었다. 지금의 나를 아는 많은 사람은 거짓말이라며 믿지 않지만 나는 학창 시절에 아웃사이더 중에 아웃사이더였다.

결혼하고 아이를 낳으면서 나는 또 한 번 변하였다. 사람들과의 관계를 중요하게 여기고 모임을 사랑했던 나는 관계가 중요하지만 관계가 전부가 아니라는 것을 깨닫고 가족에게 집중하며 약속을 줄였다. 아마 10년 뒤 나는 또 변해 있지 않을까?

나 자신도 이렇게 여러 번 바뀌는데 다른 사람이 변해가는 모습을 가지고 너무 호들갑 떨 필요 없다. 다들 자기다워진다고 생각하면 더 쉽게 포용할 수 있지 않을까?

DAY 160 당신의 저녁은 안녕하신가요? 엘린

즐겨보는 예능프로그램이 있습니다. 아이들이 어렸을 적에는 가족 모두가 함께 보았는데 아이들이 자라며 취향이 달라져서 저희 부부만 애청하고 있습니다. 어느 저녁에 딸아이가 물었습니다.

"엄마 그거 재밌어요?"
"응, 재밌지. 왜?"
"아니요. 꼭 저녁 시간에 봐야 하는지 궁금해서요."

순간 머리를 한 대 맞은 듯한 충격이 들었습니다. 유일하게 식구들이 모두 모여 저녁을 먹는 시간이 토요일 하루뿐이었는데 지금껏 제가 혼자 좋아하는 예능을 보며 그 시간을 보내왔던 것입니다. 나중에 크면 나는 가족끼리 대화를 더 많이 하는 가정을 꾸리겠다고 다짐했던 과거의 내가 떠올라 부끄러웠습니다.

"제 친구 집에서 저녁을 먹었는데요, 저녁을 먹으면서 친구의 가족과 상현달에 관해서 대화했거든요. 그런데 우리 집은 왜 예능을 봐야 하는 거죠?" 뼈아픈 2연타를 맞았습니다. 딸아이에게 미안했습니다. 그동안 아이가 부모랑은 통 대화를 안 하고 친구만 좋아한다고 오해했는데 그렇게 만든 사람이 저라는 생각이 들었습니다. 이제라도 그 마음을 알게 되어 다행입니다.

저녁 무렵 자연스럽게 가정을 생각하는 사람은
가정의 행복을 맛보고 인생의 햇볕을 쬐는 사람이다.
그는 그 빛으로 아름다운 꽃을 피운다.

베히슈타인(독일 피아노 제작자)

DAY 161 진짜 어른 허경심

당신이 알고 있는 모든 사람 중에서 당신만이 당신을 절대로 떠나거나 잃어버리지 않을 유일한 사람이다.

「상처받은 내면아이 치유」, 존 브래드쇼, 학지사, 2004

　여러분은 부부 사이를 좋게 하는 핵심이 무엇이라고 생각하세요? 저는 남편과 수없이 싸우며 깨달았습니다. 부부 사이에도 적정한 거리가 필요하다고요. 그것이 바로 부부 사이를 좋게 하는 핵심이라고요.

　상처받은 내면 아이 치유를 하고 보니 저는 어린 시절에 부모님에게 받지 못한 욕구 충족을 남편에게 끊임없이 갈구하고 있었다는 걸 알았어요. 저는 남편과 조금의 거리도 두지 않고 너무나 가까이에서 의지하고 있었더라고요. 남편에게 섭섭해하고 상처받는 건 남편으로 인한 것이 아니라 제 마음에서 비롯되었다는 걸 몰랐어요.

　부부 사이가 평화로워지려면 각자 정시적으로 독립해 홀로 설 수 있어야 해요. 힘들 때 서로의 존재는 당연히 든든하지만 나 스스로를 위로하고 안아줄 수 있어야 해요. 저는 그게 바로 진짜 어른이라고 생각합니다. 잊지 마세요, 당신만이 당신을 절대로 떠나거나 잃어버리지 않는 유일한 사람이라는 진리를.

DAY 162 이렇게 사랑하고 모험하다 가고 싶다 조쌤

한 번 봤던 애니메이션을 다시 보는 경우는 거의 없습니다. 특히, 도입 부분은 더욱 그렇습니다. 극적인 하이라이트 부분을 다시 보는 경우는 있어도. 그런데 애니메이션 〈업〉은 도입부만 몇 번을 봤습니다. 심지어 눈물까지 흘리면서 본 적도 있습니다. 비슷한 아픔을 겪었기 때문입니다.

가난했지만 사랑했고, 사랑했지만 아이를 가질 수 없었으며, 함께 모험을 계획하고 기대하며 살았지만 늘 여유가 없었던 부부. 어느새 노인이 된 남편은 마침내 시계를 팔아 비행기 티켓을 가지고 아내에게 달려갑니다. 그러나 비행기 티켓을 건네주기도 전에 이미 아내는 쓰러졌습니다. 도입부만 보았을 뿐인데 인생을 다 살아버린 것 같은 느낌이 듭니다. 매번 봐도 볼 때마다 눈시울이 붉어집니다.

비록 가진 것이 없어도, 곁에 사랑하는 사람이 있다면, 함께 할 모험이 있다면 우리의 삶은 충분히 가치 있는 삶 아닐까요? 삶이 팍팍할 때 〈업〉을 보세요. 그렇게 사랑하고, 그렇게 모험하며 살고 싶습니다. 그러한 삶이면 충분합니다.

DAY 163 퀸스 갬빗

퀸스 갬빗(Queen's Gambit). 3년 전, 나름 유명했던 체스 관련 넷플릭스 드라마의 제목입니다. 혹시 아시나요?

갬빗은 이탈리아어 gambetto(모험, 여행)에서 온 단어라고 하는데요 고아로 자라난 여주인공(베스 하먼)이 1900년대 중반, 남자들만 가득한 전통적인 체스판에 경계를 허물겠다는 의지를 다지며 세계 체스 챔피언이 되는 과정을 그리고 있습니다. 이것이 퀸스 갬빗(여왕의 모험)이 되는 것이라 할 수 있겠습니다.

퀸스 갬빗은 사실, 체스에서 자주 나오는 오프닝입니다. 초반에 퀸 쪽의 기물을 희생시키면서 자신의 포지션을 유리하게 가져가는 것인데요. 우리 인생도 퀸스 갬빗 같습니다.

당장 눈에 보이는 좋은 것이 있지만, 그것을 희생하면서 정말 궁극적으로 이루고자 하는 것을 이루기 위해 견뎌내는 모습 말이죠. 너무 과한 해석일까요? 아무튼 저는 요즘 체스의 매력에 빠졌답니다.

퀸스 갬빗처럼 내가 가진 것을 희생해야 인생에서 더 좋은 것을 얻을 수 있다는 소박한 진리를 기억해 주세요.

DAY 164 — 두 자매

김선민

〈두 자매〉, 피에르 오귀스트 르누아르, 1881

피에르 오귀스트 르누아르는 유화를 통해 부르주아의 여가 생활에 대한 내용을 표현한 프랑스 대표 화가이다. 그의 많은 작품을 좋아하지만 그중에서 〈두 자매〉는 봄의 아름다움과 젊음의 생기발랄함을 그린 대표작이다.

이 그림을 보면서 나는 두 자매가 아닌 모녀가 떠올랐다. 어디에 가나 인증 사진을 좋아하는 나는 아이에게 같이 사진 찍자고 부탁한다. 어렸을 때는 엄마랑 사진 찍는 것이 당연했지만, 아이의 자아가 자라날수록 허락을 요하는 일이 되었다. 추억을 남기기엔 사진만 한 게 없다며 아이를 설득해 보지만 쉽지 않을 때가 많다. 한편으로는 속상하면서도 네가 자랐음을 인정하게 된다.

르누아르가 살던 시대에는 카메라가 없어서 많은 부유층들은 화가들에게 초상화를 그렸을 것이다. 아마 르누아르의 저 두 자매도 부모님이 그 순간을 남기고 싶어 부탁한 작품이지 않을까? 오늘도 나는 호시탐탐 인증 사진을 남기기 위해 카메라를 들이밀어 본다.

| DAY 165 | 행복교육국 만들기 | 엘린 |

주말을 보내고 온 월요일 아침, 아이들에게 묻습니다.

"지난 주말 잘 보냈니?"

"아니요."

주말만 기다렸던 아이들인데 말이죠.

놀라운 건 선생님들에게 "행복하시나요?"라고 물었을 때도 합창이라도 하듯 "안 행복해요."라고 대답한다는 겁니다.

수학을 못 한다면 수학을 배워야 하죠. 음악을 못한다면 음악을 배울 수 있어야죠. 학교는 혼자 잘하지 못하는 것을 배우는 곳이니까요. 학교는 그런 곳이어야 합니다. 문득 생각합니다. '행복하지 못하다면 행복을 좀 배우면 안 될까?'

행복이란 무엇인가?

행복을 위해 어떻게 살아야 할까?

행복을 위해 어떻게 준비해야 할까?

행복 나누어주기. 다양한 종류의 행복. 타인과 나의 행복 관계 등 행복에 대해 배우고 싶은 게 참 많습니다. 부탄에서는 국민총행복을 국정 목표로 삼고 이탈리아에서는 국민의 삶의 질을 제고할 수 있는 정책을 우선 반영한다고 합니다. 뉴질랜드는 웰빙 예산도 있다네요. 유엔 산하기관에서 발표하는 행복지수 보고서에서 한국의 순위는 늘 높지 않습니다. 순위가 중요한 것은 아니지만 그런 보고서를 보고 있으면 기분이 썩 좋지는 않습니다. 이참에 우리도 행복을 배울 수 있는 행복 교육을 하면 어떨까요?

DAY 166 코끼리를 생각하지 마세요 허경심

사이먼 사이넥은 TED Talks 동영상 중 역대 두 번째로 많이 재생된 영상의 주인공입니다. 그가 말하길 사람의 뇌는 부재의 개념을 상상하지 못한다고 합니다. 예를 들어 '코끼리를 생각하지 마세요.'라고 하면 코끼리만 떠오르는 것이 그 증거입니다.

그는 스키 선수들이 나무에 부딪히지 않고 내려오는 모습을 예로 들어 설명합니다. 만약 스키 선수들이 '나무를 피해!'라고 생각한다면 그들의 눈에는 나무밖에 안 보입니다. 반대로 '눈길로 가자!'라고 생각하면 눈길만 보입니다. 스키 선수들이 가파른 경사와 엄청난 속도에도 불구하고 나무에 부딪히지 않는 것은 나무가 아니라 눈길에 초점을 맞췄기 때문입니다.

최근 저는 사직서를 냈습니다. 그동안 꿈꿔 왔던 삶을 살기 위해 정말 큰 용기를 내었어요. 그러나 막상 사직서를 내고 나니 불안감이 몰려오며 머릿속에서 이런 말이 떠오릅니다.

'직장에서 벌던 만큼 벌지 못하면 어쩌지?'
'내가 진행하려는 프로젝트가 잘 안되면 어쩌지?'
'직장을 그만둔 것을 후회하면 어쩌지?'
저는 사이먼 사이넥이 한 말을 떠올리며 이렇게 바꾸었습니다.
'어떻게 하면 직장에서 벌던 만큼 벌 수 있을까?'
'어떻게 하면 프로젝트를 성공리에 마칠 수 있을까?'
'어떻게 하면 직장을 그만둔 것을 잘했다고 할 수 있을까?'

여러분도 혹시 어떤 일을 대할 때 부정형을 긍정형으로 바꿔 생각해보세요. 우리의 뇌는 방법을 찾아낼 테니까요.

DAY 167　세상이 환해졌다　　조쌤

<속도> 유자효

속도를 늦추었다
세상이 넓어졌다
속도를 더 늦추었다
세상이 더 넓어졌다
아예 서 버렸다
세상이 환해졌다

　일부 전문가들은 2024년을 '분초사회'라고 부릅니다. 현대인들은 분과 초를 쪼개가며 달리고 또 달려야 합니다. 1인 브랜딩 사회에서 내가 저 사람보다 앞서 달리지 않으면 도태될 것 같습니다. 이제는 AI와 로봇도 나의 경쟁상대 같습니다. 더 액셀을 밟아야 합니다. 도파민과 카페인의 힘을 빌려 달리고 또 달려야 합니다.

　이런 세상에서 '속도를 늦추었다'라고 용기 있게 고백할 수 있는 사람들… 우리가 시인들의 글에 귀를 기울여야 하는 이유인 것 같습니다. 속도를 늦춰야 보이는 것들이 있습니다. 공원에서 민들레 홀씨를 불며 웃는 아이의 웃음, 폐지 수레를 세워 둔 채 잠시 연석에 걸터앉은 할머니의 뺨에 조용히 흐르는 땀방울, 볕이 잘 드는 골목 어귀에서 배를 깐 채 일광욕을 즐기고 있는 고양이…

　달려가면 보이지 않을 것들이 '아예 서' 버리면 보입니다. 그리고 '세상이 환해'집니다. 오늘은 좀 천천히 걷고 때론 서버릴까요? 밝은 세상을 누려보고 싶어요.

DAY 168   그냥 하지 맙시다!   찰리쌤

무조건 열심히만 하는 게 답은 아니라는 것입니다. 잘못된 방향으로 열심히 하면 소진됩니다. 한 신문사의 기사에 따르면 2002년에는 텔레마케터가 유망직업이었습니다. 그러나 2015년에는 없어질 직업 1위로 지목됐습니다. 2002년의 누군가는 15년도 안 되어 사양산업이 될 일에 자신의 인생을 걸었을지도 모릅니다.

방향을 먼저 생각하고, 그다음에 충실히 해야 합니다. 어려운 일은 아닙니다. 생각을 먼저 하면 돼요. 일어날 일은 일어날 테니까요. 그냥 해보고 나서 생각하지 말고, 일단 하고 나서 검증하지 말고, 생각을 먼저 하세요. 'Just do it'이 아니라 'Think first'가 되어야 합니다.

「그냥 하지 말라」, 송길영, 북스톤, 2021

수능을 잘 보는 능력을 갖추는 것이 제일 중요하다면, 가장 앞서 있는 것은 인공지능이겠죠?

'근면'이라는 과거의 미덕으로는 기계로부터 날 보호할 수 없습니다. 이제 인간의 일을 하려면 '생각'이란 게 필요합니다. 어떻게 변화할지 방향을 먼저 생각하고, 그다음에 충실해야 합니다.

이것이 송길영 씨가 말하는, '그냥 하지 말라'고 하는 이유입니다. 우리 이제 그냥 하지 맙시다!

생각하고 제대로 합시다

DAY 169   20은 80보다 크다   김미애

영업 사원의 20%가 전체 매출의 80%를 올린다.
고객의 20%가 전체 이익의 80%를 창출한다.
버그의 20%가 장애의 80%를 초래한다.

입력과 산출의 불균형을 지칭하는 '파레토 법칙' 또는 '80:20 법칙'입니다.

우리 동네에 수많은 골목길이 있지만 제가 주로 다니는 길은 20% 정도입니다. 제 스마트폰에 있는 50여 개의 어플 중 10개 정도만 주로 사용합니다. 장을 보러 가면 농산물, 생선, 육류 구역만 살피고 나머지 80%의 구역은 그냥 지나칩니다. 생각해보니 일상 속에도 파레토 법칙이 숨어 있었네요.

이 법칙을 이렇게 적용할 수도 있을까요? 자신의 가장 중요한 시간과 일의 20%에 집중하면, 전체 성과의 80%를 달성할 수 있다고요. 그렇게 생각하니 모든 시간마다, 모든 일에 대해 집중해야 한다는 강박관념에서 조금 자유로워집니다.

오늘은 마음을 조금 비우고 일상 중 2시간만 초집중해봅시다. 그러면 그 2시간이 나머지 8시간을 먹여 살릴 테니까요. 가벼운 마음으로 기지개를 펴고 일어납시다.

DAY 170 당신이 옳다 김선민

상황을, 그 사람을 더 자세히 알면 알수록 상대를 더 이해하게 되고 더 많이 이해할수록 공감은 깊어진다. 그래서 공감은 타고나는 성품이 아니라 내 걸음으로 한발 한발 내딛으며 얻게 되는 무엇이다.

「당신이 옳다」, 정혜신, 해냄출판사, 2018

학교에서 상담하다 보면 공감 능력에 대해 고민한다. 친구들과 싸움이 있을 때, 선생님께 혼날 때를 들여다보면 공감 능력이 떨어져서 사건이 일어나는 경우가 대부분이기 때문이다. 아이들은 나쁜 맘을 가져서가 아니라, 친구가 이해되지 않다 보니 싫어하고 싸우는 경우가 많다.

그렇다면 저자의 말처럼 어떻게 하면 한발 한발 내딛을 수 있을까?

먼저 잘 모르면 찬찬히 물어야 하고 내가 모르고 있다는 것을 인정하는 것부터 시작된다. 우리는 '그럴 것이다.'라고 단정 짓는 경우가 많다. 내가 아는 것이 전부가 아니며 먼저 상대방의 생각을 묻는 것이 필요하다고 가르쳐야 할 것이다.

'내가 옳다.', 무조건 상대방이 '잘못했다.', '틀렸다.' 하기 전에 상대방에게 한 번 더 묻고 이해하려고 노력한다면 공감할 수 있을 것이다.

"어떻게 생각해?", "오늘 마음은 어때?"라는 질문이 상대방을 이해하게 되는 첫걸음이 될 것이다.

DAY 171 결혼을 앞둔 예비부부에게 엘린

주변에 결혼을 마음먹은 후배들이 있습니다. 제 이야기를 듣고 싶어 할지는 모르겠지만 가장 해주고 싶은 말은 "사랑을 하는 일이 얼마나 멋진 일인지 혹은 이상적인 결혼생활은 이렇게 하는 거야." 같은 조언이 아닙니다. 당부보다는 질문입니다.

'너는 너를 잘 알고 있니?'

자신에 대해 잘 알지 못하는 어른이 많습니다. 사실 제가 그렇죠. 내가 어떠한 가치와 이상을 품고 있는지, 내 감정들의 원인은 무엇인지와 같이 순전한 나에 대한 질문들에 대해 쉽게 대답하지 못합니다. 자신에 대해 잘 알고 자신과 잘 지내는 사람이 다른 이와도 잘 지낼 수 있음을 결혼 후 한참 지난 뒤에 깨달았습니다. 상대방보다 나 자신 때문에 생기는 문제가 더 많으니까요.

「어른의 일기」를 쓴 저자 김애리 작가는 20년 이상의 일기 쓰기를 통해 잘 살 수 있다는 확신을 얻을 수 있었다고 합니다. 대화를 통해 모르는 사람과 서서히 알게 되듯이 일기를 쓰며 스스로와 대화를 나누면 나를 알아갈 수 있다고 말합니다.

내가 내린 수많은 선택과 그 이유를 알 수 있다는 것. 스스로를 위로하며 공감할 수 있는 든든한 지원자인 또 다른 나를 만나는 것. 일상을 글로 쓰며 '잘살고 있구나' 하며 안도하는 것. 이 모든 것을 일기 쓰기에서 얻을 수 있다고 합니다.

잠시 상상을 해봅니다. 예비부부들이 결혼 전에 일기를 쓰고 각자의 일기장을 교환하는 모습을. 이렇게 결혼할 수 있다면 얼마나 축복일까요?

DAY 172 객관적인 시선으로 바라보기 허경심

고통스러운 감정은
우리가 그것을 명확하고 확실하게
묘사하는 바로 그 순간에 고통이기를 멈춘다
스피노자(네덜란드 철학자)

저는 굉장히 감정적인 사람이었습니다. 어떤 고난이 닥치면 금방 무너져 내렸지요. 감정의 소용돌이 속으로 빨려 들어가 전전긍긍하며 힘들어했어요. 감정에 매몰되어 그곳에서 헤어 나올 생각조차 하지 않았습니다. 걱정한다고 해서, 힘들어한다고 해서 문제가 해결되는 것도 아닌데 말이죠. 주체적으로 문제를 해결하려는 의지가 약했습니다. 어쩌면 저는 감정의 소용돌이로 들어가 책임을 회피해 왔는지도 모르겠습니다.

많은 우여곡절 끝에 깨달았습니다. 제가 힘들어했던 건 고난 그 자체가 아니라 그걸 바라보고 있는 저의 마음가짐 때문이라는 것을요. 지금 내가 겪고 있는 고통을 한발 물러나 생각해 보세요. 후회, 자괴감, 자책감에서 벗어나 객관적인 시선을 가져 보세요. 나에게서 빠져나와 제삼자의 눈으로 상황을 바라보세요. 그러는 순간 우리의 고통은 고통이길 멈춥니다. 어느새 내가 해결해야 할, 아니 해결할 수 있는 문제로 바뀌어 있어요. 이제 그 문제해결 방법을 찾아보면 됩니다.

DAY 173   균형을 잃었다면?   찰리쌤

그럴 때 있잖아요?

무언가 제대로 풀리지 않는 날. 방향을 잃고 표류하고 있다는 생각이 들 때. 이럴 때 저는 아인슈타인의 명언을 검색해서 하나씩 읽어봅니다.

사람들에게 천재 과학자로만 기억될지 몰라도, 인생의 진리를 찾아 헤맨 그의 촌철살인의 글들이 저의 마음을 움직입니다. 그중 동기부여 시켜드릴 명언을 소개합니다.

> 인생은 자전거를 타는 것과 같다.
> 균형을 잡으려면 움직여야 한다.
> 알버트 아인슈타인(물리학자)

오늘은 내 인생의 균형이 잡히지 않는다고 말할 때가 아니라, 내 몸을 움직일 때입니다. 움직이면서 균형이 맞을 테니까, 걱정 말고 움직이세요!

어때요? 오늘의 동기부여 확실히 되셨죠?

DAY 174 과거보다는 지금의 나를 사랑합시다 모두쌤

"다시 그때로 돌아가고 싶으세요?"

만약 과거로 돌아간다면 그때의 실수를 만회할 수 있을까? 그때의 어려움을 좀 더 슬기롭게 헤쳐 나갈 수 있을까? 고민할수록 저의 대답은 점점 '아니오'에 가까워집니다. 다시 한번 그 실수를, 그 어려움을 반복할 것 같은 두려움이 밀려듭니다.

과거를 아무리 열심히 면밀히 바꿔 쓴다 해도, 현재 나 자신이 처한 상황의 큰 줄거리가 변하는 일은 없다.

「1Q84」, 무라카미 하루키, 문학동네, 2009

과거를 바꾸면 미래가 바뀔까요? 과거를 바꾸면 지금의 나는 존재할까요? 어쩜 지금의 나의 사랑하는 가족들, 친구들, 직장 동료들 모두 다 바뀌어 있을지도 모릅니다. 순간, 아찔합니다.

아마도 전 과거로 돌아간다고 해도 같은 선택을 할 것 같습니다. 같은 실수를 하고 같은 과정을 겪을 것 같습니다. 어떤 선택을 하든 결국 저는 저라는 생각이 듭니다. 지금의 나를 사랑하고, 만족하며 사는 편이 낫겠습니다. 과거를 바꿔 써도 현실의 '큰 줄거리'가 변하는 일은 없을 테니 지나간 것은 흘려보냅시다. 현실을 잘 써 내려가는 일에 집중하자고요.

DAY 175 다신 할 수 없는 여행을 꿈꾼다 김선민

남편의 10년 근속 휴가를 맞이하여 제주도로 여행을 떠났다. 맛있는 밥집에 가거나 예쁜 카페에서 내 눈에 제일 많이 들어온 것은 앳되어 보이는 딸과 함께 있는 엄마의 모습이었다. 엄마와 가슴으로 함께한 지 200일이 되어가다 보니 지나가다가도 떠오르고 사무치게 그립다.

생각해보면 가족여행을 자주 다녔는데도 지나고 보니 아쉬운 것들이 많다. 20대 때는 삶에 치여서 함께하지 못하고 30대가 되면서는 내 가정과 내 아이에게 집중하다 보니 엄마를 살뜰히 챙기지 못했다. 그래서 요즘 주변에 부모님과 여행을 많이 가고, 사진이나 영상을 많이 남겨 놓으라는 말을 많이 하게 된다. 헤어지고 나면 기억은 점점 흐릿해져도 기록은 늘 선명하니까.

> 젊은 날엔 젊음을 모르고 사랑할 땐 사랑이 보이지 않았네
> 하지만 이제 뒤돌아보니 우린 젊고 서로 사랑을 했구나
> 언젠가는 우리 다시 만나리 어디로 가는지 아무도 모르지만
> 언젠가는 우리 다시 만나리 헤어진 모습 이대로
> 이상은 <언젠가는>

이젠 다신 할 수 없는 그 여행을 꿈꿔본다.

DAY 176 시간을 나누다, 삶을 나누다 _{엘린}

> 이 세상에는 남들과 나누며 누군가에게 도움이 되고자 하는 사람들이 있어 살아 볼만한 세상이 되는 겁니다. 한 사람 한 사람이 그렇게 노력한다면 그것은 큰 파도가 되어 세상을 바꾸기도 합니다. (온조가 6학년일 때 일일교사로 학교에 온 아버지의 말씀)
>
> 「시간을 파는 상점」, 김선영, 자음과모음, 2012

달을 따달라던 어린 딸에게 달 대신 뜨거운 호빵을 준 아빠가 있었습니다. 딸은 돌아가신 아버지를 떠올릴 때 뜨거운 호빵을 같이 떠올립니다. 소방대원이었던 아버지를 기억하며 온조는 시간을 파는 상점을 엽니다. 겉으로 보기에는 돈을 받고 의뢰인의 부탁을 들어주는 용돈벌이였지만 온조는 '타인의 삶'에 온조의 '시간'을 내어주는 일이 아버지의 뜻을 이어가는 일이라고 생각합니다. 아버지가 타인을 위해 시간을 들여 헌신한 것처럼요. 온조는 훔친 물건을 제자리에 갖다 놓는 일, 할아버지와 관계가 안 좋아진 손주를 대신해 할아버지를 만나는 일, 죽음을 앞둔 어린이집 선생님의 꽃 편지를 대신 전하는 일 등을 하게 됩니다. 처음에는 본인과 전혀 상관없던 그 일들은 온조를 단단히 만들고 기쁨과 설렘을 안겨주게 됩니다. 미래에 대한 기대와 함께요.

행복이 무엇이라고 한 줄로 말할 수 없지만 우리는 행복을 꿈꿉니다. 오늘은 온조처럼 한번 해보시면 어떨까요? 온조는 자신의 시간을 들여 타인의 삶의 한순간 속에 용감하게 개입합니다. 타인을 위한 작은 행동이 어쩌면 여러분에게 더 큰 행복으로 돌아올지 모릅니다. 당신이 필요한 타인에게 시간을 좀 나눠 주시겠습니까?

DAY 177　　걱정 말아요 그대　　허경심

　노래로 위로받은 적 있으신가요? 제 인생 가장 힘든 시기에 전인권의 노래는 마치 저의 사정을 다 아는 듯 조목조목 위로해주는 느낌이었습니다.

　우리는 감당하기 힘든 일이 일어날 때면 왜 나에게 이런 고통을 주는가? 신을 원망하기도 합니다. 그러나 우리에게 일어나는 모든 일들은 의미가 있다고 합니다. 한국 의미치료학회 박상미 상담가는 내 인생에 일어나는 모든 사건, 상상조차 한 적 없는 괴로운 일들도, 내 삶에서 반드시 필요하기 때문에 일어났다는 사실을 받아들일 때 다시 희망이 생긴다고 했습니다. 제가 전인권의 〈걱정 말아요 그대〉를 들으며 위로받았던 것은 저에게 일어난 힘든 일에서 의미를 찾고 희망을 가지려는 마음이 생겨서일지도 모르겠습니다. 〈걱정 말아요 그대〉의 한 소절을 불러봅니다.

> 그대는 너무 힘든 일이 많았죠.
> 새로움을 잃어버렸죠.
> 그대 슬픈 얘기들 모두 그대여
> 그대 탓으로 훌훌 털어 버리고
> 지나간 것은 지나간 대로
> 그런 의미가 있죠
> 우리 다 함께 노래합시다
> 후회 없이 꿈을 꾸었다 말해요
>
> 이적 〈언젠가는〉

DAY 178　한 번 실패와 영원한 실패　찰리쌤

한 번 실패와 영원한 실패를 혼동하지 말라.
스콧 피츠제럴드(위대한 개츠비 저자)

스콧 피츠제럴드는 세계대전 이후 작품활동을 했던 소위, 미국 전후파 작가이며 '위대한 개츠비'라는 세계적인 작품의 저자이기도 합니다. 작품 성공 이후 알콜 중독과 아내의 정신질환까지 더해져 힘겨운 삶을 살아가면서도 작품활동은 계속 유지해나갔습니다. 이 명언은 어떻게든 살아보려고 애썼던 자신의 삶을 향해 내뱉는 소리였는지도 모르겠습니다.

작년 습관코칭연구소에서 출품한 작품이 방송콘텐츠진흥재단에서 최종 후보에 올랐지만, 상을 타지 못하면서 연구소 사람들은 실망감이 컸습니다. 선유도역 인근 호텔에서 수상자들에게 축하의 박수를 치고 빈손으로 돌아가는 제 모습은 씁쓸함 그 잡채였습니다.

힘없이 지하철 플랫폼 위에 섰습니다. 무심코 본 지하철역 스크린도어의 글귀가 눈에 들어왔습니다. 위에서 언급한, 스콧 피츠제럴드의 명언이었죠. 새로운 마음이 꿈틀거리는 것을 느낄 수 있었습니다.

"그래, 이것도 겨우 한 번의 실패일 뿐이야!"

주저앉지만 않으면 영원한 실패란 없습니다. 한 번 실패 했지만, 다음 성공을 위해 다시 뛰어가기로 다짐했습니다.

DAY 179　심심상인(心心相印)　　엘린

거짓말. 내 마음을 알아차리기도 힘든데 말도 안 하고 마음으로 뜻을 전달하는 일이 과연 가능할까?

"선생님 ㅇㅇ이와는 함께 프로젝트를 못 하겠어요."
"무슨 일이 있니?"
"자꾸 장난을 걸고, 제가 하는 말에 계속 딴지를 걸어요."

우리 반은 팀원들과 함께 회의하며 문제해결형 프로젝트를 진행합니다. 회의 중에 친구와 다툰 어떤 아이가 팀을 바꿀 수 있냐고 물었습니다. 이미 중반을 달려온 프로젝트라 팀원을 바꿀 수 없다는 사실을 아이도 알았을 것입니다. 아이의 마음을 위로해 주려고 하니 다른 팀들에서도 투덕거림이 보입니다. 상처가 더 심해지기 전에 신속한 응급처치가 필요한 시점입니다.

"얘들아, 우리 원으로 둥글게 앉아보자. 우리 잠시 마음을 여는 시간을 가져야 할 것 같아. 팀 프로젝트도 좋지만, 그 전에 친구의 마음이 다치는 일이 있어서는 안 되겠지. 서로 이야기해보자."

둥글게 앉아서 내가 발견한 친구의 좋은 점을 칭찬합니다. 마음이 힘들거나 서운한 점도 살며시 이야기하도록 합니다. 서로의 마음을 알아가는 시간입니다. 표현이 서투르고 친구의 마음을 몰라서 상처를 주는 것이지 일부러 마음을 삐딱하게 먹는 아이는 없습니다. 그러니 '심신상인'보다 진심 어린 대화를 더 믿읍시다.

DAY 180 　인생을 노래처럼　　김선민

　사람마다 좋아하는 노래가 있고 좋아하는 가수가 있다. 그리고 그 이유는 다양하다. 나에게 성시경의 〈두 사람〉은 사실 우리 결혼식 축가로 불리기 전까지는 좋아하는 곡이 아니었다. 참 신기한 건, 결혼식에서 남편과 두 손을 맞잡고 이 곡을 들은 뒤로 이 곡이 굉장히 소중하고 설레는 노래가 되었다는 사실이다.

지친 하루가 가고 달빛 아래 두 사람 하나의 그림자 눈 감으면 잡힐 듯 아련한 행복이 아직 저기 있는데 상처 입은 마음은 너의 꿈마저 그늘을 드리워도 기억해줘 아프도록 사랑하는 사람이 곁에 있다는 걸
때로는 이 길이 멀게만 보여도 서글픈 마음에 눈물이 흘러도 모든 일이 추억이 될 때까지 우리 두 사람 서로의 쉴 곳이 되어주리

성시경 〈두 사람〉

　매년 결혼기념일이면 이 곡을 듣는다. 그렇게 우리의 축하곡이 된 것이다. 이 노래를 들으면, 시간여행을 하듯 한 편의 영화를 보듯 그 당시 우리 모습과 느낌과 감정이 고스란히 떠오른다. 삶에 지치는 순간이 찾아오면, 내게 의미 있는 노래를 찾아 듣자. 그 선율과 그 감정에 푸욱 잠겨보자. 그것이 신이 우리에게 음악을 선물해 준 이유일 테니까.

DAY 181 　　**나는 보석을 캐러 갑니다**　　엘린

　책을 읽는 내내 손에서 책을 놓을 수가 없었다. 읽고 나서도 머리가 멍. 가슴이 멍. 한참을 멍하니 앉아 있어야만 했다.

　교단에 처음 선 그해에 떨리는 마음으로 읽은 책이 있습니다. 갓 대학교를 졸업한 신규교사로써 어떤 선생님이 될지 걱정이 많던 시절, 「나는 선생님이 좋아요」라는 책을 읽고 낡은 공책에 꾹꾹 눌러 쓴 소감이었습니다.

　이 책은 대학을 졸업하고 부임 받은 첫 학교에서 고다니 선생님이 이런저런 사건을 겪으며 진정한 교사로 거듭나는 이야기입니다. 이야기 속 학교는 공업지대의 쓰레기 처리장 내에 위치하여 환경이 열악했습니다. 그 학교에는 모두가 꺼리는 '데쓰쪼'라는 문제아가 등장합니다.

> "데쓰조는 나쁜 아이가 아닙니다. 산으로 데려가면 데쓰조는 곤충을 기를 겁니다. 강으로 데려가면 물고기를 기르겠지요. 하지만 이 녀석은 쓰레기가 모이는 여기밖에 모르고, 여기는 구더기나 하루살이, 기껏해야 파리밖에 없는 뎁니다."
> 「나는 선생님이 좋아요」, 하이타니 겐지로, 양철북, 2008

　고다니 선생님에게 그는 문제아가 아니라 감추어진 원석이었습니다. 선생님은 원석을 발견하여 원래의 빛을 낼 수 있도록 얼룩을 닦아내며 응원해주었습니다. 저도 고다니 선생님 같은 선생님이 되겠다고 생각했습니다. 저는 예쁜 보석을 캐는 광부입니다.

챕터3

이야기가 무르익다

DAY 182　　　　사는 법　　　　토마스

<꽃을 보듯 너를 본다> 나태주

그리운 날은 그림을 그리고
쓸쓸한 날은 음악을 들었다
그리고도 남는 날은
너를 생각해야만 했다

　저는 사랑에 대한 글을 쓰지 않습니다. 제가 가진 마음이 사랑인지 아닌지조차 모를 때도 많고 사랑이 무엇인지 모르기에 조심스럽기도 합니다. 하지만 오늘은 제 이야기를 들려드리고 싶습니다. 사실 저는 오랫동안 저를 사랑해줄 사람을 찾았던 것 같습니다. 사람들은 제 공허함을 알아보지 못한 채 보이는 모습을 보며 칭찬을 아끼지 않습니다. '어린 나이에 여러 가지 도전도 하고 글도 열심히 쓰고 공부도 열심히 하는구나.'

　하지만 저의 실상은 한없이 나약했습니다. 남들의 기대에 맞춰주기 위해 허덕거리는 삶이었습니다. 그러던 어느 날 저는 제 평생을 바쳐 사랑하고 싶은 사람을 만났습니다. 저의 아픈 마음이 다른 이의 포옹 한번, 따뜻한 말 한마디로 다시 살아나는 게 정말 신기합니다. 불안과 두려움, 우울과 좌절만이 가득한 제 삶에 이런 사람이 선물처럼 찾아왔다는 사실이 믿기지 않기도 합니다.

　그림을 그리고, 음악을 듣는 일 모두 소중합니다. 하지만 우리에게 가장 소중한 순간은 '너를 생각해야만' 하는 그 순간 아닐까요? 사랑만이 우리 인간이 인간으로 사는 유일한 '사는 법' 아닐까요?

DAY 183   어머니의 삶   연정인

> 어머니가 담는 한 그릇의 물은 다르다. 말 하나가 살아남아 빛나기 위해서는 말과 하나가 되는 사랑이 있어야 하는데 어머니는 어머니의 삶을 통해 말을 만드셨고 나는 사전을 통해 쉽게 말을 찾았다.
>
> 「어머니의 그릇」, 정일근, 현대시학, 2001

'어머니'를 떠올리면 항상 마음속에 뭉클함이 있습니다. 어린 나이에 종가집 종부(宗婦)로 시집오셔서 1년 12번의 제사를 준비하시면서 겪었던 고생을 어떻게 표현할 수 있을까요? 고생보다는 고난에 가까운 삶이었을 것입니다. 또한, 종가집 며느리로서 귀하게 낳은 아들을 어린 나이에 잃어 얼마나 가슴앓이했던가요. 또한, 초등학생 때부터 거두어 키웠는데 다 크니 연락 끊고 지내다시피 하는 아버지의 이복동생을 보며 어머니는 얼마나 한없이 참고 또 참았을까요.

한국의 희생적인 현모양처인 어머니는 맏며느리로, 한 어머니로 본인은 안 드시고 안 사고 아끼시면서 가족들과 친척들을 돌보았습니다. 늘 묵묵하게 한결같이 한 집안의 대소사를 치렀습니다.

문득 궁금해집니다. 어머니가 가장 하고 싶었던 말, 속에서 꺼내고 싶은 말은 무엇일까요? 늘 사람들의 말을 듣느라 바빴던 어머니, 어머니와 단둘이 도란도란 밤을 새며 이야기를 나누고 싶은 오늘입니다.

DAY 184　스며드는 것　에밀리

<스며드는 것> 안도현

꽃게가 간장 속에
반쯤 몸을 담그고 엎드려 있다
등판에 간장이 울컥울컥 쏟아질 때
꽃게는 뱃속의 알을 꺼안으려고
꿈틀거리다가 더 낮게
더 바닥 쪽으로 웅크렸으리라
버둥 거렸으리라 버둥거리다가
어찌할 수 없어서
살 속에 스며드는 것을 한때의 어스름을
꽃게는 천천히 받아 들였으리라
껍질이 먹먹해지기 전에
가만히 알들에게 말했으리라
저녁이야
불 끄고 잘 시간이야

　간장게장을 담글 때 게를 죽이지 않습니다. 살이 살아 있어야 맛이 나기 때문입니다. 이 시를 보면서 간장게장을 너무도 맛있게 먹었던 순간이 떠오르면서 죄책감이 생깁니다. 수없이 많이 먹어 본 간장게장이지만 한 번도 이런 시선으로 꽃게를 바라본 적이 없습니다. 장 속에 담긴 꽃게를 보며 인생과 숙명을 통찰하는 시인에게 감탄하게 됩니다. 오늘 밤에는 내 삶에 스며드는 것들에 대해 찬찬히 돌아보고 싶습니다.

DAY 185 미 타임!

김선민

아침 출근길 라디오를 켰다.
라디오 디제이가 기자와 가벼운 담소를 나누고 있었다.

"기자님, 주말 재밌게 보내셨나요?'
"네, 집에서 아이와 즐거운 시간을 보냈습니다."
"아이와 주로 어떻게 노세요?"
"저는 병원 놀이를 제일 좋아합니다. 환자 역할을 하면 누울 수 있거든요."

라디오 디제이와 기자의 깔깔깔 거리는 웃음소리와 함께 세상 모든 부모의 공감하는 목소리가 들려오는 듯 했다.

외동인 우리집 아이는 매일과 같이 "엄마 놀아줘"를 입에 달고 산다. 아이가 눈을 떠서 잠들 때까지 육아는 쉴 틈 없이 이어진다. 육아 번아웃으로 정신이 혼미하다. 상담사인 엄마도 내 아이 일은 너무 어렵다. 마라톤과도 같은 육아의 긴 여정에 나를 위한 시간이 필요하다. 「몰입육아」에서는 "미 타임", 즉 육아에서 잠시 벗어나 나를 만나는 시간을 강조한다.

미 타임이 없다면, 쉬지도 놀지도 않은 채 뜨뜻미지근한 놀이시간만 이어질 것이고, 이는 아이와 나 누구에게도 만족을 줄 수 없을 것이다. 나와 아이 사이의 균형을 되찾고, 충전된 에너지로 아이와 긍정적인 상호작용을 이어갈 때 아이 역시 더 놀이에 몰입하며 행복감을 느낀다. 나는 가끔 한두 시간 카페에서 혼자 커피를 마시고 온다. 그것만으로도 쉼을 느끼고 아이에게 온전한 몰입과 사랑을 전할 수 있다. 육아에 지친 모든 엄마들이여, 미 타임을 외치자!

DAY 186 매미야 실컷 울으렴

엘린

올여름 매미 소리 많이 들으셨나요? 어느 날 문득 가로수길을 걷다가 매미 소리가 들리면 정말 여름이 왔구나! 라고 생각합니다. 저에게는 매미 소리가 여름의 시작을 알리는 소리입니다. 한 여름밤 창문 너머로 맴맴맴매애앰 하고 우는 매미 소리를 들었습니다. 아침에도 들렸던 매미 소리가 깊은 밤까지 멈출 줄 모릅니다.

'원래 매미가 밤에 저렇게 울던가?'
'하루 종일 울면 새들에게 쉽게 먹히지 않을까?'
'아니 왜 하필 사람 많은 도시에서 울고 있을까?'

매미는 7년 동안을 땅속에서 생활하다가 겨우 2주 동안만 바깥 생활을 한다고 합니다. 이런 엉뚱한 위로를 해봤습니다. '하이고, 딱해라! 그동안 얼마나 갑갑했으면 낮이고 밤이고 저렇게 목청 높여 울어댈까, 2주만 빛을 볼 수 있으니 얼마나 그 시간이 황홀할까! 그래서 새들에게 먹힐까 두려워하지 않고 저렇게 암컷을 부르나 보다. 매미야말로 사랑을 위해 태어났네.'라고 말이지요.

시골과 달리 도시에서 매미가 밤에도 크게 우는 이유는 도시 열섬현상 때문이라고 합니다. 도시는 녹지도 적고 밤도 낮처럼 훤하니 매미도 쉽게 잠들지 못하는 것이지요. 또 크게 우는 수컷 매미일수록 인기가 좋다고 하니 시끄러운 도시에서 더 크게 울지 않을까 하는 생각도 들었습니다. 결국 사람들 때문에 매미의 습성도 달라진 것이네요. 조금 미안한 마음이 들어 오늘 밤은 매미가 시끄럽게 울어도 너그럽게 용서해줄 생각입니다.

DAY 187 점화 시작!

허경심

　사람은 누구나 낯선 것에 두려움을 느낍니다. 그래서 새로운 것에 도전하기란 여간 힘든 일이 아닙니다. 대니얼 코일의 저서 「탤런트 코드」에서는 사람의 재능을 일깨우는 세 가지 규칙이 나옵니다. 그 중 '점화'가 참 와닿습니다. 점화란 쉽게 말해 어떤 목표를 향해 달려 나가는 힘을 의미합니다. 긍정적인 동기부여의 방아쇠라고 할 수 있죠.

　저자는 반갑게도 우리나라 골프 선수 박세리를 언급했습니다. 박세리 선수가 우승한 뒤 10년이 지나자 45명의 한국인 선수가 LPGA 투어 우승컵의 1/3을 싹쓸이했는데 이게 바로 '점화'의 사례라는 겁니다. 그전엔 성과가 미미했던 우리나라 선수들이 왜 박세리 선수 이후로 크게 성장했을까요? 저는 그 이유를 누군가가 해낸 모습을 가까이에서 보면 그 일이 더 이상 낯설게 다가오지 않기 때문이라고 생각합니다. 그러니까 우리는 대니얼 코일이 점화의 예시로 준 문장들을 생각할 수 있는 거 아닐까요?

　'나도 저렇게 되고 싶어, 나라고 왜 못 하겠어?, 나도 할 수 있어.'

　이것은 우리 주변에 누가 있느냐에 따라 나의 '점화' 또한 달라질 수 있다는 말이겠죠? 여러분 주변에서 여러분을 점화시켜주는 소중한 사람을 찾아보세요, 그리고 우리 자신이 누군가를 점화시켜주는 사람이 되도록 노력하자고요.

DAY 188 당신의 감정은 어떤 이름을 가지고 있나요? 조쌤

자신의 감정을 '좋다', '싫다', '나쁘다' 정도로 뭉뚱그리지 않고 기쁨, 슬픔, 분노, 증오, 불안, 기대, 신뢰, 놀람 등으로 구별하고 그에 알맞은 어휘를 붙여 불러주는 것만으로도 마음이 안정되고 후련해진다.

「감정어휘」, 유선경, 앤의서재, 2022

탄탄한 아이디어가 글의 뼈대라면, 시의적절한 어휘들은 글의 근육이 아닐까요? 어휘력이 부족하면 빈약한 글만 양산하게 되겠죠. 어휘력을 기르기 위해 위 책을 읽었습니다. 고단백 보충제를 먹은 느낌이랄까요? 아주 큰 힘이 되었습니다.

매일 푸쉬 업이나 러닝을 하듯이 어휘 두뇌 운동을 하면 좋습니다. 예를 들자면, '밝음과 어두움'을 표현하는 동사/형용사들을 최대한 써 볼까요? 가능한 모든 어휘들을 적어보세요.

빛나다	눈부시다	컴컴하다
환하다	황홀하다	깜깜하다
밝다	흐리다	캄캄하다
맑다	흐릿하다	어두컴컴하다
투명하다	희미하다	아득하다
산뜻하다	침침하다	감감하다
깨끗하다	침울하다	까마득하다
시원하다	칙칙하다	어둡다
선명하다	어둑하다	우중충하다

감정에도 구체적인 어휘를 붙여주는 연습을 하면 표현력도 기를 수 있고, 감정을 해소하는 데에도 도움이 됩니다. 오늘 아침 느낀 감정에 구체적인 이름을 붙여봅시다. 그 이름이 맘에 들면 오늘 하루 친구로 지내고, 맘에 안 들면 일기에 써놓고 작별하자고요.

DAY 189 주인공은 누구? — 찰리쌤

작년쯤 6학년 과학 수업 중 어떤 아이가 저에게 할 말이 있다며 손을 들고 말합니다.

"선생님! 저 어제 찰리쌤 놀이 글쓰기 유튜브 실시간 방송에 들어가서 채팅 남겼어요~ 저 6학년 7반이라고 댓글 소개해 달라고 했는데 안 해주셨어요."

아이들과 한바탕 웃으며 다음에는 댓글 꼭 소개해주겠다며 훈훈한 마무리를 했죠. 유튜브 방송을 하면 자기 채팅, 댓글을 안 읽어준다고 서운해하는 아이들이 의외로(?) 많습니다. 어른들에게는 그게 뭐 중요한 일인가 싶지만, 아이들에게는 엄청난 일이죠^^

누구나 주인공이 되고 싶습니다. 그러나 아무나 주인공이 되지 못하죠. 그래도 공교육에서는 모두가 주인공이 되어보는 경험을 해주겠다며 속으로 뜬금없는 다짐을 했지요.

스피치의 대가 Greg Boyle의 명언으로 오늘 하루 기분 좋게 시작합시다.

> 잊지 마세요.
> 당신의 삶, 이야기에서 주인공은 언제나 당신입니다.
> 그렉 보일(미국 배우, 사제)

DAY 190　등 따습고 배부른 나에게　모두쌤

그럭저럭 하루를 잘 보냈습니다. 내일도 아쉬운 것이 있겠지만, 이렇게 잠자리에 들 것입니다. 지난 수십 년 동안 그랬던 것처럼. 어느덧 열정도 없고, 욕망도 없는 삶이 되어 버렸습니다. 꿈? 이 나이에 무슨 꿈인가 싶습니다. 살만한 아파트나 한 채 마련하고, 아이들이나 잘 크고 부모님 건강하시면 그것으로 족하다고 느낄 따름입니다.

> Ah, but a man's reach should exceed his grasp,
> Or what's a heaven for?
> 아, 그러나 인간의 시도가 그가 움켜쥔 것보다 더 먼 곳에 있지 않으면 천국이 무슨 소용인가?
>
> 「Men and Women」, Robert Browning, Portable Poetry, 2018 (번역 모두쌤)

로버트 브라우닝(1812~1889)은 화가 Andrea del Sarto를 찬양하며 움켜쥔 것보다 좀 더 멀리 바라봐야 한다고 이야기합니다. 불가능한 것을 추구하고, 이룰 수 없는 것을 이루기 위하여 노력해야 하고, 그렇지 않으면 천국도 소용없다고 합니다.

문득 지금 나의 삶은 어떤지 돌아봅니다. 1800년대 시인이 남긴 지혜가 2000년대를 사는 제게도 전해집니다. 등 따습고 배 불렀다고 만족하지 말라고요. 더 나아가라고요. 한 걸음 더! 한 뼘 더!

DAY 191　　　잔소리　　　토마스

<더딘인생> 나태주

꽃을 길러본 사람은 안다
그것도 일년초나 숙근초
기껏 여기 살아라 심었는데

다음 해에 보면
그 자리에 꽃은 사라지고
엉뚱한 곳에 그 꽃의 새싹이 나서 자란다는 것

꽃들은 살라는 곳에서 살지 않고
저 살고 싶은 곳에서 산다는 것!
그것은 사람의 일도 마찬가지

이렇게 작은 일 하나 알기에도
나는 칠십 년을 보내야 했다.

　가끔은 옆 사람이 잘 되길 바라는 마음에 '이거해라, 저거해라'라며 조언을 하곤 합니다. 하지만 언제나 그렇듯 내가 바라는 대로 다른 이가 바뀌는 일은 거의 없습니다. 내가 순수한 조언이라고 부를지라도 그에게 공감이 되지 않는다면 잔소리에 불과한 말 아닐까요?

　연약한 작은 꽃도 살라는 곳에서 살지 않고 저 살고 싶은 곳에서 사는 게 이 세상의 진실이라면, 사람은 오죽할까요? 시인에게 감사드립니다. 70년의 지혜를 10대인 제게 공짜로 알려주셨으니까요. 잔소리, 쓴소리는 아끼고 칭찬하고 격려하는 소리는 아낌없이 주는 어른이 되도록 노력할게요.

DAY 192　　잠깐 멈춤　　　연정인

> 화가 날 때는 잠깐 행동을 멈추어야 한다. 그리고 생각을 해야 한다. 한걸음 물러서서 자기의 감정과 자신을 분리하면 분노에 사로잡힌 자신의 모습에 부끄러움을 느낀다. 그러면 스스로 자제하게 된다.
>
> 「하루 한 장 고전 수업」, 조윤제, 비즈니스북스, 2022

참 어려운 것이 화를 다스리는 것입니다. 화를 참지 못하고 터뜨리는 것도, 화를 억지로 참는 것도 문제입니다. 이때 꼭 필요한 것이 잠깐 멈춤(Time-out)입니다.

제 직업이 학생들을 가르치는 직종이기에 가끔 수업 시간 학생들의 태도가 좋지 않거나 불손한 언행을 보이는 경우, 해당 학생들을 그 자리에서 나무라는 경우가 있습니다. 그럴 때 바로 자신의 잘못을 수정하는 학생도 있지만, 어떤 학생은 학급 친구들 앞에서 혼난다는 사실을 받아들이고 싶지 않은 자존심 때문에 반성보다는 오히려 반항하는 모습을 보일 때가 있습니다. 그러면 간혹 저도 감정적으로 대응하여 수업 진도에 지장을 주고 수업 분위기 및 학생의 관계까지 그르치게 되는 경우가 있습니다. 화가 올라올 때 잠깐 화를 누그러뜨리고 수업이 다 끝난 후에 따로 학생을 불러서 조용하게 이야기를 나누면 학생도 의외로 잘못을 인정하고 자중하는 모습을 보이는 경우도 많습니다.

화가 날 때는 타임아웃을 사용합시다. 잠깐만 멈추면 될 일을 못 참았다가 영원히 그르치는 불상사가 생기면 안 되니까요.

DAY 193   Yes, You can   에밀리

"아버지 고마워요. 아버지가 없었다면 할 수 없었어요"

"네가 없었다면 아버지는 하지 않았다"

아들은 뇌성마비와 경련성 전신마비를 갖고 태어나 혼자서는 움직일 수도, 말을 할 수도 없게 되었습니다. 의사는 부모에게 아들을 포기하라고 했으나 아버지는 아들을 포기할 수 없었습니다. 시간이 지나고 아들이 처음으로 자신의 감정을 표현한 것은 '달리다, 달리고 싶다'였습니다. 아버지는 그때부터 아들과 함께 달리기 시작했습니다. "아버지, 달리면서 저는 처음으로 제 몸의 장애가 사라진 것 같다고 생각했어요" 달릴 때 비로소 장애를 잊게 된다는 아들의 행복을 위해 아버지는 달리기를 멈출 수 없었습니다. 사람들은 불가능하다고 했으나 아버지는 아들을 위해 자신의 모든 것을 버리고 철인 3종경기에 참가합니다. 아버지와 아들의 도전은 계속되어 마라톤 64차례 완주, 철인 3종 경기 6차례, 단축 철인 3종 경기 206차례 완주, 보스턴 마라톤대회 26차례 완주, 달리기와 자전거로 6,000km 미국 대륙횡단에 성공합니다.

아버지는 말합니다. "나는 영웅이 아닙니다. 단지 아버지일 뿐입니다"라고요. 기적은 영웅만이 만들어 내는 것이 아닙니다. 평범한 두 사람이 서로를 온전히 믿으면 기적은 일어납니다. 오늘 아침도 소중한 사람들과 이루어낼 기적을 믿으며 하루를 시작합니다.

DAY 194 날 웃게 하는 것

김선민

아가씨는 나에게 매번 "언니는 오빠랑 무슨 재미로 살아요?"라고 묻는다. 사실 내 남편은 재밌는 사람은 아니다. 진지함으로 중무장한 사람 중 하나이다. 나는 그런 남편이 웃기다. 어이가 없어서도 웃기고 나만 아는 남편의 아이 같은 모습이 재밌다(콩깍지가 씌인 것이라면 죽을 때까지 벗겨지지 않길 바랄 뿐!).

> 나는 나를 웃게 하는 사람들을 사랑한다.
> 솔직히 내가 가장 좋아하는 것은 웃는 것이다.
> 웃음은 수많은 질병을 치료해준다.
> 웃음은 아마도 사람에게 가장 중요한 것일 것이다.
> 오드리 햅번(영국 배우)

나를 웃게 하는 사람들을 사랑한다. 아니, 그들을 사랑하기 때문에 웃게 되는 것은 아닐까? 누구나 웃긴 상황과 웃긴 이야기가 있지만 각자 가진 유머 코드에 따라서 취향이 달라진다. 내 남편이 나에겐 웃긴 걸 보면, 그 취향은 어쩌면 사랑과 연관되어 있을지도. 사랑하는 사람에 관한 이야기는 사소하고 시시한 것도 즐겁고 재미있기 때문이다.

사랑을 시작하는 연인들을 보면 별거 아닌 일에도 즐거워하고 행복해한다. 우리는 사랑을 해야 한다. 단지 남녀 간의 사랑만을 의미하는 것은 아니다. 그 사랑의 대상은 다양할 수 있다. 나 자신일 수도 있고 나의 아이가 될 수도 있고 연예인이 될 수도 있고 운동이 될 수도 있고 동물이 될 수도 있다. 사랑을 하자, 그러면 웃는다. 많이 웃자. 웃기만 하고 살아도 짧은 인생이니까.

DAY 195   오늘 아침엔 마음 샤워를   죠쌤

> 명상은 삶<u>으로</u>부터 도피하는 수단이 아니라
> 삶을 더 깊이 직면하는 방법이다.
> 틱 낫 한(베트남 승려, 평화운동가)

앞으로 엄청나게 핫하게 될 분야를 알려드릴게요. 심리와 정신건강 분야입니다. 다 알고 계신다고요? 정신건강을 개선하는 수많은 영역 중에서도 '명상'의 중요성은 엄청나게 증대될 것입니다. 왜냐고요? 우선, 명상만큼 도파민 디톡스에 탁월한 효과를 가진 활동이 없거든요. 현대인의 두뇌는 온갖 자극으로 인해 도파민에 중독되어 늘 탈진 상태입니다. 명상을 통해 잡념과 자극을 비워내야 합니다. 또한, 명상은 시간과 돈이 많이 드는 활동은 아니기에 더 대중적으로 될 것입니다. 전문적인 심리검사나 상담은 너무 비싸거든요.

저는 명상을 현실도피로 오해했습니다. 어느 날 출근길에 머리가 복잡하고 눈이 뻑뻑해서 무심코 명상 음악을 검색한 후 눈을 감고 지하철에 몸을 기댔죠. 아늑함과 평온함이 느껴졌고, 무거운 머리가 한결 가벼워지는 것을 느꼈습니다. 사무실에 도착하자 감각이 더 예리해졌고 집중도 더 잘 되었습니다.

명상은 현실도피가 아니라 현실직시를 도와주는 활동이라는 걸 알게 되었습니다. 우리의 두뇌가 누더기 같은 잡생각에 덮여 있으면 현실은 안개처럼 보입니다. 고요한 음악과 호흡에 집중하며 마음 샤워를 해보세요. 마음 렌즈를 닦아보세요. 아침이 더욱 명료해질 것입니다.

DAY 196   마음을 움직이기   엘린

SF 작가인 로버트 앤슨 하인라인은 이렇게 말합니다.

"명확하게 정의된 목표가 없다면 우리는 매일 사소한 일을 수행하기 위해 희한할 정도로 성실해지고 결국에는 그 사소함에 예속되고 만다."

하루하루 성실하게 사는 일은 나쁜 일이 아닙니다. 하지만 그 성실함이 단순히 먹고 마심을 위함이라면 삶에서 변화는 결코 일어날 수 없습니다. 성실하게 사는 대신 탁월하게 살고 싶습니다.

열흘의 휴가가 생겼습니다. 아침에 일정이 없으니 잠이 한없이 늘어납니다. 새벽에 일어나야 할 명확한 이유가 있다면 눈꺼풀은 가벼워집니다. 일어나야지 생각하지만 일어나지지 않습니다. 일어나서 무엇을 해야 한다는 강제성이 주어져야 일어나집니다.

휴가 동안 읽어야 할 책을 쌓아두었는데 아직 한 권도 읽지 못했습니다. 오히려 출근할 때 더 많은 책을 읽은 듯합니다. 참 이상합니다. 바쁠 때 더 열심히 살아가는 것 같으니까요.

내일은 일찍 일어나서 독서를 해보려 합니다. 과연 일어나질까요? 내 마음을 테스트할 차례입니다.

DAY 197   미루기 병 타파하기   허경심

혹시 미루는 습관을 가지고 계신가요? 「게으른 완벽주의자를 위한 심리학」의 저자 헤이든 핀치는 '미루기'는 게으름이나 절제력의 문제가 아니라 감정의 문제라고 말합니다. 즉 우리가 미루는 이유는 과업을 하기에 앞서 일어나는 감정을 다루는데 서툴기 때문이라고요. 그는 미루기를 이렇게 표현합니다.

'미루기는 감정으로부터 자신을 구하는 것'

저자는 미루기를 극복하기 위한 여러 해결책을 주었는데 저는 그중에서도 이 부분이 크게 와 닿았습니다.

"지금 과업을 수행하면 얻을 수 있는 이점을 목록으로 정리하기"

1. 지금 과업을 수행하면 얻을 수 있는 이점은 무엇인가?
2. 미루지 말아야 할 타당한 이유는 무엇인가?
3. 목표를 향해 나아가면 나의 상황, 나 자신, 나의 삶은 얼마나 나아질까?
4. 이 일을 해내면 어떤 감정적 보상을 얻게 될까?
5. 나에게 어떤 기회가 찾아올까?

미루기 악순환으로 고통받는 분이 계신다면 위 질문들에 답해보세요. 중요한 건 머리로만 생각해 보는 게 아니라 직접 종이에 적어야 한다는 겁니다. 나에게 부담감, 두려움, 불안함 등으로 다가오는 어떤 과업이 있다면 꼭 실천해보시기를 바랍니다!

DAY 198 멋진 휴가가 필요한 모든 수브다니를 위해 죠쌤

현대 철학가들은 인류의 이전 세대가 돈과 명예에 중독되어 있었다면, 현 인류는 '새로운 경험'에 중독되어 있다고 지적합니다. 소유의 시대가 가고 경험의 시대가 왔습니다. 우리가 상상할 수 있는 가장 독특한 경험은 아마도 '탈인간화'되는 경험이 아닐까요? 그러므로 가까운 미래에 '아더킨(Otherkin)'이 되기 위해 펭귄이나 물고기의 피부를 이식받고자 하는 사람들이 새로운 구매층으로 등장하는, 이 소설의 황당한 설정은 다분히 현실적입니다.

「수브다니의 여름휴가」는 짧지만 절대 쉽지 않습니다. 어떤 면에서, 이해하기 복잡하고 어렵죠. 탈인간화를 꿈꾸는 인간들의 욕망이 복잡해서 어렵고, 녹스는 피부를 갈구하는 인간화된 기계의 욕망을 이해하기도 어렵습니다. 인간 예술가의 보조자, 친구, 연인 등 수브다니의 복잡한 과거가 드러나며 독자들은 그가 겪었을 삶의 굴곡을 상상하는 것만으로도 현기증을 경험하게 됩니다.

인간과 같이 쉴 수도, 죽을 수도 없는 휴머노이드가 녹슬어가는 피부를 가진 채 '멋진 휴가'를 즐기는 것을 보며 오묘한 감정에 휩싸입니다. 어쩌면 작가는 새로운 자극을 추구하는 기계가 되어 버린 우리에게 수브다니를 통해 인간적인 휴식과 죽음의 의미를 일깨우고 있는 것은 아닐까요? 이 작품이 다난하고 복잡한 삶에 지쳐, 멋진 휴가가 필요한 모든 이들에게 필요한 작품임에는 분명합니다.

DAY 199   '반박 시 니말이 맞음'에 대한 생각   찰리쌤

온라인에서 우연히 아래와 같은 문구를 접했습니다.

반박 시 니말이 맞음

처음엔 신박한 아이디어라고만 생각했습니다. 글을 읽다가 '이 부분은 너무 치우친 견해 아닌가?'라는 생각이 드는 순간, 여지없이 글이 써있습니다. '반박 시 당신 말이 맞습니다'라고요.

이 말은 언뜻 보면 '반박해보든가, 난 신경 안 쓸꺼야.', '니가 뭐라하든 상관 안 하겠어.'라는 생각이 들 수 있습니다. 그러나 저는 그 글이 그렇게 읽히지 않았습니다.

'나는 내 생각을 말하지만, 이건 내 생각일 뿐이야. 너의 말도 맞을 수 있어. 설령 내 말이 논리적이지 않더라도 내 말을 들어줘.'라는 배려 담긴 호소문처럼 읽혔습니다.

어쩌면! 각자의 개성이나 생각을 존중하고 존중받길 바라는 마음에서의 출발이지 않을까요? 너무 꼰대처럼 제 주장이 강했던 나날들을 반성해봅니다. 앞으론 습관적으로 이 문구를 끝에 달아야 겠어요.

반박 시 당신 말이 맞습니다.

DAY 200 영상 없이는 못 살아 　　　모두쌤

　이걸 언제 다 읽나. 이젠 제품 사용 매뉴얼이 있어도 거의 보지 않습니다. 깨알같이 인쇄된 매뉴얼은 멀찌감치 던져두고 일단 유튜브에서 영상부터 찾고 있습니다. 1.5배속 정도는 하고 들어야 내가 효율적인 인간이 되고 있다는 안도감을 느낍니다. 뭔가 가성비가 넘치는 일을 하고 있는 경제적인 인간. 호모 이코노미쿠스(Homo economicus) 또는 인간 호모 사이버네티쿠스(Homo cyberneticus).

　'어떻게 하지?' 자동차 키 밧데리 교환 방법을 알려주는 영상을 봅니다. '아, 그렇구나~' 날이 추워지니 아파트 보일러 밸브와 관련된 영상도 봅니다. '아, 이렇게 하는구나~'

　이거 알려주는 영상 없나? 언제부터인지 궁금한 것이 있으면 책이나 매뉴얼을 찾아 읽는 것이 아니라 영상을 봅니다. 자동차 키 밧데리 교환 방법, 보일러 밸브 작동 방법, 집안 스위치 교체 방법, 심지어 1학년 입학식 방법, 학교 숙제 잘하는 방법, 담임 선생님과의 상담 방법. 맛집이나 음식 만들기를 찾아보는 것은 당연한 일이지요!

　이젠 '태양 아래 새로운 영상은 없다'는 이야기도 합니다. 인간이 상상할 수 있는 웬만한 영상은 이미 존재합니다. 사이버네티쿠스(Homo cyberneticus) 같은 신조어처럼 이 영상시대에 걸맞은 인간에 대한 새로운 정의도 있어야 하지 않을까요? 적당한 이름 좀 찾아주세요.

DAY 201　행복과 두려움

토마스

여러분들이 살면서 가장 두려울 때는 언제인가요? 저는 이상하게도 행복할 때 가장 큰 두려움을 느낍니다. 행복함을 느끼는 순간 저의 머릿속에서는 이 행복함도 언젠가는 사라질 것이라는 두려움이 엄습합니다. 저는 순간의 행복이 가장 두렵습니다. 행복한 상황에서 행복을 잃어버리는 것이 저에게는 가장 큰 고통입니다. 다자이 오사무의 「인간실격」에는 이런 구절이 나옵니다.

"겁쟁이는 행복마저도 두려워하는 법입니다."

「인간실격」, 다자이 오사무, 민음사, 2004

이 구절을 읽고 오랫동안 생각했습니다. '나는 무엇을 두려워하는 걸까?', 세상에 맞서던 패기 넘치던 장난꾸러기는 겁쟁이로 변해 어딘가 숨을 곳만을 찾고 있었습니다.

생각해보면 저는 세상의 이치를 받아들이는 것을 거부하고 있었습니다. 얻는 것이 있다면 잃는 것도 있다는 진실을 알면서도 모르는 체하며 그저 얻기만을 바랐습니다.

앞으로는 부끄러움 없는 삶을 살기 위해 노력하고자 합니다. 바람을 피해 숨지 말고, 바람을 맞으며 묵묵히 걷고 싶습니다. 걷고 또 걷다 보면, 행복마저 두려워했던 겁쟁이에게 언젠가 두려움마저 행복으로 느끼는 그런 순간이 올까요?

DAY 202   좋아하는 맛!   연정인

> 납득이 가는 맛은, 자신의 몸이 하는 말을 귀 기울여 듣는 맛이다. 여러 가지를 거듭해 쌓아 온 경험으로부터 떠올릴 수 있는 맛이기도 하다. 하려던 일이 잘 안 풀렸을 때는 어떤 호화로운 음식보다 한 그릇의 따뜻한 수프가 먼저다.
>
> 「어른의 맛」, 히라마쓰 요코, 바다출판사, 2016

꽁꽁 언 몸도 따뜻한 차 한 모금으로 녹일 수 있습니다. 좌절과 낙심 때문에 꽁꽁 얼어붙은 마음도 따뜻한 수프 한 그릇으로 녹여낼 수 있습니다. 히라마쓰 요코는 '따뜻한 스프'를 말했지만 이 책을 읽으며 따뜻한 스프가 아니라도 좋아하는 음식을 먹는 순간 그동안 받았던 스트레스 등 모든 것이 확 풀리지 않을까 하는 생각을 합니다.

머릿속이 복잡하거나 일이 잘 풀리지 않을 때 저는 제가 좋아하는 음식을 직접 만들어 먹거나 그 음식을 시켜 먹습니다. 매콤한 음식을 좋아하는 편인데 시간이 없을 때는 쉽게 끓일 수 있는 매운 라면을 뚝딱 끓여 먹습니다. 제육볶음, 순두부찌개도 제가 좋아하는 매콤한 음식입니다. 퇴근 후 직장에서 받은 스트레스가 있을 때 이런 음식을 먹으면 잠깐 동안 스트레스가 풀리면서 생각의 반전(反轉)이 시작됩니다. 기분이 좋아지고 마음도 여유로워지는 것을 느낍니다. 어떨 땐 업무와 관련된 아이디어가 떠오르기도 합니다.

미각의 만족을 통해서 잠들어있던 다른 감각까지 깨우는 것! 기분도 좋아지고 일의 능률까지 올리는 일석이조(一石二鳥)의 방법입니다.

DAY 203 팔꿈치로 슬쩍 찌르다 에밀리

"오늘부터 3일 동안 *마트 1+1 행사한다고 하는데?" 그 순간 내 머릿속에는 참기름이 떠올랐습니다. '참기름을 사야 하는데 그럼 내일 가볼까? 1+1행사를 가면 충동구매 하게 될 가능성이 커질 것 같은데' 고민이 되기 시작했습니다. 결국 다음날 저는 *마트로 향했고 많은 물건을 카트에 실었습니다. 1+1의 유혹을 이기지 못한 거죠.

기업은 1+1행사를 위해 다양한 선택 설계를 구사하여 사람들이 호감을 느끼도록 합니다. 바로 Nudge(넛지)라는 전략인데요. 넛지는 원래 '팔꿈치로 슬쩍 찌르다'라는 뜻이지만 미국의 행동경제학자 탈러와 법률가 선스타인은 이를 타인의 선택을 유도하는 부드러운 개입이라고 새롭게 정의를 내렸습니다. 소비자가 선택하도록 자연스럽게 유도하는 것인데요. 예를 들면 마트에서 주류 매대 옆에 안주류를 배치한다거나 아이들 눈높이에 간식을 진열해 놓는 것입니다.

1+1은 소비자보다는 기업을 위한 전략입니다. 재고 정리를 위한 기업의 부드러운 개입으로 인해 1+1이 마치 우리에게 횡재를 가져다준 축복 같은 행사라 착각하게 됩니다. 1개의 가격으로 2개를 살 수 있기에 이성을 잃고 카트에 물건을 담기 시작합니다. 카트에 정신없이 물건을 담으며 쉼 없이 찍히는 영수증 내역을 보며 또 헛된 다짐을 합니다. '다음에는 절대로 1+1에 현혹되지 않으리라' 누가 팔꿈치로 저를 슬쩍 찔러 주세요. 그만 낚이라고요.

DAY 204 건방져 볼까?

김선민

6살짜리 우리 딸은 그림을 그릴 때 망설임이 없다. 아직 지우개를 알지 못하는 나이여서일까? 아이의 그림에는 잘못 그린 것이 없다. 때때로 아이에게 더 예쁘게 더해지는 법을 가르쳐 주기도 하지만, 아이의 실패마저 내 눈에는 하나의 작품으로 보인다.

그림도 마찬가지다. 어차피 그림을 그리다 보면 틀리거나 마음에 안 드는 구석이 생기는데 지우개가 없으면 고칠 수 없다. 지우개를 써서 똑같은 자리 주야장천 고치면서 시간을 보낼 바에 새로 몇 장 더 그리는 게 오히려 낫다. 멤버들을 지켜본 결과, (어디까지나 나의 주관적 연구 결과이긴 하지만) 지우개를 버릇처럼 쓰지 않았을 때 실수에 더욱 너그러워지는 걸 느꼈다. 자신감도 쑥쑥 는다. 지우개를 갖고 있으면 오히려 더 불안해했다. 지우개 따위 버리면 우리는 더 건방지게 살 수 있다.

「꼭 재밌는 일이 일어날 것만 같아」, 아방, 상상출판, 2022

저자의 말에 동감한다. 우리의 인생도 그렇지 않을까? 지우개를 든 채 조급한 마음으로 인생을 살다 보면 불안만 늘어날 것이다. 아이의 실패마저도 작품으로 봐주었듯 내 삶도 그렇게 조금 너그럽게 봐주면 어떨까? 고쳐야 한다, 잘해야 한다는 압박감보다는 할 수 있다는 자신감으로 조금 건방진 우리의 태도를 가진다면 우리 인생은 달라질 것이다.

내 삶에 지우개 따위는 필요 없어, 내가 그리는 게 작품이니까. 오늘은 조금 건방지게 살자!

나의 작은 매미

엘린

신작로 사거리 작은 소나무 한 그루에서
매미가 울고 있다.
딱 한 마리
<u>쓰르르르르 쓰르르르르</u>

울음소리 들어보니 작디작은 애매미

넌 어쩌다가 뒷동산 나무 밑에서 태어나지 못하고
여기에 주저앉았니

키 작은 소나무 보란 듯이 아래쪽에서 울고 있다.

많은 사람들이 지나가는데
누구도 귀 기울여 듣는 사람이 없다.

잠시 잠깐 그의 울음소리를 들어주었다.

미안하구나. 내가 덩치 큰 사람이라서

DAY 206　풀리지 않는 문제를 안고 있다면　허경심

수년 전 아이의 문제 행동으로 가족 심리검사를 받은 적이 있습니다. 아이의 상태를 확인하러 갔는데 검사 결과를 본 심리상담가가 저에게 조심스레 말하더군요.

"아이보다도 어머님이 상담받아보시면 좋을 거 같아요."

머리를 한 대 얻어맞은 것처럼 정신이 멍해졌습니다. 이후 상담사가 무슨 말을 하는지 귀에 하나도 들어오지 않더라고요. 상담이 끝나고 집으로 발걸음을 옮기는데 뒤돌아선 저를 부르며 상담사가 또 조심스레 덧붙였어요.

"어머님, 다른 어머니들은 어머님처럼 그렇게까지 큰 죄책감을 느끼지 않아요."

당시 저는 이 말이 무슨 말인지 도통 이해가 되지 않았습니다. 그저 의문만 들더라고요. 그에 대한 답을 얻은 건 꽤 오랜 시간 뒤였어요. 아이를 향한 내 죄책감은 '나는 엄마를 힘들게 하는 참 쓸모없는 사람이구나.'라는 아이의 죄책감을 불러온다는 것을요.

시인 라이너 마리아 릴케는 말했습니다. 지금 당장 해답을 얻으려 하지 말고 문제 그 자체를 사랑하라고요. 여러분도 풀리지 않는 문제를 안고 계신가요? 문제가 풀리지 않아 괴로우신가요? 조금만 견뎌주세요. 우리 안에 질문을 놓치지 않는 한 분명 삶은 해답을 가져다줄 테니까요.

DAY 207   고도로 집중화된 사람들은   조쌤

자격증 공부를 해보려고 해도, 제대로 운동을 해보려고 해도 그놈의 '집중'이 문제입니다. 얼마나 유혹거리가 많은지요. 그런 제게 이 명언은 참으로 좋은 동기부여가 되었습니다.

> 고도로 집중화된 사람들은
> 옵션을 열어두지 않는다.
> 그들은 우선순위를 선택한 뒤
> 나머지 옵션들은 편하게 무시해버린다.
> 만약 당신이 아무 일에도 집중하지 않으면,
> 당신은 수만 가지에 유혹받을 것이다.
>
> 제임스 클리어(미국 작가, 자기계발전문가)

생각해 보니 정말 맞는 말 같습니다. 스티브 잡스는 패션이라는 옵션을 편하게 무시해버렸죠. 패션은 그의 우선순위에 해당되지 않았으니까요. 한 분야에서 엄청난 성과를 낸 사람들을 보면, 그들에게 중요하지 않은 영역에서는 다양한 옵션을 무시해버리며 최고의 효율을 추구하는 모습을 보입니다. 그러니 오늘은 저도 적용을 해봐야 하겠습니다. 직장에서 점심 메뉴 고르는 데 과도한 에너지를 쓰지 말고 오전에는 업무에만 집중해야겠습니다. 유혹거리의 장으로 끌려가지 맙시다. 에너지를 아껴 집중할 영역에 퍼부읍시다. 선택과 집중!

DAY 208 아버지   챨리쌤

> 5년전 방광암 판정.
> 방광 제거 후 소장으로 방광을 만드는 인공방광조성술의 국내 유일의 대가를 찾아가 수술을 성공적으로 마쳤다.
> 아무렇지도 않게, 언제 그랬냐는 듯 잘 살고 계셨다. 그 시간이 우리에게 주어진 아버지와의 마지막 시간이었다는 생각조차 못한채…
> 올해 1월 간으로 전이 판정.
> 지난주 항암 3차를 마치고 집에 오셨다. 늘 그랬듯 복수가 차고 발이 붓고 기력이 없으셨다.
> 3일 전 의식이 없이 쓰려져 응급실에 오게 되었다.
> 어제 결국 돌아가셨다.
> 응급실에서 아버지의 고통스러운 모습은 우리 가족 모두에게 큰 충격을 주었다.
> 다행히 이제 놓아드려야 좋은 곳으로 갈 수 있다는 믿음으로 우리 가족 모두 기도했다.
> 그렇게 아버지를 보냈다.
>
> 배찬효 <아버지>

  아버지를 보내드린 다음 날 썼던 글입니다. 큰 슬픔이었지만 위로해주는 사람들이 있어 힘이 되었습니다. 위로의 힘은 참으로 대단합니다. 슬픔을 치유하는 수준을 넘어, 저같이 힘든 사람이 또 다른 누군가를 돕고 싶다는 의지까지 생기게 합니다.

  누구나 크고 작은 아픔들이 있습니다. 혼자 이겨내지 마세요. 함께 하세요. 생각보다 많은 사람이 여러분의 주위에서 여러분을 도와주기 위해 기다리고 있습니다.

DAY 209 　작은 성공들이 우릴 키운다　모두쌤

"다들 얘처럼만 해라! 이렇게 열심히 준비한 걸 봐라!" 수업을 듣던 저는 '모처럼' 그날 배울 영어 단어 뜻을 사전에서 찾아 예습했습니다. 선생님은 우리반 학생들에게 영어 단어 뜻을 물으셨고 저는 준비된 대답을 했습니다. 선생님은 이어서 또 다른 단어 뜻을 물었습니다. 저는 또 한번 대답했습니다. 대수롭지 않은 일이라 생각했는데 나처럼 하라고? 선생님의 칭찬이 저에게 얼마나 큰 격려였는지 모릅니다.

위너 이팩트(승자 효과, Winner Effect, Ian H. Robertson)는 약한 상대를 이긴 동물이 더 강한 상대와 싸울 때도 승리할 확률이 높아진다는 생물학적 개념입니다. 이는 작은 승리가 자신감을 높여 더 큰 도전에도 성공할 수 있는 가능성을 증가시킨다는 의미를 담고 있습니다. 그런데, 이 승자 효과가 우리 인간에게도 똑같이 적용된다고 합니다. 제겐 아이들로 가득 찬 교실 맨 앞에 서 있는 저를 향해 "다들 얘처럼만 해라!"라고 말씀하시던 영어 선생님의 모습과 표정이 승자 효과로 발휘 되었다는 생각이 듭니다. 그 힘으로 지금까지도 잘 살아가고 있습니다.

DAY 210 가능을 불가능으로 토마스

친구가 제게 말했습니다. "불가능을 가능으로 만드는 건 불가능하지만 가능을 불가능으로 바꾸는 것은 가능하지 않을까?" 듣고 보니 맞는 말 같았습니다. 우리는 살면서 많은 문제를 마주합니다. 그 문제는 직장에서의 문제일 수도 있고, 인간관계의 문제일 수도 있고, 그저 제가 풀고 있는 어려운 수학 문제일 수도 있습니다. 그런 문제에 주눅 들어 해결 방법이 있음에도 문제 풀이를 '불가능한 것'으로 여기고 포기하기란 참 쉽습니다. 그렇게 한 번씩 포기하기 시작하면, 어느 순간에는 애초부터 답을 찾는 것이 불가능한 문제들이었다는 듯이 문제에 도전하려는 시도조차 안 하게 됩니다. 수학을 포기하는 친구들이 대체로 이러한 과정을 겪는 것이죠.

그렇게 포기가 익숙해지면, 어느 순간엔 각종 핑계가 삶의 자리를 차지합니다. 그건 문제가 잘못된 거야, 사회가 잘못된 거야, 사람들이 잘못된 거야, 난 잘못이 없어. 혹시 나도 그러지 않았는지 반성하며 다시 한번 마음을 바꿔보려고 합니다. 불가능하다고 생각했던 문제들이 알고 보면 굉장히 단순하고 간단한 문제일 수도 있지 않을까요? 오늘은 가슴을 열고 저에게 닥쳐오는 문제를 포기하지 않겠습니다. 끈질기게 답을 찾아보겠습니다. 인터넷에 자주 떠도는 문구처럼, "Impossible"을 'I'm possible'로 만들어 보겠습니다.

DAY 211 절영지연(絶纓之宴) 연정인

절영지연(絶纓之宴)은 '갓끈을 끊은 연회'라는 뜻으로 남의 잘못을 관대하게 용서해주거나 어려운 일에서 구해주면 반드시 보답이 따름을 비유하는 성어입니다. 초나라 장왕이 연회를 벌이던 중 불이 갑자기 꺼졌고, 그 사이 장왕의 애첩이 크게 소리를 질렀습니다. 그 이유를 물으니, 누군가 불 꺼진 사이 자기 몸을 더듬었고 자신은 그 사람의 끊긴 갓끈을 들고 있으니 그자를 잡을 수 있게 불을 켜 달라고 요청합니다. 그때 장왕은 불을 켜지 말라고 하면서 연회에 참여한 모든 장수에게 갓끈을 끊고 갓을 버리라고 말합니다. 불을 켜고 나니 모든 장수는 갓을 벗고 있었고 누구인지 찾지 못했습니다. 그로부터 2년 후 초나라와 진나라의 전쟁에서 초나라 대열의 선두에서 싸우는 어떤 장수의 활약 덕분에 초나라는 진나라를 이길 수 있었습니다. 장왕은 그를 불러 공을 치하하였는데 그때 장수가 말했습니다. "2년 전 연회에서 잘못을 저질러 갓끈 뜯긴 사내가 저였고 그때 임금님의 은총으로 제 목숨을 건졌기에 은혜에 보답하고자 하였을 뿐입니다."

애첩의 입장에서는 장왕과 그 장수가 괘씸했을 것입니다. 아무리 술자리라도 잘못은 잘못이기에 따끔하게 꾸짖거나 벌을 내리는 것이 더 옳다고 생각할 수도 있죠. 특히, 요즘같이 솜방망이 처벌이 난무하는 시대에서는 더 그럴 것입니다.
하지만 처벌이 능사는 아닙니다. 용서의 힘을 믿습니다. 고사에서 보듯, 용서받은 한 사람이 감동하니 그로 인해 국가의 위기도 이겨낼 정도로 엄청난 결과가 나타났으니까요. 관대함과 여유로움을 더 실천하는 오늘 하루가 되길 바랍니다.

DAY 212 아름답고 청순한 잠꾸러기   에밀리

> 나는 매일 새로운 것을 그리고 있어요.
> 그리고 어느 날 문득 지금까지 보지 못했던 것을 발견하기도 합니다.
> 매우 어려운 일이지만 잘해 나가고 있어요.
>
> 클로드 모네(프랑스 인상파 화가)

여름이 되면 기다려지는 것이 있습니다. 수련이 언제 꽃을 피울까, 매일 즐거운 기다림을 이어갑니다. 어느 날 문득 수련이 왜 수련일까 이름에 대한 궁금증이 생겼습니다. 작년과 올해 같은 여름날인데 왜 문득 지금 이런 생각이 떠오른 것일까요. 연꽃도 물 위에 떠 있는데 왜 유독 이 꽃은 수련이라 할까요?

수련은 처음 피는 그날 하루만 자신의 안을 보여줍니다. 수줍은 새색시의 발그레한 볼처럼 수술 안 속에 영롱하고도 맑은 물을 머금은 채로 말이죠. 그러고는 저녁 시간이 되면 영락없이 꽃잎을 오므립니다. 어떻게 알았을까? 수련 자체 알람이 있는 것일까? 신통방통할 뿐입니다. '수련'의 의미를 알게 되니 그동안 알고 지내온 것이 모두 정답이 아니었음을, 세상은 새로움으로 가득하기에 다양한 답이 있음을 알게 됩니다.

'수련(睡蓮)'
찬란한 아침 햇살을 받으며 피었다가 감미로운 저녁노을과 함께 잠들어 수련이라는 낭만적인 이름을 선물 받은 꽃. (睡 잠잘 수, 蓮 연꽃 연)

DAY 213 나의 향기   김선민

　어느 날 만난 친구에게서 좋은 향기가 나서 그 친구에게 어떤 향수를 쓰냐고 물은 적이 있다. 별거 아닌 향기일 수 있는데 오래도록 사람의 기분을 좋게 해주니 참 신기하다. 그런데 활자에도 향기가 난다. 이 시를 통해 확인할 수 있다.

<꽃멀미> 이해인
사람들은 너무 많이 만나면 말에 취해서 멀미가 나고,
꽃들을 너무 많이 대하면 향기에 취해서 멀미가 나지.
살아있는 것은 아픈 것, 아름다운 것은 어지러운 것.
너무 많아도 싫지 않은 꽃을 보면서
나는 더욱 사람들을 사랑하기 시작하지.
사람들에게도 꽃처럼 향기가 있다는 걸 새롭게 배우기 시작하지.

　사람의 각 행동, 각 상황에서 코로 맡을 수 없지만 느껴지는 향기가 있다. 예를 들면 누군가의 비리를 보며 '구린내'가 난다고 하고 신혼집에서 '깨소금 냄새'가 난다고 한다.

　어떻게 보면, 우리의 삶에는 다양한 냄새와 향기로 가득할 것이다. 누군가를 사랑하며 기다릴 때는 고소한 팝콘 향이나 달달한 사탕 향이 날 것이다. 반대로 누군가를 미워하고 증오하며 싸울 때는 베트남 고추보다 매캐한 냄새가 나거나 하수도 청소할 때 나는 지독한 악취가 풍기겠지. 사람들에게 나는 어떤 향이 나는 사람으로 기억될까?

DAY 214　도움을 청한다는 것은　　엘린

더운 여름날 멀리서 흰 원피스를 입은 작은 여자아이가 걸어오고 있었습니다. 두 손에는 음료수를 하나씩 든 채 천천히 조심조심 걸어오네요. 한낮의 햇살이 따가워서인지 주변에는 아무도 없었습니다.

"이것 좀 따주실 수 있으세요?"
불쑥 저에게 말을 걸었습니다.
"그래."
얼떨결에 소다 맛 탄산음료 캔을 따준 뒤 아이에게 건넸습니다.
"고맙습니다."
환하게 웃으며 아이가 또 조심조심 놀이터로 향합니다.
"서연아, 음료수 따왔어."
"정말? 고맙다고 인사는 드렸어?"
"그럼! 저기 가서 마시자."

등 뒤로 두 친구의 정다운 말소리가 들렸습니다. 겨우 열 살쯤 되어 보이는 아이들을 뒤로한 채 저는 얼굴 가득 미소 지었습니다.

'지나가는 누구에게라도 도움을 청하는 아이는 또 누군가에게 도움을 줄 수 있는 사람으로 크겠지? 이 친구들은 어른인 나보다 훨씬 용감한지도 몰라.'

두 소녀는 믿고 있었습니다. 도움을 청하면 도움을 받을 수 있다는 사실을요. 이 친구들의 웃음을 지켜주고 싶다는 생각이 들었습니다.

DAY 215   나를 놓치지 마세요   허경심

<그 꽃> 고은

내려올 때 보았네
올라갈 때 못 본 그 꽃

여러분은 자신이 누구인지 아시나요? 나는 무얼 좋아하고 싫어하는지, 그것들을 왜 좋아하고 싫어하는지. 나는 어떨 때 기분이 좋은지, 어떨 때 무섭고 두려운지. 왜 기분이 좋은지 왜 무섭고 두려운지. 여러분은 자신이 누구인지 잘 아시나요?

우리는 매일 올라갑니다. 매일 쏟아지는 일을 처리하며, 육아에 전념하며, 노약해지신 부모님을 모시며. 올라가고 올라갑니다. 그렇게 올라가며 가장 중요한 나를 잊지 마세요. 그 꽃을 놓치지 마세요.

가족치료사 존 브래드 쇼는 말합니다. 자신이 누구인지를 모른다는 것이 이 세상에서 가장 큰 비극이라고요. 모든 일들을 마치고 이제 한숨 돌리며 내려올 때 그제야 나를 바라본다면 우리는 비극의 주인공이 될지 몰라요. 그 꽃의 아름다움을 감상할 시간이 없을지 몰라요. 올라갈 때도 나를 보세요. 올라갈 때도 그 꽃을 보세요. 내려올 때 기쁜 마음으로 나를 바라볼 수 있도록.

DAY 216 갯벌에서 진주를 찾듯   죠쌤

> 비관론자는 모든 기회에서 어려움을 찾아내고,
> 낙관론자는 모든 어려움에서 기회를 찾아낸다.
> ─ 윈스턴 처칠(영국 정치인, 군인)

  몇십 년 동안 적금을 함께 모아 크루즈 여행을 간 부부 동반 직장인들이 있었다고 합니다. 탑승객만 몇천 명인, 그야말로 감탄사가 절로 나오는 고급 크루즈 여객선이었고, 행선지도 파라다이스로 꼽히는 하와이였다고 합니다. 그런데 여행 내내 비가 내렸습니다. 투어가이드도 가이드 경력 이래로 이렇게 비가 오래 내린 건 처음이라고 할 정도였습니다. 시간이 흐르면서 함께 간 직장인들은 두 그룹으로 나뉘었습니다. 한 그룹은 매일 궂은 날씨에 '돈 아깝다' '여행 망쳤다'라며 불평하며 시간을 허비했지만, 다른 한 그룹은 '배에서라도 신나게 놀자'라며 세계에서 온 여행객들과 친구가 돼서 즐거운 추억을 쌓았습니다. 우리는 어느 편에 속해 있을까요?

  어렸을 때는 예리한 분석력과 우수에 젖은(?) 눈빛을 가진 비관론자가 멋있어 보였습니다. 그런데 나이가 들수록 낙관론자들이 점점 좋아집니다. 어려움을 유머와 여유로 받아넘기는 연륜을 보며 고개를 끄덕이게 됩니다. 거무튀튀한 갯벌 같은 인생일지라도 그 안에서 진주를 찾아내는 중년이 되고 싶습니다. 더 많이 웃고 더 많이 감탄합시다.

DAY 217 하루에 18시간이나 일하면 힘들지 않나요? 찰리쌤

에디슨에게 어느 날 기자가 찾아와 "하루에 18시간이나 연구소에서 일하면 힘들지 않나요?"라고 질문했습니다. 에디슨은 대답은?

1) "저도 힘들어 죽겠습니다."
2) "저는 일이란 걸 해 본 적이 없습니다."
3) "저는 일과 휴식의 균형을 잘 지킵니다."

에디슨이 한국인이었다면 1번 아닐까요? 에디슨은 앞서간 미국인이니까 정답은 3번? 하지만 정답은 2번입니다.

에디슨처럼 '내가 좋아하는 것'과 '내가 잘하는 것'을 연결시킬 수 있다면 얼마나 좋을까요? 일을 일로 여기지 않는 삶 얼마나 멋진가요. 하지만 그걸 찾아내는 게 어디 그리 쉽나요? 다만, 그 '찾아가는 과정' 자체가 우리에게 지혜와 영감을 주기에 우리는 묵묵히 오늘도 노력해 봅니다. 에디슨은 말합니다.

"I have not failed. I've just found 10,000 ways that won't work."
"나는 실패한 것이 아니다. 다만 쓸모없는 방법을 10,000가지나 찾아냈을 뿐이다."

당신만의 '명언'보다 당신만의 '명인'을 찾아보세요.

DAY 218 이상하게 좋은 애   모두쌤

나도 자존심이 있는데 하면서도 왜 그런지 그 사람 앞에만 가면 한 마리의 순한 양이나 강아지가 되어 최선을 다해 꼬리를 흔들고 있는 나를 발견합니다. 첫사랑이 그랬고, 첫 직장이 그랬고, 첫째 아이에게 그랬습니다.

<이상하게 좋은 애> 문현식

나한테만 죽어라
공 던지는 애
꼭 있다.

이상하게 괜히
미운 짓 하는 애
꼭 있다.

더 이상한 건
그런 애 좋아하는 애
꼭 있다.
여기 있다.

나 죽으라고 공 던지고, 미운 짓만 골라 하는데 이상하게 그 사람이 좋습니다. 이건 아니지. 몇 번을 되뇌입니다. 그런데 자꾸만 생각이 납니다. 나름 이성적이라고 생각하며 살아가고 있지만, 이성보다는 감정이 앞서고, 직감이 압도할 때가 더 많은 것 같습니다. 여러분은 이상하게 좋은 애 있으신가요?

DAY 219 — 나의 스승님에게

토마스

　사랑에 빠진 사람이 그렇듯, 글쓰기를 사랑하는 이에게도 때때로 권태기가 찾아옵니다. 제가 그랬습니다. 어느 순간 글쓰기가 부담으로 다가왔습니다. 그전까지 제 눈에 비친 세상은 아름다웠습니다. 모든 것들이 각자의 색을 갖고 제각기 다른 빛으로 반짝거렸습니다.

　그러던 언젠가부터 저의 세상은 흑백이 되었습니다. 저에게 즐거움과 행복을 주던 모든 것들이 모두 빛을 잃었습니다. 시간이 흐르면서 저의 세상은 점점 구름 낀 밤하늘처럼 달빛도 보이지 않았고 점점 어두워졌습니다. 점점 깊은 바닷속으로 빠지면서도 저는 발버둥 칠 생각조차 하지 못했습니다.

　어느 날 누군가가 저에게 손을 내밀어주었습니다. 저는 그 손들을 처음엔 잡지 않으려고 했지만, 그분들은 저에게 계속해서 손을 내밀어주었습니다. 그분들은 태양처럼 밝게 빛났고 달처럼 아름다웠습니다. 어떨 땐 따스한 여름날의 비처럼 저의 슬픔과 저의 우울을 씻겨줬습니다. 저는 그 빛에 서서히 이끌려 깊은 바다의 밑바닥에서 떠올랐습니다. 저는 아직도 그분들에게 감사합니다. 나의 어두웠던 시절을 찬란하게 빛나게 해준 선생님들. 저는 제가 눈 감는 그날까지 그분들을 잊지 못할 것 같습니다.

　여러분들에겐 그런 스승님이 계신가요? 더 늦기 전에 그분들께 감사했다고, 아직 기억한다고, 또 언제나 기억하겠다고 말씀드려보는 건 어떨까요? 직접 만나기 부끄럽다면 저처럼 감사의 고백을 글로 남기는 것도 괜찮을 것입니다.

DAY 220 남과 다른 나를 사랑하라 연정인

> 현재의 자기와 이웃의 처지를 비교하는 것은 무의미한 짓이다. 비교는 마침내 자기 몫의 삶마저 스스로 물리쳐 버리는 거나 마찬가지의 불행을 가져온다. 각기 삶의 조건과 양식이 다른데 어째서 남과 비교하려 하는가. 비교는 좌절감을 가져오고, 시기심을 불러일으킨다. 부질없는 비교는 배움을 저해하고, 두려움만을 키운다.
>
> 법정(승려, 작가)

남들과 비교할 때 자신의 기준에 의해 내가 남보다 나으면 기분이 좋을 수 있지만 그렇지 않은 경우, 스트레스를 받지 않으려고 해도 괜히 신경이 쓰이게 됩니다. 요즘에는 워낙 SNS가 발달해 있어서 연락 한 번 하지 않고도 주변인들의 사는 모습을 엿볼 수 있습니다. 먼발치에서 축복하고 응원하는 마음으로 순수하게 그들을 바라보면 좋으련만, 왜 사람은 이리도 비교하는 마음이 심할까요?

별 볼 일 없는 것 같았던, 한동안 연락도 주고받지 않던 동창이 지금 저보다 훨씬 호화로운 생활을 하는 걸 바라보며 자괴감의 세계로 빠져듭니다. '나랑 같은 학교를 나왔는데 경제력 좋은 남편을 만나서 잘 살고 있구나'에서 시작하여 '나는 지금까지 뭘 하고 있었나'라는 자아비판이 깊은 곳에서 불쑥불쑥 튀어나오며 저 자신에게 계속 돌팔매질을 하고 있습니다. 정말 아무 이득도 없는 헛일인데 말이죠.

'부질없는 비교는 배움을 저해하고, 두려움만을 키운다'는 교훈을 다시 되새기며 오늘은 돌팔매질을 멈춰 보려고 합니다.

DAY 221　　　느리면 좀 어때　　　에밀리

왜 우리는 성공하려고 그처럼 필사적으로 서두르며, 그처럼 무모하게 일을 추진하는 것일까? 어떤 사람이 자기의 또래들과 보조를 맞추지 않는다면 그것은 아마 그가 그들과는 다른 고수(鼓手)의 북소리를 듣고 있기 때문일 것이다. 그 사람으로 하여금 자신이 듣는 음악에 맞추어 걸어가도록 내버려 두라. 그 북소리의 박자가 어떻든 또 그 소리가 얼마나 먼 곳에서 들리든 말이다. 그가 꼭 사과나무나 떡갈나무와 같은 속도로 성숙해야 한다는 법칙은 없다.

「월든」, 헨리 데이비드 소로, 은행나무, 2011

　소나무는 이른 봄부터 여름이 오기 전까지 딱 한 마디만 자란 뒤 생장을 멈춥니다. 1년에 딱 한 마디씩 생장하는 소나무는 천천히 자란 덕에 속을 꽉 채우므로 천년의 풍상을 견뎌냅니다. 소나무는 햇볕을 좋아합니다. 무리 지어 경쟁적으로 자라는 나무들 틈에서 느림만을 고집해서는 성장을 위해 꼭 필요한 햇볕을 제대로 받을 수가 없습니다. 그래서 어떤 나무도 좋아하지 않는 바위 땅을 택합니다. 경쟁 대신 천천히 자라기를 택한 것입니다. 느리지만 자기만의 속도로 자라면서 경쟁하지 않기에 오래 살 수 있습니다.

　아주 오래전부터 우리는 경쟁시장의 지배를 받는 환경 속에서 성장해 왔습니다. 서로 비교하며 살아가는 것이 당연하다는 듯이 무감각해졌습니다. 남과 나를 비교하다 보면 마음이 조급해집니다. 나는 나일 뿐인데 내가 아닌 너에게 속도를 맞추어 가려고 합니다. 소나무는 우리에게 속삭입니다. "너만의 속도를 찾아봐. 경쟁하지 않고 나만의 속도로 자라니 더 많은 시간이 나에게 찾아왔어"

DAY 222 괴물이 되고 싶지 않아   김선민

혹시 사람들과의 복수를 생각하거나 못되게 굴어야겠다고 다짐한 한 적이 있는가? 사람들은 살아가면서 억울하거나 불편한 일을 겪는 경우가 있다. 그래서 그 일에 대해서 곱씹다보면 우리의 마음은 각박해지며 상대방에게 똑같이 대해주겠다고 마음을 먹게 되는 경우가 있다. 그럴 때마다 나는 프리드리히 니체의 명언을 떠올린다.

> 괴물과 싸우는 자는 스스로 괴물이 되지 않도록 조심해야 한다.
> 프리드리히 니체(독일 철학자)

우리는 쉽게 '이에는 이 눈에는 눈'을 생각하지만, 그렇게 행동한다면 결국 상대방과 똑같은 사람이 되는 것일 뿐이다. 물론 누군가를 위한 용서와 배려는 쉽지 않은 것이기 때문에 함부로 말하기 어렵겠지만, 정말 나를 위하는 방법, 나를 지키는 방법을 택하기 위해서는 증오와 분노에 매몰되기보다는 나를 위해 너그러움을 갖는 것은 어떨까?

나는 한 친구를 심하게 미워했다. 처음에는 너무 미워서 그 사람에 대해 욕하고 흉을 보게 되었다. 그러던 어느 날 흉을 보고 있는 나를 보면서 그런 내가 너무 초라하고 추악하게 느껴졌다.

그래서 나는 그 이후로 그 사람에 대해 입을 다물기로 했다. 그것이 괴물이 되지 않기 위한 나만의 방법이었다. 괴물이 되지 않는 지혜로운 방법이 있다면 공유해주면 좋겠다. 우리는 모두 따뜻한 인간으로 살고 싶지, 피 흘리는 괴물이 되고 싶지는 않으니까.

DAY 223   복을 위한 작은 실천   엘린

「지구는 인간만 없으면 돼」라는 책 중 멸종위기종 어린이단(제주에 살고 있는 10대 어린이 3명)의 인터뷰 내용입니다.

- 환경을 보호하기 위해 무슨 일을 하나요?

"우리 집에는 재활용 쓰레기장에서 주워다 쓰는 물건이 많아요. 아직 쓸 만한 데도 값이 싸고 새로운 디자인이 자꾸 나오기 때문에 사람들이 너무 쉽게 사고 쉽게 버린대요. 저는 어릴 때부터 옷을 다 물려 입었는데, 엄마는 그게 복이래요. 바다나 오름에서 놀다가 돌아갈 때 주변에 있는 쓰레기도 주워 와요. 무언가가 내 눈에 들어오는 이유는 내가 해결해야 하는 문제라고 인식하기 때문이래요. 그래서 우리 가족은 눈에 보이는 문제를 해결하기 위해 모두 노력하고 있어요."

「월든」, 기후위기와 싸우는 10대들, 프로젝트P, 2021

자연을 생각하면 마음이 답답할 때가 많습니다. 플라스틱 생수를 마실 때마다, 더운 여름날 테이크아웃 커피를 마실 때마다, 공장식 축사에 갇힌 닭이나 돼지를 생각할 때마다 마음이 무거워집니다.

'이건 정책이 바뀌어야지 단순히 나 혼자 실천한다고 해결될 문제가 아니잖아? 세계의 국가와 기업이 노력하고 있을 거야.'라며 외면하고 싶습니다. 그런데 10살짜리 아이가 이렇게 담백하게 말할 수 있다니요. 옷을 물려 입으며 자원의 소중함을 배우고 새 옷에 대한 감사를 배우는 게 복입니다. 쓰레기가 보이면 주워야 한다는 문제 인식을 배운다는 게 복입니다. 오늘만큼은 눈에 보이는 그 일을 실천하며 복을 받아야겠습니다.

DAY 224 제대로 미쳐 봅시다!   허경심

　베로니카는 죽기로 결심했습니다. 그녀 삶의 모든 것이 너무 뻔했기 때문에, 자신이 세상에 아무런 쓸모가 없는 존재처럼 느껴졌기 때문에. 수면제를 먹고 자살 시도를 한 그녀는 빌레트라는 정신병원에서 눈을 뜹니다. 그곳에서 생활하며 베로니카는 긍정적인 감정이 아닌 분노, 복수심, 증오를 통해 삶의 의욕을 느낍니다. 증오의 끝까지 가보고, 쾌락의 끝까지 가보며 어느새 삶의 의욕은 걷잡을 수 없이 커집니다. 그리고 정신병원 환자 에뒤아르와 사랑에 빠지며 삶의 기적을 맛봅니다.

　「베로니카 죽기로 결심하다」를 읽고 가장 크게 든 생각은 나도 제대로 한번 미쳐 보자는 것이었습니다. 우리는 그 시대의 기준이나 상식을 벗어난 행동이나 말을 하는 사람에게 '미쳤다'라고 합니다. 대다수의 사람이 그렇다고 믿는 것들이 '정상'이라고 생각하기 때문이죠. 그러나 정상에 집착하며 사는 '나'는 진정한 '나'일까요? 세상을 바꾼 사람들을 보면 당시에는 인정받지 못하고 미친 사람 취급당한 경우가 많습니다. 그들이 당시에는 미친 사람 취급받았을지 몰라도 '남의 시선에 맞춘 나'가 아닌 '진정한 나'로 살았던 사람들이 아닐까요?

　파울로 코엘료는 이 책을 통해 우리에게 제안합니다. 진정한 당신으로 제대로 한번 미쳐 보라고!

| DAY 225 | **포레스트, 뛰어!** | 죠쌤 |

인생은 복잡합니다. 직장 상사는 보고서로 또 괴롭힙니다. 요즘 따라 처리해야 할 민원이 계속 발생합니다. 데드라인은 다가오는데 준비하던 책 원고도 안 써집니다. 부모님은 아프십니다. 통장 잔고를 보니 숨이 막힙니다. 뭐 하나 잘 풀리는 게 없는 것 같습니다. 이럴 때 인생 영화가 필요합니다.

제 선택은 〈포레스트 검프〉입니다. 조금 모자라면 어떤가요? 묵묵히 뛰고 또 뛰는 포레스트를 보면 나도 모르게 그를 응원하게 됩니다. "포레스트 뛰어!"

포레스트는 무려 3년 2개월을 달립니다. 산과 호수와 사막과 도시를 건너 미국을 횡단합니다. 그리고 그는 쉽니다. 제니를 찾아갑니다. 그의 단순하고 담백한 사랑 그 자체로 힐링이 됩니다. 나도 포레스트처럼 단순하게 뛰고 단순하게 사랑하며 살고 싶습니다. 인생이 복잡할 때 이 영화를 보세요. 불운이 가득하다고 좌절감이 들 때 포레스트의 말을 기억하세요.

"엄마가 그러는데 인생은 초콜릿 박스 같은 거래요. 어떤 초콜릿을 먹게 될지 모르니까요."

포레스트처럼 단순하게 감사하며 사랑하며 살다 보면, 언젠가 인생이 우리에게 초콜릿을 하나 더 내어주지 않을까요?

DAY 226 당신이 일을 하면서 가장 싫은 것은? 찰리쌤

<문제> 당신이 일을 하면서 가장 싫은 것을 1개만 고른다면?
1) 출근 2) 야근 3) 회식 4) 회의

4개 다 고르고 싶은 마음은 압니다만 하나만 골라주세요. 혹시, 4번 '회의'를 골랐다면 격하게 공감할 연구 결과가 나왔습니다. 쓸데없는 회의 때문에 기업이 어마어마한 손실을 보고 있다는 것입니다.

미국 노스캐롤라이나대 스티븐 로젤버그 교수는 직원 한 명당 일주일에 평균 18시간을 회의에 쓰고 있는 걸로 나왔는데요. 그중 1/3은 꼭 참석하지 않아도 되는 회의 시간이라고 합니다. 이걸 비용으로 계산하면 1인당 연간 3600만원, 5000명 넘는 기업은 연간 1450억을 쓸데없이 쓰고 있는 셈이죠.

> "회의가 우리를 지배하고 있어요.
> 나쁜 회의는 엄청난 비용을 초래합니다."

학교에 근무했을 때 저도 마찬가지였습니다. 각종 위원회와 기관들의 잦은 회의 소집이 사회적 비용이 엄청나게 들어간다는 사실을 알고 있습니다. 불필요한 회의라고 느껴질 때 용감하게 이 뉴스 링크를 전달해보세요.

뉴스링크

DAY 227 공연히 오지 않는 전화를 기다리고 있나요? 모두쌤

울지 마라
외로우니까 사람이다
살아간다는 것은 외로움을 견디는 일이다
공연히 오지 않는 전화를 기다리지 마라
눈이 오면 눈길을 걸어가고
비가 오면 빗길을 걸어가라
(중략)

「수선화에게」, 정호승, 비채, 2015

　오지 않는 전화를 기다리는 마음. 오늘을 살아가는 우리의 모습이 아닐까 하는 생각이 듭니다. 잠을 자면서도 휴대폰을 놓지 못하고, 아침에 눈 뜨자마자 휴대폰부터 확인합니다. 언제부터 이렇게 메시지에, 문자에 민감했었나 싶습니다. 카톡에 내가 보낸 메시지가 읽지 않음으로 표시되면 때로 오해도 하곤 합니다.

　외로우니까 사람이라고 시인은 말합니다. 아 그렇구나. 나의 외로움은 이상한 것이 아니라 당연한 거구나! 하는 작은 위안을 얻습니다. 혼밥, 혼술, 혼박. 모두가 겪는 일상의 일부입니다. 외로움은 삶의 일부입니다. 그것을 견디고 이해하고 받아들인다면 우리는 더 인간답게 더 풍부하게 살아갈 수 있지 않을까요?

DAY 228 청소의 힘을 믿습니다 연정인

'사람의 마음이 방에 드러난다', '공간에는 힘이 있어서 같은 에너지를 끌어당긴다'라는 두 가지 법칙을 통해 깨달은 것이 있다. 그것은 방 청소를 통해 거주자가 자신의 인생을 바꿀 수 있다는 것이다.

「방정리 기술」, 마스다 미츠히로, 평단, 2021

방 상태를 보면 그 사람이 보인다고 합니다. 호텔의 깨끗한 방에 들어서면 비록 비용이 많이 들었더라도 대접받는 기분이 들어서 또 오고 싶은 생각이 듭니다. 반면에 방이 너무나 저렴해서 '야호'를 외치며 예약했더라도, 막상 방에 들어설 때 지저분한 것들이 보이면 '다음부터 여기는 오면 안 되겠구나'라며 한숨을 쉬게 됩니다. 뒤이어 드는 생각은 이것입니다. '도대체 이 호텔의 직원들은 어떤 사람들이기에 관리가 이 모양이지?'

청소와 정리는 일을 할 때도 중요합니다. 주변이 깨끗하면 우선 머리가 맑아지고 일의 우선순위가 잘 정리됩니다. 책상 위나 컴퓨터 주변에 많은 것들이 올려져 있고 어수선하다면 생각도 복잡해지고 일의 순서도 흐트러지기 쉽습니다. 일을 하면서 깔끔하게 메모하다 보면 숙지할 내용이 바로 눈에 들어오지만, 뒤죽박죽 적다 보면 본인도 작성한 메모도 못 알아볼 때가 있습니다.

청소와 정리의 힘을 믿습니다. 더 부지런한 사람이 되고 싶고, 더 정돈되고 체계적인 사람이 되고 싶습니다. 이 글을 쓰고 나면 책상 정리를 해볼까 합니다. 10분 투자로 산뜻한 하루를 얻을 테니까요.

| DAY 229 | **별이 아름다운 이유** | 에밀리 |

계절이 지나가는 하늘에는 가을로 가득 차 있습니다.
나는 아무 걱정도 없이 가을 속의 별들을 다 헤일 듯합니다.
가슴 속에 하나둘 새겨지는 별을 이제 다 못헤는 것은
쉬이 아침이 오는 까닭이요, 내일 밤이 남은 까닭이요,
아직 나의 청춘이 다하지 않은 까닭입니다.

윤동주 <별 헤는 밤>

초등학교 2학년 어느 여름날 저녁이었어요. 집 마당에 모기를 퇴치하기 위하여 자연산 모기약을 설치합니다. 마른 풀을 모아 불을 붙여요. 모기가 우리 옆으로 오지 못하게 하기 위해서지요. 무더운 여름밤을 달래기 위해 돗자리를 깔고 할머니와 함께 앉아요. 할머니는 국자 모양이 보이냐며 손가락으로 별을 가르치셨어요. "이것이 바로 샛별이란다" 어리둥절한 저를 옆에서 보고 있던 오빠가 "북극성이야 저기 봐봐 찾았어?" 하며 다시 안내해 줍니다. 이것이 별에 대한 첫 기억입니다.

밤이 있기에 별을 바라볼 수 있습니다. 우리의 인생도 그러합니다. 반드시 어두운 밤이 찾아옵니다. 가능하면 나의 인생에는 밤이 오지 않기를 간절히 바라지만요. 견딜 수 없는 고통의 밤이 찾아올 때 단순한 진리를 기억하고 싶습니다. 다 헤아리지 못한 별이 남아 있음을 그리고 어둠이 있기에 별이 아름다울 수 있음을요.

잘 될 거라 생각해

DAY 230 — 김선민

난 잘할 거로 생각해
다 잘 될 거라 생각해
내 물음표를 느낌표로 멋지게 바꿀게.

스윗 소로우 <다 잘될 거라 생각해>

"피그말리온 효과"란 긍정적인 기대나 관심이 사람에게 좋은 영향을 미치는 효과를 말한다. 긍정적이든 부정적이든 생각대로 이루어지는 자기충족적 예언과 같은 것이다.

지금 나의 어머니는 투병 중이시다. 그래서 우리 가족에게 제일 필요한 것은 긍정적인 마음과 그 마음을 담은 언어이다.

며칠 전 엄마가 구토로 힘들어하실 때 같이 할 수 없음에 답답했고 미안하고 걱정했지만, 전화 통화로 내가 할 수 있는 건 엄마가 지치지 않게 하는 것이었다.

"엄마, 하나님이 나쁜 걸 다 뱉어내게 하시나 봐"

내 말에 엄마는 피식하고 웃으며 '말이나 못 하면'이라고 하셨다.

며칠이 지난 후 엄마가 말씀하시길, 구토가 있을 때마다 내가 했던 농담이 생각이 나서 오히려 힘을 되찾았다고 한다. 말 한마디로 몸이 완전히 낫거나 모든 문제가 해결될 수는 없지만, 적어도 우리의 태도를 바꿀 수는 있다. 잘될 거라고 생각하고, 잘될 거라고 말하자. 그런 태도로 살자.

DAY 231 솔직히 좀 아픈 것 맞지만   엘린

> 리더 역시 자신의 방식에 대한 구성원들의 피드백을 받아들여야 한다. 리더라고 해도 가감없이 수용하고, 포용하고, 요청할 수 있어야 한다. 물론 어려운 일일 것이다. 그럼에도 더 겸손하고 현명하게 구성원의 피드백을 경청하고 숙고해야 한다.

「레버리지」, 롭 무어, 다산북스, 2023

  가끔 남편에게 제가 쓴 글을 보여줍니다. 글을 쓰는 이유 중에는 타인에게 보여주고 싶은 것도 있기 때문입니다. 글을 쓰다 보면 내 감정을 공감받고 싶고, 내 생각을 나누고 싶은 욕심이 생깁니다. 그래서 가장 가까운 타인인 남편에게 가장 먼저 글을 보여줍니다.

  물론 제가 원하는 예상 반응은 "잘 썼네. 재미있어. 특별한 이야기야."라는 반응이지만 가끔은 "나쁘지는 않네. 특정인에게만 공감이 가겠어." 같은 반응이 돌아옵니다. 아마 속마음은 '나한테는 별로 와닿지 않아서'일 테지요.

  생각해보면 칭찬과 격려를 통해 위로와 응원을 얻을 수 있지만 실력을 향상하기를 원한다면 적절한 피드백이 더 필요합니다. 제가 원하는 피드백이란 제 글을 세밀하게 관찰하고 냉철하게 분석하여 더 호소력 있는 글로 개선하도록 돕는 조언입니다. 「레버리지」에도 쓰여있듯이 성장하는 조직이라면 리더부터 피드백을 수용할 수 있어야 합니다. 솔직히 피드백을 받는 것은 좀 아픕니다. 오늘은 마음대로 잘 안 써지는 글로 인해 마음 여기저기 반창고가 붙습니다. 괜찮아요. 뭐 이런 날도 있는 거죠.

DAY 232   더 큰 첨벙   허경심

그림에 대해 잘 모릅니다. 미술관에 전시된 그림 앞에 서서 한참을 바라보고 있는 사람들이 이해되지 않아요. 도대체 무얼 보고 저러는 것일까? 그런데 처음으로 저도 그렇게 한참을 바라본 그림이 생겼습니다. 그 그림은 바로 현대미술의 거장 데이비드 호크니의 작품 〈더 큰 첨벙〉이었어요.

〈더 큰 첨벙〉, 데이비드 호크니, 1967

'더 큰 첨벙'은 어느 건물 앞 수영장을 그린 그림입니다. 사람의 모습은 없고, 물이 크게 튄 모습에서 누군가 첨벙 소리를 내며 물속으로 들어갔다는 걸 알 수 있습니다. 물속으로 다이빙한 사람을 눈으로 직접 보여주는 것이 아니라 보는 이로 하여금 상상하게 만드는 점이 참 신선했습니다.

제가 이 그림을 한참 보고 있던 이유는 물이 크게 튄 모습 '첨벙'이 상징적으로 다가왔기 때문입니다. 내가 하고자 하는 일에 온전히 몸을 맡기는 것, 온전히 몰입하는 것, 온전히 열정을 다하는 것, '첨벙'하고 빠져보는 것. 살면서 한 번쯤은 그런 경험을 해 봐야 하지 않을까, 용기를 내야 하지 않을까 하는 생각이 들어서였습니다. 여러분은 '첨벙' 빠져본 경험이 있으신가요? 여러분들에게 '첨벙'은 어떤 의미로 다가오나요? 여러분의 이야기를 들려주세요.

DAY 233   실패왕 에디슨을 본받아   죠쌤

> 결과? 어째서 수많은 결과를 얻을 수 있었냐고?
> 나는 무엇이 작동하지 않는지 수천 가지나 알고 있다!
>
> 토마스 에디슨(미국의 발명가, 사업가)

화려한 업적들로 자서전이 가득 차 있지만, 알고 보면 진정한 실패의 대가였던 에디슨이 남긴 명언입니다. 한 해를 돌아보니 실패할까 두려워서 포기한 것들이 얼마나 많은지 놀라울 따름입니다.

더 깊은 배움을 얻고 싶었던 저자들에게 연락을 취하려다 민망한 답변만 돌아올까 두려워 포기했습니다. 새로운 부업에 뛰어들자는 지인의 제안이 있었지만, 괜히 지식도 없는데 도전했다가 시간만 버릴까 두려워 거절했습니다. 병원에서 유익한 스트레칭을 배웠지만 귀찮아서 며칠만 해보고 그만두었습니다. 핑계를 대며 안정의 껍질 안에만 갇혀 있던 내 모습을 반성하게 됩니다.

에디슨의 삶은 도전과 실패의 연속이었습니다. 그러나 그 실패들이야말로 꺼지지 않는 원동력이었습니다. 실패할 때마다 '아, 다음엔 이렇게 하면 되겠구나!'라고 생각하며 전진했습니다. 저도 발명왕 에디슨을 본받아 더 많은 실패와 친구가 되어야 하겠습니다. 더 많이, 더 빨리 실패하면서 성장하겠습니다.

DAY 234   삶이 엉망진창일 때   찰리쌤

골드만삭스를 때려치우고 창업한 스콧. 그는 디자이너들을 위한 온라인 포트폴리오 웹페이지 '비핸스'를 제작하며 창업합니다. 2년간 무급으로 일하는 고생도 겪으며, 7년이라는 긴 기간 동안 엄청난 성장을 이룬 후 회사를 어도비에 매각하는 데 성공합니다. 그는 창업 후 7년간의 과정을 책으로 냈는데 요약하면 이렇습니다.

> 출발: "와우 드디어 꿈을 이루기 위해 출발을 했어!"
> 좀 지나면: "어...이게 아닌데 현실은 시궁창이야!"
> 더 지나면: "어...이러다 망하는 건가?!? 윽"
> 더더 지나면: "오 그래도 뭔가 될 것도 같은데!"
> 이후: "나이스! 될 것 같아."
> 그 이후: "이건 또 뭐지."
> 더 이후: "안 되는 건 가봐."
> 더 그 이후: "예스! 된다!"

아래 그림과 같은 그래프가 그려지는 것이죠.

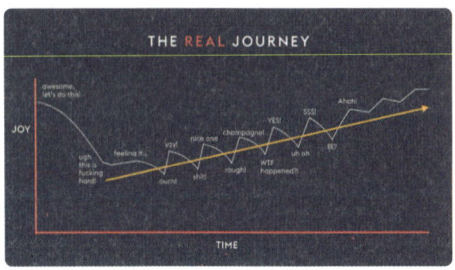

울퉁불퉁한 중간 과정이라는 뜻에서 메시 미들(messy middle)이라 부릅니다. 삶이 엉망진창(messy)이라고요? 힘내세요, 메시 미들일 지도 모르니까요.

DAY 235 철부지들아, 아프지만 마라 모두쌤

우리 아이들은 삶의 다양한 상실을 어떻게 받아들일까요? 좋아하는 장난감을 못 갖고 노는 것, 먹고 싶은 사탕을 먹지 못하게 되는 것, 친한 친구와 정든 학교를 떠나 전학을 가거나, 키우던 고양이를 떠나보내야 하는 것, 엄마를 하루 종일 보지 못하는 것 이러한 것들을 아이들은 어떻게 받아들일까요?

브라질의 작가인 조제 마우르 바스콘셀루스(1920~1984)의 작품인 「나의 라임오렌지 나무」에서 제제는 사랑하는 라임 오렌지 나무가 베어질지도 모른다는 사실에 아픔을 느낍니다.

누구나 때가 되면 헤어질 수 있는 것이 살아가는 도중의 일이란다. 혹시나 라임 오렌지 나무가 무슨 일을 당한다고 해도 아주 사라지는 건 아니지 않겠니? 제제 기운을 내렴, 누구라도 서로 잊지 않고 가슴 속에 깊이 품고 있으면 사라지는 일은 결코 없단다.

「나의 라임 오렌지 나무」, 바스콘셀루스, 동녘, 2003

오래전에 읽었던 「나의 라임오렌지 나무」를 다시 읽고 눈물이 글썽해졌습니다. 가족들에게 애증의 대상이었던 주인공 제제가 눈에 밟힙니다. 제제가 사랑하는 뽀르뚜까 아저씨가 열차 사고로 세상을 떠난 소식을 듣는 장면을 읽으니 마음이 미어집니다. 제제는 너무 일찍 철이 들어버렸어요.

우리 아이들은 제제와 달리 한동안 철이 없기를 소망합니다. 어린이들만의 순수함과 천진난만함을 잃지 않기를 희망합니다.

DAY 236　세상을 내려다보며　　연정인

<햇빛 비치는 골짜기에서>, 찰스 커트니 커란, 1920

힘겹게 올라간 산 정상에서 땀을 씻겨주는 바람을 맞으며 산 아래를 내려다본 적 있나요? 정상에서 세상을 굽어보는 기분은 무엇과도 비교하기 힘들 만큼 짜릿합니다.

그림 속 여성을 보세요. 바람에 휘날리는 하얀색 원피스가 인상적입니다. 그녀는 허리에 손을 얹고 맨발인 채로 아래를 내려다보고 있네요. 표정까지 자세히 보이진 않지만, 여성의 당당한 모습을 보고 있으면 제 마음도 시원해집니다. 드레스를 입은 가냘픈 여성의 몸으로 세상을 정복한 것 같은 위풍당당함과 삶의 여유까지 전달됩니다. 오늘은 저도 그녀처럼 당당하게 세상을 내려다보겠습니다.

DAY 237 우리는 충분히 선하고 아름답게 살고 있다 허경심

저에게는 결코 잊지 못할 인생 스승님이 계십니다. 안타깝게도 지금은 이 세상에 안 계시죠. 오늘 故최복현 작가님이 제 글에 달아 주셨던 댓글을 보고 울컥해서 하루를 눈물로 시작했어요.

'가족에게만 잘하고 살면 인생의 반만 사는 것이다, 사회에 좋은 일을 하며 사는 게 더 풍요롭게 사는 것이다.'라는 내용의 책을 읽고 반성하는 내용의 글을 쓴 적이 있었죠. 스승님은 이런 댓글을 남겨 주셨어요.

'충분히 선하고 아름답게 살고 있어요. 남한테 피해만 안 주고 살아도 잘 사는 거예요. 파이팅 경심.'

힘에 부치더라도 언제나 열심히, 성실히 살아가려는 저였기에, 나를 칭찬하고 격려하기보다 윽박지르고, 부족하다고만 하는 저였기에 故최복현 작가님의 댓글이 얼마나 큰 위로가 되었는지 모릅니다. 오늘, 이 댓글이 한 번 더 제 가슴을 울립니다.

오늘은 충분히 선하고 아름답게 살고 있는 여러분 자신에게, 잘 살아가고 있는 나에게 격려의 말 한마디 해주는 건 어떨까요?

DAY 238 세상에서 가장 아름다운 손 조쌤

　모든 미술 작품에는 저마다의 사연이 있습니다. 다양한 사연 중에서도 알베르트 뒤러의 〈기도하는 손〉(1508)에 얽힌 우정 스토리는 들을 때마다 심금을 울립니다. 화가의 꿈을 가진 두 친구. 하지만 너무 가난해서 한 사람이 먼저 예술의 길을 걷기로 하고 나머지 한 사람은 일을 하며 학비를 대기로 합니다. 운 좋게 뒤러가 먼저 미술 공부에 전념했고 뒤러는 마침내 성공한 화가가 됩니다. 시간이 흘러 뒤러는 기쁜 마음에 고향으로 달려와 자신을 도와준 친구를 만났는데 눈물이 앞을 가립니다. 뒤러를 향해 진심으로 기뻐하던 그 친구는 일을 너무 많이 해서 손마디가 다 휘어져 버린 것입니다. 미술을 할 수 있는 상태가 아니었습니다. 그럼에도 그 친구는 오히려 뒤러를 위해 축복기도를 해줍니다. 감동한 뒤러는 그 친구를 위해 〈기도하는 손〉을 그렸습니다.

　두 친구의 진실한 우정과 희생이 성스럽기까지 합니다. 돈만 되면 부모 형제까지 버리는, 이 각박한 자본주의 사회에서 이렇게 아름다운 인간관계를 가꿀 수 있다면 얼마나 행복할까요.

"기도하는 손이 가장 깨끗한 손이요,
가장 위대한 손이요, 기도하는 자리가
가장 큰 자리요, 가장 높은 자리요."

알베르트 뒤러(독일 화가)

DAY 239 뮤즈를 기다리지 말라

찰리쌤

여러분도 그럴 때 있나요?

"글이 술술 잘 써졌으면 좋겠다. 나도 아이디어가 팍팍 떠올랐으면 좋겠다. 뭐 좀 꾸준히 했으면 좋겠다."

제가 말한 '글쓰기, 영감, 꾸준함'이라는 키워드가 결국 하나라는 사실을 알고 계시나요?

> 뮤즈를 기다리지 말라.
> 대신 뮤즈가 몇 시까지 오면 되는지 알려줘라.
> 스티븐 킹(미국 소설가)

전통적으로 작가들은 영감을 주는 존재를 '뮤즈'라고 부릅니다. 뮤즈만 자주 찾아온다면 그 어떤 백지도, 그 어떤 마감시한도 두려울 일 없겠죠. 사실, 한 번에 몰아서 일하기를 즐기는 저에게 '꾸준함' 즉, '습관'은 넘기 힘든 벽이었습니다.

최근 사람들과 새벽 기상 챌린지를 진행하면서 저는 매일 아침 4시 50분에 인증사진을 찍고 자리에 앉습니다. 저의 뮤즈에게 이렇게 말하려고 합니다.

> "뮤즈야, 우리 집엔 5시 30분에 와주라!
> 5시부터 기다리고 있을게."

DAY 240 하루는 한 번의 삶이다 모두쌤

"다시 하면 되지 뭐" 수기로 서류를 작성하다 틀리면 이렇게 말하고 서류를 구겨버립니다. 캘리그라피를 하다 글자 모양이 맘에 들지 않으면 새 종이를 갖다가 글자를 그립니다. 제게 남은 빈 종이는 많으니까요. 그런데 아직 쓰지 않은 날들도 과연 많이 남아 있을까요?

지금 내가 살고 있는 오늘 하루는 사형수가 그토록 살기 원했던 내일이라는 말이 있습니다. 위독하신 할아버지의 병문안을 다녀오는 길에 정신이 번쩍 들었습니다. 난 오늘 최선을 다하여 살고 있나? 하루하루 소중하게 보내고 있나?

"Begin at once to live,
and count each separate day as a separate life."
"지금 바로 살아가기 시작하라.
그리고 매일을 하나의 독립된 삶으로 여겨라."

세네카(고대 로마 철학자)

아무리 제가 간절히 원한다고 해도 돌아가신 아버님과 마지막으로 마주했던 그 순간으로 돌아갈 수 있을까요? 지금 이 순간도 언젠가는 너무 돌아가고 싶은 아쉬움 가득한 순간이 될지도 모르겠습니다. 아침마다 버스를 기다리는 순간, 친구와 소소한 이야기를 하며 미소 짓는 순간, 아침마다 같은 잔소리를 하는 어머니의 말씀을 귓등으로 듣는 지금 이 순간들이 말입니다. 지금을 사랑합시다! 마치 오늘 하루가 한 번의 인생인 것처럼!

DAY 241 잠들어라 새야 토마스

「마사코의 질문」이라는 소설을 읽었습니다. 소설에는 일제강점기 시절 있었던 많은 비극적인 일화들이 담겨 있었습니다. 저는 어릴 때부터 혼자서 자주 질문했습니다.

'왜 어른들은 전쟁을 할까'

전쟁은 권력이 많은 어른들이 벌려놓지만 결국 피해를 보는 건 힘 없는 국민들인데… 이 책에는 가슴이 미어지는 일화들이 많습니다. 특히 한글 사용금지, 관동 대지진 사건, 위안부 문제 등 그 당시 일제 탄압이 얼마나 심했을지, 사람들은 얼마나 고통받고 울고 피를 토했을지 차마 상상하기도 힘든 내용들이 많았습니다.

100년 전에 비해 지금은 많이 나아졌나요? 전쟁의 참혹한 역사는 오랜 세월 동안 반복되고 있습니다. 요즘 국제상황을 보면 저는 너무나 불안합니다. 지금 지구 곳곳에는 강력하고 위험한 전쟁이 진행 중이고, 서로서로 죽이려고 합니다.

중학생인 저는 그런 사람들에게 제발 정신 차리라고 말하고 싶습니다. 이 무서운 피의 고리를 지금 당장 끊지 않으면, 우리 세대에는 미래가 없습니다. 책을 덮으며 간절히 소원해봅니다. 부디 모든 전쟁이 사라지고 평화가 오기를…

DAY 242   말과 글은 그 사람의 얼굴   연정인

> 말과 글이 거칠면 그 나라 사람의 뜻과 일이
> 다 거칠어지고, 말과 글이 다스리어지면
> 그 나라 사람의 뜻과 일도 다스리어 지나니라.
>
> 주시경 '한나라말' <'보성중친목회보' 제1호>

얼마 전 제가 일하는 학교에서 쉬는 시간에 목격한 한 장면이 마음에 남습니다. 교실 안에서 남학생들이 모여 이야기하는 것을 지나치게 되었는데, 그들의 대화 중 절반 가까이가 비속어와 욕설로 이루어져 있었습니다. 친구들에게 거칠게 말하는 학생들을 따로 불러서 주의를 줬지만, 옆에서 듣고 있는 학생들조차 그런 대화를 스스럼없이 받아들이고 있는 모습에 적잖이 놀랐습니다. 폭력에 가까운 거친 말과 글이 학교에서 보편화된 것 같아 두렵고 무서웠습니다.

어떤 사람을 직접 만나지 않더라도 그 사람의 말과 글을 통해 그 사람이 어떤 사람인지 대충 짐작하게 됩니다. 어휘, 문체, 어투 등 다양한 말과 글의 요소들이 그 사람의 내면 곳곳을 비춰주니까요.

부디 이 사회에 말과 글이 거친 사람보다 말과 글이 따스한 사람들이 많았으면 합니다. 말과 글을 다스릴 줄 아는 사람들이 많아지길 바랍니다. 언젠가 세종대왕과 주시경 선생님을 만날 때 제 말과 글이 부끄럽지 않기를 바랍니다.

DAY 243 나나 잘하자

엘린

즐겨듣는 유튜브 채널이 있습니다. 성공학 칼럼을 짧게 말씀해주시는데 인상 깊게 들은 부분이 있어 나누고 싶습니다.

> 난 이렇게 죽어라 열심히 사는데, 우리 남편은 회사 다니는 것 외에는 재테크에 일절 관심이 없어요. 어떻게 해야 남편이 재테크에 관심을 가질까요?
> 유튜브 채널[성정길]

인기가 많은 경제 유튜버여서 위와 같은 질문을 종종 받으신다고 하십니다. 그분의 명쾌한 답변은 이랬습니다.

이 세상에 내 맘대로 할 수 있는 건 나밖에 없습니다. 남편은 남편의 삶을 살고 자식들은 자식의 삶을 살면 됩니다. 내가 재테크에 관심을 가지고, 자기 계발 열심히 하고, 누구보다 열심히 일하는 그 모든 것은 나를 위해서입니다. 제발 희생이라고 말하지 마세요. 내가 원해서 그렇게 살고 있는 것입니다.

살면서 매번 착각합니다. 오만하게도 내 가족의 성격과 행동을 바꿀 수 있다고 여기며 끊임없이 잔소리합니다. 정작 내 습관은 한 개도 바꾸지 못하면서요. 가족이어도 내가 원하는 대로 살라고 강요할 수 없습니다. 운 좋게 나와 같은 마음으로 살아주면 감사하지만 그렇지 않다고 해서 원망과 불평을 하는 건 제 욕심이지요.

각자의 삶을 잘 살면서 서로의 삶을 응원하기, 힘들 때 격려하고 감사할 땐 진심으로 표현하기. 이러한 관계가 바로 가족입니다.

DAY 244　마음의 트램펄린

허경심

'Success isn't linear'
요안 브루주아(Yoann Bourgeois)

　연기자는 계단을 하나둘 올라섭니다. 우리들의 인생길에 올라섭니다. 이내 고난을 만나고 계단에서 떨어져요. 다행히 계단 아래에는 트램펄린이 있습니다. 그는 마치 영상을 거꾸로 돌린 것처럼 누웠던 자세 그대로 트램펄린에서 튕겨 사뿐히 계단 위로 올라섭니다. 저는 그 트램펄린이 바로 우리들의 마음이라 생각했어요. 마음의 트램펄린이 있기에 다시 일어설 수 있다고요.

　연기자는 계단에서 수 차례 떨어지고 트램펄린에 튕겨 올라가기를 반복해요. 그러고선 끝끝내 정상에 다다릅니다. 그러나 언제나 그렇듯 기쁜 순간은 오래가지 않아요. 우리는 또 고난을 만나죠. 정상에서 떨어진 연기자는 단번에 계단 위로 올라가지 못해요. 마치 우리가 너무나 큰 고난을 만나면 이겨내기 힘든 것처럼요.

　어떤 일은 각자의 트램펄린만으로 견디기엔 그 크기가 너무 큽니다. 대형 사고들, 테러, 전쟁 등이 그렇지요. 그럴 때 우리에게는 연대의 힘이 필요해요. 우리 모두의 트램펄린이 필요합니다. 그러기 위해선 우선 나의 트램펄린을 잘 다루고 돌볼 줄 알아야겠지요. 지금 여러분의 트램펄린은 어떤가요?

DAY 245 — 일본에 가보셨어요? 조쌤

과로에서 벗어나 몇 년 만에 해외에 다녀왔습니다. 해외라고 해봐야 비행기로 90분 거리의 오사카, 교토였지만 말이죠. 일본의 문화에 대해 책과 영상으로 배우기는 했지만, 실제로 일본인들을 접하니 예상보다도 더 놀라웠습니다.

만약 '질서'라는 개념이 의인화 된다면 일본인의 모습 아닐까요? 그들은 질서가 내면화된 사람들 같습니다. 예를 들어, 제가 갔던 교토 구도심의 골목에는 교차로마다 발 모양의 멈춤 표시가 있었습니다. 자전거와 행인들이 수시로 오가지만 어떤 혼란도 느껴지지 않았습니다. 경적을 울리는 자전거를 한 대도 못 봤어요. 거리에서 침을 뱉거나 쓰레기를 버리는 모습 또한 볼 수 없었습니다. 골목을 걸으면서 의도적으로 쓰레기를 찾아보려고 하기도 했습니만 청결한 풍경에 감탄을 금할 수 없었습니다. 공사 현장 주변을 두리번거려도 우리처럼 인도에 적치물을 산처럼 쌓아놓는 행태를 찾아볼 수 없었습니다. 정리 정돈이 몸에 배어 있는 사람들인가 봅니다.

일본에 다녀와 현관에 들어서니 저희집이 한결(?) 더 더럽게 보입니다. 이번 주말엔 꼭 청소를 하겠습니다. 가끔 일본인처럼 삽시다!

DAY 246   악의 평범성   찰리쌤

"전 신호위반도 한 적 없습니다!"

나치 독일 친위대 장교 겸 홀로코스트 실무책임자였던 '칼 아돌프 아이히만'이 재판 당시 했던 말인데요. 유대인 학살에 선봉이었던 그는 다음과 같이 말합니다.

"저는 배달부였습니다. 아무것도 한 것이 없습니다. '아돌프 히틀러'가 지시한 것에 어떤 것도 덧붙이지 않고 성실히 임무만 따랐을 뿐입니다."

이 재판을 통해 '한나 아렌트'는 그 유명한 '악의 평범성'을 지적하게 되죠.

> "권위에 대한 복종을 미덕으로 생각하고
> 소통이 불가할 상황을 깨뜨릴 사회적 비판과 저항의 목소리가 질식되면
> 악은 우리 자신에게도 언제든지 나타날 수 있다."
>
> 한나 아렌트(독일 정치이론가)

오늘은 이런 두려움이 앞섭니다. 비판적 사고가 결여되면, 평범한 삶에도 언제든지 악은 끼어들 수 있습니다. 건강한 비판과 저항의 불을 끄지 말고 간직한 채 오늘 하루 살아보아요!

DAY 247 당신의 가을도 그윽했으면 합니다 모두쌤

가을입니다.

학교 운동장 옆 화단을 걸어봅니다. 노란 국화가 보입니다. 지난 주말 사이 어느덧 꽃망울을 터트린 국화. 누가 심었는지도 모르고, 가꾸는 사람도 없는데 국화는 보란 듯이 노란색 자태를 뽐내고 있습니다. 그 화려했던 여름의 꽃들이 시들어 버린 화단에 떨어진 낙엽들과 쓸쓸해 보이는 나무들 사이에서 말입니다. 늦여름 화단에 핀 국화는 그 당시 보잘것없는 풀처럼 보이기만 했는데 지금은 이 가을 화단의 주인공이 되었습니다.

국화(菊花)
다른 꽃들과는 달리 기온이 낮은 가을에 피는 특성 때문에 우리나라와 중국의 선인들은 은둔하면서 절개를 지키는 군자의 상징으로 여겨, 사군자의 하나로 귀하게 여겼다.

처음에는 느리고, 어리숙하고, 뭔가 부족해 보이지만, 시간이 지날수록 빛이 나는 사람이 있습니다. 그래서 사람은 오래 만나봐야, 시간이 지날수록 그 진정한 가치를 알게 되는 것은 아닐까 생각합니다.

이 가을에, 나, 가족 그리고 주변 사람들의 진정한 가치를 찾아보는 것은 어떨까요? 화려하지는 않지만, 항상 '그윽하게' 나를 채워주는 '국화 같은' 사람들을 말이죠. 여러분의 가을도 국화 향처럼 향긋하고 그윽했으면 합니다.

DAY 248　조용함이 위안이 될 때　연정인

<조용한 일> 김사인

이도 저도 마땅치 않은 저녁
철 이른 낙엽 하나 슬며시 곁에 내린다.

그냥 있어볼 길 밖에 없는 내 곁에
저도 말없이 그냥 있는다.

고맙다
실은 이런 것이 고마운 일이다.

　아무도 없는 곳에서 조용하게 있는 것이 위안이 될 때가 있습니다. 오히려 옅은 음악 소리가 있는 것보다 아무 소리가 들리지 않을 때가 더 안정감을 불러일으킬 때가 있습니다. 또한 옆에 사람이 있다 하더라도 그 사람이 말없이 있을 때가 더 편한 경우가 있습니다.

　사람마다 성향이 다르지만 요즘 들어 저는 김사인의 시에서 나오는 내용처럼 석양이 내려앉는 저녁 집 통유리창 너머로 노을을 바라다보며 차 한잔을 마실 때, 아침이슬이 사라지지 않은 새벽 조용한 가로수길을 혼자 거닐 때, 그때의 고즈넉함에 '감사하다'라는 말이 튀어나옵니다. 김사인, 그의 시를 읽는 순간 그때의 감정이 되살아났습니다.

　조용한 가운데 살포시 내 옆에 내려앉는 낙엽 잎사귀 같이 살아있는 작은 것만으로도 감사함을 느낍니다. 말없이 그냥 있어 주세요. 실은 이런 것이 고마운 일이니까요.

DAY 249   걸으면 보이는 어떤 풍경   에밀리

목적지에 도착하는 것만 중요한 것이 아니다. 어디를 가기 위해 어느 거리에 있는 것, 그리고 그 거리를 걷는 것 역시 내 삶의 어떤 풍경이다

「오늘 눈부신 하루를 위하여」, 구본형, 휴머니스트, 2001

눈부신 가을, 참 걷기 좋은 계절입니다. 하루를 마치고 걷기 시작합니다. 아침에는 이것저것 할 것들이 왜 그리 많은지요. 저녁에 미리 하면 좋을 텐데 마음처럼 잘 안 됩니다. 아침도 먹어야 하고 우리 아이 어린이집 식판도 챙겨야 하고 수첩에 아이의 상태를 적어 보내야 하고요. 출근길은 항상 조바심이 납니다. 그래서 덜 조바심이 나는 퇴근길, 하루를 정리하는 의미에서 걷기를 시작했습니다. 걷다 보니 '어머 여기에 이 꽃이 있었나? 어머 저기 저 상가 옆에 카페가 있었구나.' '교회 앞에 화장실을 사용할 분은 언제든지 사용하세요' 안내문도 보이기 시작했습니다. 자세히 들여다보니 늘 걷던 거리도 다르게 보입니다. 아기자기한 새로움을 만납니다.

즐거움을 찾아 꼭 어딘가 멀리 여행을 갈 필요는 없습니다. 사무실에서 일하다가 조용히 잠시 화장실을 간 것처럼 나와 봅니다. 10분 정도 건물 주변을 걸어 봅니다. 걷다가 다시 자리로 돌아오면 기분 좋게 일을 할 수 있는 힘이 납니다. 짬을 내 걸으며 소소한 일탈의 시간을 가져야 하겠습니다. 내 삶이 어떤 풍경과 마주하게 될지 기대하면서.

DAY 250　나의 계절

김선민

> 하루의 해가 그러하듯이 그리고 우리의 생이 그러하듯이 삶을 살면서 맺는 관계들도 모두 이렇게 시작과 끝이 있습니다. 시작은 거창했는데 끝이 흐지부지 맺어진 관계도 있고 어서 끝나서 영영 모르는 사람으로 살았으면 하는 관계도 있고 끝을 생각하기 두려울 만큼 끝나지 않았으면 하는 관계도 있습니다. 분명한 것은 짧은 기간의 교류든 평생에 걸친 반려든 우주의 시간을 생각하면 모두 한철이라는 것이고, 다행인 것은 이 한 철 동안 우리는 서로의 가장 아름다운 모습을 잘도 담아둔다는 것입니다. 기억이든 기록이든.
> 이제 첫서리가 내린다는 상강도 지났습니다. 아름다운 우리의 가을날이 또 이렇게 가고 있는 것입니다.
>
> 「계절 산문」, 박준, 달, 2021

　나는 가을을 좋아한다. 아쉬움이 가득해서일까? 무언가 할만하면 끝나버리는 짧은 계절이어서일까? 짧아서 진한 여운을 가진 이 가을에는 오랫동안 붙잡고 싶어지는 추억들이 가득하다. 인생을 4계절로 봤을 때 어쩌면 40을 앞둔 지금, 내 삶은 늦여름과 초가을 사이가 아닐까 싶다.

　열심히는 살았지만, 아무것도 이룬 것은 없는… 일을 시작한 지 10년이지만 아직도 부족하고 남편과 아이가 있어 행복하지만 정작 스스로의 나를 찾기 어려워 허전한 내 모습이 가을 같다. 내가 좋아하는 계절 가을처럼 나의 인생도 가을이 아름다웠으면 한다. 짧지만 알차게 보냈으면 한다. 잠깐 창밖을 보며 우리의 인생이 어디쯤 왔는지 확인해보는 것은 어떨까?

DAY 251 아름다운 나라 대한민국 엘린

> 나는 우리나라가 세계에서 가장 아름다운 나라가 되기를 원하지, 가장 부강한 나라가 되길 원하지 않는다. 내가 남의 침략에 가슴이 아팠으니 내 나라가 남을 침략하기를 원치 않는다. 우리의 경제력은 우리의 생활을 충족할 만하고, 우리의 무력은 남의 침략을 막을 만하면 족하다. 오직 한없이 가지고 싶은 것은 높은 문화의 힘이다. 문화의 힘은 우리 자신을 행복하게 하고 나아가서 남에게 행복을 주기 때문이다.
>
> 김구 <나의 소원>
>
> 초등학교 6학년 국어 교과서 5단원 수록 내용

　10월의 마지막 국어 시간이었습니다. 김구 선생님의 '내가 꿈꾸는 나라'라는 글을 아이들과 함께 읽었습니다. 김구 선생님은 스스로 어떠한 나라를 만들어야 하는지 끊임없이 생각하셨나 봅니다. 모두가 부자인 잘 사는 나라가 되어도 괜찮은데, 군사력이 막강해서 더 이상 억압받지 않는 힘센 나라가 되어도 괜찮을 것 같은데 세계에서 가장 아름다운 나라를 꿈꾸셨네요. 1947년에 말입니다. 일제강점기가 막 끝나 정치적으로 혼란스러웠고, 경제적으로 궁핍했던 시기였는데 그는 더 먼 미래를 바라보고 계셨습니다.

　눈앞에 보이는 형편보다 그 너머를 바라보는 안목은 어떻게 생기는 것일까요? 편안하게 잠자리에 들고 먹을거리 넉넉하고 목숨의 위협을 받지 않는 정도의 삶만 추구해온 제가 부끄러워졌습니다.

　앞으로는 김구 선생님의 바람처럼 아름다운 나라를 꿈꾸며 소망하는 일에 시간을 더 할애하겠습니다. 그래야 언젠가 하늘에서 선생님을 뵐 때 덜 부끄러울 테니까요.

DAY 252 순수한 사랑

허경심

<당신이 날 사랑해야 한다면> 엘리자베스 배릿 브라우닝

당신이 날 사랑해야 한다면
오직 사랑만을 위해 사랑해 주세요.
그녀의 미소 때문에… 그녀의 모습…
그녀의 부드러운 말씨… 그리고 내 마음에 꼭 들고
힘들 때 편안함을 주는 그녀의 생각 때문에
'그녀를 사랑해'라고 말하지 마세요.
사랑하는 이여, 이런 것들
그 자체로나 당신 마음에 들기 위해 변할 수 있는 것,
그리고 그렇게 얻은 사랑은
그렇게 잃을 수도 있는 법. (중략)
오직 사랑만을 위해 사랑해 주세요.
사랑의 영원함으로 당신 사랑 오래오래 지니도록.

　엘리자베스 배릿 브라우닝은 영국을 대표하는 여류시인입니다. 그녀는 열다섯 살 때 낙마 사고로 척추를 다치고 스무 살 무렵에는 희귀병으로 고통 속에서 살았습니다. 그런 그녀에게 여섯 살 연하인 무명시인 로버트 브라우닝이 사랑을 고백합니다. 엘리자베스 배릿은 자신의 처지를 생각하며 그의 사랑을 받아주지 않는데요, 로버트와 수백 통의 편지를 주고받으며 드디어 그 사랑을 받아줍니다. 그런 그녀의 마음을 표현한 시가 바로 <당신이 날 사랑해야 한다면>입니다. 저는 이 시를 읽으며 순수한 사랑에 대해 생각해 보게 되었습니다. 내가 지금 사랑하는 사람을 오직 사랑으로써만 사랑하고 있는지 한 번 돌아보아야겠습니다.

DAY 253 · 찰리쌤의 명언

찰리쌤

"선 넘지 마라."
"선은 넘으라고 있는 거야."
지나가던 학생들의 대화 중에서

이런 말장난, 저도 좋아합니다. 저희 집에서는 아재 개그라며 먹히지 않긴 합니다. '선 넘지 말라'에서의 '선'은 다양한 의미로 쓰일 것입니다. 대부분은 '임의로 설정해놓은 경계'라는 의미로 통용될 것 같습니다.

그런데 갑자기 그 '선'이라는 말이 '나에게 그어 놓은 경계일 수도 있겠구나!'라는 생각이 미쳤을 때, 저는 미칠 것 같았습니다. (뜬금 아재 개그를 이해하신 분은 저와 같은 아..)

"나는 여기까지밖에 할 수 없어."

"나는 여기엔 재능이 없어."

"나는 이과라니까"

오늘은 제 명언입니다.

자신에게 그어 놓은 한계의 선을 넘어라.
선은 넘으라고 있는 거니까.

찰리쌤(습관코칭연구소장)

DAY 254　인생은 출렁입니다　　모두쌤

　모처럼 주말에 가을 나들이를 갔습니다. 원주 소금산에 출렁다리를 건너봅니다. 한 발 한 발을 딛는데 다리가 정말로 '출렁'거립니다. 순간 나도 모르게 아래를 보니 더 아찔합니다. 아이들과 집사람 앞에서 겁먹은 모습을 보일 수도 없고… 게다가 다들 내 손을 꽉 잡고 다리를 건너고 있으니 말입니다.

英雄 / Hero
남다른 용기와 재능, 지혜로 보통 사람들이 해내지 못하는 것을 해내어 대중들에게 추앙을 받는 사람을 뜻함

　살면서 한 번도 영웅이 되기를 꿈꿔 본 적이 없습니다. 늘 '중간만 가자, 모난 돌이 정 맞는다'는 생각으로 나름대로 가장 안전한 삶을 살았습니다. 그런데 두 딸의 아빠가 되니, 한 여자의 남편이 되니, 한 학교의 교감이 되니 편한 길만 걸을 수는 없네요. 아빠로서 겁없는 척, 남편으로서 안 아픈 척, 교감으로서 악성 민원에도 담담한 척… 매사에 참고 또 참고 넘어갑니다. 어쩌면 참는 데는 이미 '영웅'인지도 모르겠습니다.

　출렁출렁하면서 걷다 보면 언젠가는 다리의 끝에 닿겠죠? 매일매일 이렇게 출렁이는 게 인생인 것 같습니다. 오늘도 우리 모두의 안전한 '출렁'임을 기원합니다!

DAY 255 소박하지만 완벽한 　　　엘린

식탁 위 화병에 꽂혀있는 작은 국화 한 송이
창밖으로 보이는 파란 가을 하늘과 흰 뭉게구름 하나
소파 옆 탁자에 놓인 책 한 권 그리고 온기가 남아 있는 커피 한 잔

저를 위로하는 아침 풍경입니다. 사치스럽지 않고 소박하게 오로지 마음을 비워내는 시간, '아 좋다'라고 표현할 수밖에 없는 그런 아침. 이런 제 마음을 표현할 수 있는 문장을 발견하고 유레카를 외쳤습니다.

> 완벽함이란 더 이상 보탤 것이 남아 있지 않을 때가 아니라
> 더 이상 뺄 것이 없을 때 완성된다.
> 　　　생텍쥐페리(프랑스 작가)

그래! 완벽함이야. 이 아침은 나에게 완벽함을 선물했어. 장미꽃 백송이가 있어야 향기를 맡을 수 있는 것이 아닙니다. 창밖으로 빼곡한 빌딩들을 보는 것보다 비어 있는 하늘이 오히려 마음에 풍족함을 채워줍니다. 좋은 글 한 줄만 읽어도 제 마음은 위로를 얻습니다. 따뜻한 커피 한 모금만으로도 제 마음은 충만해집니다.

더 많은 것을 가져야만, 더 많은 일을 해야만 행복해지는 것은 아닙니다. 나의 욕심 때문에 쥐고 있던 물건들과 미련스럽게 붙들고 있던 일들을 좀 놓아야겠습니다. 완벽함에 대한 지혜를 선사해 준 생텍쥐페리에게 참 고맙습니다.

DAY 256 돌고 도는 친절의 힘

허경심

저는 베푸는 일에 참 인색했습니다. 주고 나서 후회하기도 하고, 돌아오는 것이 없으면 서운해하기도 하면서요. 그러던 어느 날, 데이비드 호킨스의 책 「의식 혁명」의 한 구절을 읽고는 큰 깨달음을 얻었습니다.

> 대가 없이 베푸는 친절의 힘은 은근하지만 끝없이 멀리 퍼져나간다는 것을 알아야 한다. 엘리베이터 안에서 내가 베푼 작은 친절이 1년 후 황량한 고속도로에서 만난 낯선 사람의 도움으로 나타날 수도 있다.
>
> 「의식 혁명」, 데이비드 호킨스, 판미동, 2011

'아! 내가 누군가에게 베푼 좋은 에너지는 결국 나에게 돌아오는 것이구나.' 그렇게 깨닫고 나서는 제가 누군가에게 물질적으로든 정신적으로든 도움을 주고 나면 신기하게도 정말 저에게 좋은 일이 생기는 것 같았습니다.

이제 저는 누군가에게 베푸는 것에 조금 너그러워졌습니다. 내가 베푼 친절은 돌고 돌아 저에게 돌아올 것을 알기 때문입니다. 반드시 내가 베푼 사람에게 되돌려 받는 것이 아니라는 것도, 지금 당장이 아닐 수 있다는 것도 압니다. 꼭 나 자신이 아니라 내가 사랑하는 사람에게 돌아갈 수도 있겠다고 생각하면 베푸는 것에서 큰 기쁨을 느낍니다.

우리가 베푼 친절은 언젠가 우리에게 돌아올 것입니다. 오늘, 누군가에게 작은 친절을 베푸는 것은 어떨까요?

DAY 257   가을의 습관   죠쌤

<가을의 기도> 김현승

가을에는
호올로 있게 하소서....
나의 영혼,
굽이치는 바다와
백합의 골짜기를 지나
마른 나뭇가지 위에 다다른 까마귀와 같이

   가을 햇살이 가득한 일요일 오전, 카페에서 중년의 아저씨 두 분이 허리를 뒤로 젖힌 채 느긋하게 담소를 나누고 있었습니다.

   "난, 정말 이해가 안 가. 어떻게 이런 최첨단 시대에 아직도 독재를 하는 나라들이 있다는 게. 어떻게 독재가 가능한 거야?"

   "생각해봐, 옛날 같았으면 누가 어디서 뭐 하는지 어떻게 알겠냐? 지금은 인터넷만 조회하면 다 나오는 세상이야. 독재하기 쉽지."

   일리가 있었습니다. 지난 카카오 화재 사태를 경험하며 절감했습니다. 플랫폼 하나가 중단되니 채팅과 같은 의사소통뿐만 아니라 각종 결재, 업무, 교통 등 일상의 전 영역이 마비되어 버렸습니다. 이런 반응도 있었습니다. 이번 사태로 반나절 동안 아무런 외부 연락 없이 침묵 속에서 의미 있는 시간을 보낼 수 있어서 좋았다고요. 어쩌면 우리는 정신이 혼미할 정도로 시끄러운 온라인의 소음 시대에 살고 있던 것은 아닐까요? 우리에게 가을의 고독을 즐길 수 있는 자신만의 다락방이 하나쯤 있었으면 합니다. 이 가을 우리에게 가장 필요한 습관 중 하나는 고독을 즐기는 습관이니까요.

DAY 258 　시인의 시선을 따라 보는 세상의 따뜻함 모두쌤

　시인의 언어는 어떤 것일까. 호기심을 가지고 시인의 강연을 들어본 적이 있습니다. 그 시인은 글과 함께 자신이 찍은 사진을 보여주며 이야기를 풀어나갔습니다. 평범한 하루, 보통 사람들의 이야기였습니다. 그런데 평범한 것들이 시인의 관점과 언어를 거치니 특별해졌습니다. 다른 차원의 세계를 경험하는 듯한 경이로운 공기가 강의실을 채웠습니다.

> 당신이 행복하다는 소식을 또 들었습니다. 당신의 행복은 당신 혼자 만든 것이기를 바랍니다. 당신이 내게 따뜻하게 지내라고 만들어준 장작들도, 그 장작들을 피워 영롱히 빛났던 어느 밤의 불꽃들도 모두 돌아왔으면 좋겠습니디. 불을 지피는 데 썼던 성냥갑과 불 앞에서 간질이 빌었던 그날 밤의 아름다운 소원들까지도 말입니다.
> 「그리고 당신이 행복하다는 소식을 들었습니다」, 이병률, 달, 2022

　「그리고 행복하다는 소식을 들었습니다」를 읽으며 다시 그 경이로움을 느꼈습니다. 평범했던 대학 시절, 고등학교 시절이 특별한 감성으로 다가왔습니다. 낙엽만 봐도 눈시울이 붉어지고 하늘만 쳐다봐도 마냥 웃음이 나오던 그 시절의 감성. '아, 시인은 이런 시선으로 세상을 보는구나!' 단순히 시나 글만 읽었다면 느낄 수 없었을 시각적인 깨달음도 얻었습니다.

　삶이 재미없고 뻔하다고 느껴질 때는 시인을 찾아가세요. 그들의 관점과 해석에 빠져보세요. 집 나간 감수성을 되찾아 오는 훌륭한 방법이니까요.

| DAY 259 | **라면과 글쓰기** | 엘린 |

    면은 참 매력적입니다. 비 오는 가을 캠핑장에서 후루룩 소리 내며 라면을 먹는 일은 낭만적이기까지 합니다. 지난 주말 아침으로 라면을 먹었습니다. 캠핑장도 아니었는데 말이죠. 점심으로는 스파게티를 먹었고, 저녁으로는 라면 사리를 넣은 부대찌개를 먹었습니다. 세 번의 식사 모두 면을 먹은 날이었습니다. 하루에 세 번이나? 내가 혹시 밀가루 중독인가? 라는 생각이 퍼뜩 들었습니다.

    라면을 며칠만 안 먹으면 그렇게 먹고 싶어 못 참겠습니다. 라면뿐만이 아니라 빵도 그래요. 끊을 수가 없습니다. 그러고 보니 밀가루뿐만이 아니라 커피도 있습니다. 하루에 꼭 두 잔씩 커피를 마시지 않으면 안 되는 걸 보니 저는 밀가루와 카페인 중독이 맞지 싶습니다. 그런데 요즘 제 삶에서 끊을 수 없는 것이 생겼습니다. 바로 글쓰기입니다.

    자기 전에 간단한 독서를 하는 습관이 있었는데 요즘은 글쓰기를 합니다. 지금, 이 글도 그렇지요. 매일 쓰고 있습니다. 매일 글 쓰는 일이 쉬울까요? 아니요. 어렵습니다. 처음 아메리카노를 마셨을 때 쓰기만 했었던 그 경험과 비슷합니다. 무슨 맛인지 모르겠습니다. 원하는 글맛이 나오지 않을 때는 여간 입이 쓴 게 아닙니다. 그렇다고 안 쓰려고 하니 불안하고 초조해집니다. 이 정도면 확실히 중독인 것 맞지요? 벗어날 수 있을까요?

    확실한 건 이겁니다. 저는 앞으로도 라면은 먹을 것이고 커피를 마시고 글쓰기는 할 거라는 거죠. 여러분은 무엇에 중독되셨나요?

DAY 260 소통 없이 책만 읽어서는 안 되는 이유 허경심

생텍쥐페리의 〈어린 왕자〉에서는 총 일곱 개의 별이 나옵니다. 그중 지구를 뺀 나머지 여섯 개 별에는 모두 딱 한 명씩만 살고 있죠.

왕, 허영쟁이, 술꾼, 사업가, 점등인, 지리학자. 그들의 공통점은 모두 자신의 생각과 태도를 객관적으로 바라보지 못한다는 것입니다. 그들은 자신의 세계에서 벗어난 생각은 조금도 하지 못합니다. 왜냐하면 자신을 비춰줄 타인이 없기 때문이죠.

만약 어린 왕자에 나오는 사람들처럼 타인과 그 어떤 교류도 없이 자기 세계에 갇힌 채로 책을 읽는 사람이 있다면 어떨까요? 아마도 그 사람은 자신의 생각에 갇혀 선입견과 고정관념이 단단해지고 편협한 시각이 굳어질지 모릅니다. 어떤 책을 읽든 자기 생각에만 맞추어 해석하고 받아들일 테니까요.

내가 읽은 책을 다른 사람들은 어떻게 읽었는지, 어떤 생각을 갖고 있는지 이야기 나누는 것은 참 중요합니다. 타인은 나를 비추는 거울이라는 말처럼 책을 읽고 타인과 소통하면 자신의 생각을 비춰 볼 수 있습니다.

타인과의 대화는 단순히 정보를 나누는 것을 넘어, 우리의 사고를 더욱 깊고 넓게 만듭니다. 다양한 시각과 생각을 통해 선입견과 고정관념이 개방성과 유연성으로, 편협함이 관대함으로 바뀝니다. 결국 책과 사람 모두가 우리들의 세계를 확장 시켜주는 창이 되는 셈이죠.

여러분은 요즘 어떤 책 읽으세요? 함께 이야기 나누어요.

DAY 261 까마귀 날자 배 떨어진 건가? 김선민

아이와 속담을 배우고 있다. 비유, 은유를 통해 더 넓은 세상에 대한 이해가 있으면 하는 마음 때문이다. 아이가 뱃속에 있을 때부터 눈치를 타고나길 기도했었다. 일명 '센스'라고 하는 감각은 타고난다고 생각하기 때문이다.

3살 때 혀짧은 소리로 제멋대로 말하는 게 귀여워 남편과 크게 웃었더니 아이는 자신을 놀린다며 엉엉 울었다. 나의 기도가 이루어진 것이다. 그런데 그 센스가 너무 잘 발달된 것인지 아이는 세상 예민하다. 아이는 예민함에서 오는 불안을 다스리기 위해 어떤 현상의 패턴을 찾거나 과도한 해석을 하려고 든다.

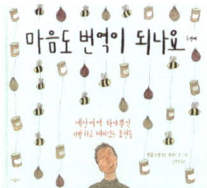

까마귀가 날아가느라 배가 떨어진 걸까요? 배가 떨어지는 통에 까마귀가 날아가버린 걸까요? 이건 얼핏 동시에 일어난 사건으로 보일지라도 애써 관련지으려 할 필요는 없다는 말이에요 .... 오죽하면 그것을 일컫는 심리학 용어까지 있겠어요. 사소한 동시성에서 질서를 찾아내고 의미를 부여하려고 하는 '아포페니아'나 '패터니시티'가 바로 그것이에요.

「마음도 번역이 되나요 두 번째」, 엘라 프랜시스 샌더스, 시공사, 2017

아이에게 때론 현상을 있는 그대로 받아들이는 게 중요하다고 말해주었다. 친구가 인사를 안 받아주고 지나간 것이 꼭 날 미워하거나 싫어해서가 아니라 친구가 못 봤을 수도 있으며, 엄마의 표정이 안 좋은 것이 꼭 너의 받아쓰기 성적 때문이 아닐 수도 있다고. 아이야, 세상의 모든 까마귀와 배를 관련짓지 말자. 우연을 받아들이는 것도 삶의 지혜란다.

DAY 262 　　**따뜻한 차 한잔의 효과**　　허경심

「따뜻한 인간의 탄생」은 프랑스 사회심리학자 한스 이저맨이 진화심리학으로 풀어낸 체온의 진화사에 관해 쓴 책입니다. 이 책에서 말하길 온도는 우리의 '의견'에 영향을 미친다고 합니다. 저자는 일명 '엘리베이터 안 커피잔 실험'이라는 아주 흥미로운 실험을 이야기합니다.

여성 연구 조교와 여학생이 엘리베이터를 타고 이동합니다. 이때 교수는 따뜻한 커피를 여학생에게 잠시 들어달라고 합니다. 이와 같은 상황을 만들어 총 41명의 학생을 두 집단으로 나눈 뒤, 한 집단은 김이 모락모락 나는 따뜻한 커피를, 다른 집단은 얼음이 든 차가운 커피를 들게 했습니다. 그런 뒤 두 집단에게 가상의 인물 A를 평가하게 했는데 따뜻한 커피를 받아 든 학생들은 차가운 커피를 받아 든 학생들보다 A를 '한층 더 따뜻한' 인물로 받아들였다고 합니다. 이 실험을 계기로 온도와 사회성 관계를 다루는 심리학 연구가 봇물 터지듯 쏟아졌는데 저자 한스 이저맨도 1년 뒤 비슷한 실험을 합니다. 결과는 비슷했습니다. 이렇듯 온도는 우리도 모르게 우리의 생각에 영향을 미칩니다.

'얼죽아(얼어 죽어도 아이스 아메리카노)'라는 말이 있을 정도로 차가운 아메리카노를 좋아하는 분들이 많지요. 오늘은 따뜻한 커피로 마셔보는 건 어떠세요? 내 주변 사람들이 더 긍정적이고 따뜻하게 다가올지도 모르니까요.

DAY 263   마음을 달래 주는 사람   엘린

<아빠 마음은 누가 달래 줄까> 박혜선

언제부터 저기 있었을까
엄마한테 꾸중 듣고
아파트 뒷길을 어슬렁거리다가
아빠를 보았다
나무 의자에 걸터앉아 담배를 피우고 있었다
집으로 가지 않고 어둑한 저곳에서 무슨 생각 하는 걸까
회사에서 꾸중을 들은 걸까
그래서 집을 뛰쳐나온 나처럼
회사를 확 뛰쳐나오고 싶은 걸까
그냥 못 본 척했다
한참을 떠돌다 집으로 들어갔다
"우리 깡돌이, 엄마한테 혼났다며?
아빠랑 목욕이나 가자."
내 별명을 부르며 나를 달래 주는 아빠.

   시를 읽을 일이 별로 없습니다. 시를 읽어도 무슨 말인지 잘 모를 때가 많습니다. 이해가 안 되어서 부끄러운 적도 많은데 오늘 읽은 시는 마음에 쏙 듭니다.

   사람을 위로해 주는 것은 무엇일까요? 좋은 음악을 들어도, 슬픈 영화를 보아도, 맛있는 것을 먹거나 핸드폰으로 게임을 해도 마음을 가장 잘 달랠 수 있는 것은 역시 사람뿐인 듯합니다. 굳이 무슨 일인지 물어보지 않고 그저 옆에서 함께 해주면 위로가 됩니다. 위로의 시작은 그 사람을 이해하려는 마음입니다.

DAY 264 햇살과 햅쌀 그 사이

김선민

엄마와 가을 여행을 가는 길이었다. 요즘에 스팸 전화가 많이 온다며 하소연했더니 엄마는 대뜸 나에게 "요즘은 쌀도 전화로 팔더라?"라고 하셨다. 요즘에는 전화로 안 파는 게 없다며 매번 보험, 대출 전화만 오더니 이제는 하다 하다 전화로 쌀을 판다며 참 신기한 세상이라고 하셨다. 고개를 갸웃거리며 이야기를 듣고 있던 그때 엄마 전화기 벨이 울렸다.

"여보세요? 아 저번에도 말씀드렸는데 제가 시골에서 살아서. 햅쌀이 많아요. 죄송해요~ 매번 전화 안 주셔도 돼요"라며 정중히 사과하는 것이었다. 세상 고상한 말투로.

순간 나는 웃음이 터져 나왔다. 전화기 너머에서 상담원이 한 말을 들었기 때문이다. "안녕하세요. 햇살론입니다." 햇살론을 햅쌀로 알아듣고 상담원에게 거절 의사를 표현한 것이었다.

"아는 만큼 보인다."라는 말이 떠올랐다. 마침 추수철이며 엄마의 온 관심사는 쌀을 사는 데 있었고 대출에 대해서는 문외한이기에 이뤄질 수 있는 해프닝이었다.

우리의 삶도 그렇지 않을까? 모든 것을 나의 프레임에 맞춰서 판단하고 단정 짓고 있지는 않았나. 내가 보고 듣는 것은 내가 생각하는 범위 안에서만 이해될 수 있다. 결국, 내 생각과 관점이 더 넓어지고 깊어져야 세상도 더 넓고 깊이 이해되리라. 엄마의 작은 해프닝으로 웃음과 통찰을 선물 받은 참 재밌는 여행이었다.

DAY 265   '당연하다'의 반대말   에밀리

   2023년 7월, 예상하지 못했던 근무지 이동이 있었습니다. 마음의 준비가 전혀 안 되어 있던 터라 심란했습니다. 이미 벌어진 일, 받아들이기로 하고 하루하루를 보내고 있었어요.

   비가 오는 어느 날. 운동장에 쓰레기가 보여 우산을 쓰고 한 바퀴를 돌기 시작했습니다. 하나가 아니었습니다. 한, 두 개 정도 주우면 되겠지 하며 시작했는데 쓰레기를 담을 큰 봉지가 필요한 상황으로까지 확대가 되었습니다. 한 손에는 우산, 한 손에는 큰 비닐봉지를 들고 들이치는 비를 맞으며 쓰레기를 줍다 보니 부피가 커져가는 비닐봉지에 시선이 멈췄습니다.

   '아! 오늘은 내가 줍고 있지만, 그동안은 누가 이 많은 쓰레기를 주웠었지?'

   '20년 넘도록 일하면서 난 이 운동장 쓰레기를 주운 기억이 없네?'

   그러자 매일 아침 청소를 하며 낙엽을 쓸고 정리를 해주신 분들의 얼굴이 떠오르기 시작했습니다. 감사하다는 인사 한 마디 못하고 떠나 온 것이 마음이 걸렸고, 깨끗한 운동장을 늘 당연하게 여겼다는 생각에 미안한 마음이 들었습니다.

   그러고 보면 '당연하다'의 반대말은 '감사합니다, 소중합니다'인 것 같습니다. 오늘도 당연한 하루를 열어주신 모든 분들에게 감사의 메시지를 전합니다.

DAY 266 텀블러 세척기가 준 시간   허경심

동네 도서관 정수기 옆에 처음 보는 기계가 들어왔습니다. 자세히 보니 '텀블러 세척기'라고 쓰여 있네요. 메뉴 화면을 터치하니까 세척통 문이 자동으로 열립니다. 그리고 화면에는 텀블러를 세척할 것인지, 뚜껑을 세척할 것인지, 종이컵을 세척할 것인지 선택지가 나옵니다. 텀블러 세척을 선택하고 기계에 텀블러를 넣었습니다. 지이이이잉! 물 세척과 자외선 소독까지 딱 5초가 걸렸네요. 커피 잔여물이 남아 있던 텀블러가 아주 깨끗해져서 나옵니다.

세상에는 점점 더 인간을 편리하게 해주는 기계가 많아지고 있습니다. 세탁기, 식기세척기, 로봇 청소기. 이런 기계들로 인해 우리는 이전보다 시간을 많이 절약할 수 있게 되었죠. 시간이 절약된다는 건 그만큼 시간이 많아진다는 말이겠죠. 그런데 신기합니다. 왜 우리는 이전보다 더 바쁘고 조급할까요?

텀블러가 단 5초 만에 세척되어 나오는 모습을 보며 생각했습니다. 기술이 발전함에 따라 우리는 물리적인 시간을 아낄 수 있게 되었지만 동시에 마음의 여유를 잃어가고 있는 건 아닐까?

기술이 우리에게 선사한 시간을 단순한 효율성 증대가 아닌 자신을 돌아보고 소중한 사람들과 깊은 관계를 맺는 데 사용하면 좋겠습니다. 텀블러 세척기 덕에 저는 약 1분을 벌었네요. 1분간 명상하며 저를 돌아봐야겠습니다.

DAY 267 인사고충 진정서 써, 말아? _{죠쌤}

　기분 좋은 아침 메시지를 고민하는 글쓰기 코치이지만, 유독 눈을 뜨기 싫은 아침이 있습니다. 저 또한 직장인이기에 그렇죠. 직장인이라면 누구나 개인과 직장의 여러 문제로 끔찍한 날들을 보내는 시기가 있습니다. 때려 치자니 용기는 나지 않고, 그냥 묵묵히 참자니 한계가 오고… 몇 가지만 개선되면 계속 잘 다닐 수 있을 것 같은데…. 이럴 때 상급자나 인사부서에 '인사고충진정서'를 고민하게 됩니다. '그런 게 먹히기나 합니까?'라고 반문할 수도 있지만, 일단 고충사항을 객관적으로 기록하는 것만으로도 진정 효과가 있습니다. 또한, 인사부서에서 고충을 들어줘 개선된 적도 있습니다.

　제 경험을 담아 인사고충 진정서 작성 팁 3가지만 공유할게요. 첫째, 구체적으로 쓰자. '스트레스를 받았다' 등과 같은 추상적인 표현들만 나열해서는 별 도움이 되지 않습니다. 구체적인 병원 진단이라든지 '하루에 2시간밖에 수면을 취할 수 없다' 등과 같이 수치가 들어간 표현을 써 주면 상대방이 이해하기 좋습니다. 둘째, 증인을 언급하자. '그건 당신만의 고충이지'라는 답변을 듣지 않도록, 가까운 동료나 상사 등 자신의 어려움을 잘 아는 이들을 언급합시다. 그러면 인사담당자는 더 종합적인 판단을 내릴 수 있고, 그들을 통해서 고충에 대해 파악해볼 수도 있습니다. 셋째, 해결책을 제시하자. 인사담당자도 우리의 고충을 보면 골치가 아플 것입니다. '어떻게 도와야할지' 막막하니까요. 그러니 작은 해결책이라도 제시해 보는 것이 훨씬 더 매력적인 진정서가 될 것입니다. 부디 고충 없는 아침이여 오라!

DAY 268 눈먼 자에서 눈뜬 자로 살기   엘린

우연한 기회에 시각장애인 판사인 김동현 작가가 쓴 에세이 「뭐든 해 봐요」를 읽었습니다. 그는 의료 사고로 시력을 잃었음에도 시련을 극복하고 열심히 공부해서 판사가 되었습니다. 시각장애인이면서 판사라는 직업 때문에 책이 낯설겠다는 우려와 달리 책을 읽는 내내 옆집 청년과 두런두런 이야기를 나누는 마음이었습니다. 그에게 이런 말을 해주고 싶었습니다.

'힘들었을 텐데 잘 견디었어요. 시각장애인의 삶에 대해 무심하게 살아서 미안합니다. 듣는 방법으로만 공부했다니 참 존경스러워요. 좋은 판사가 되어 더 좋은 나라를 만들어 주기를 부탁해요.'

나는 스크린 리더를 이용해 접근성이 확보된 인터넷 홈페이지에서 리서치를 하고, 접근성이 없는 자료는 전담 속기사가 파일로 만들어 주며, 컴퓨터로 판결문을 쓴다. 이런 접근성과 편의가 제공되지 않는다면 판사로서 할 수 있는 것이 많지 않다. 내 동선과 내 공간에서 나는 오래 걸리고 조금 불편할지언정 웬만한 것은 혼자 할 수 있다.

「뭐든 해 봐요」, 김동현, 다산북스, 2022

눈에 보이는 일이 전부라 믿었고 보이지 않는 것들을 소홀히 했습니다. 지금껏 눈먼 자로 살지 않았나 돌아보게 됩니다. 새로운 눈을 뜨고 싶을 때는 책을 펼치고, 사람을 만나세요. 뭐든 해보면 시야가 열리니까요.

DAY 269 가오리는 왜 물 위로 뛰어오를까? 허경심

수년 전, 아이와 함께 백과사전을 보며 있던 일입니다. 백과사전의 해양 동물에 관한 챕터에서 인상 깊은 대목이 있었어요. 가오리가 종종 바다 한가운데에서 물 위로 최대 2미터까지 뛰어오른다는 내용이었습니다. 돌고래뿐만 아니라 가오리도 물 위로 뛰어오른다니 신기했습니다. 대체 왜 이런 행동을 할까 궁금해서 더 읽어보니 과학자들도 아직까지 명확한 연구 결과를 내놓지 못했다고 쓰여있었어요. 아이에게 물었습니다.

"가오리가 왜 물 위로 뛰어오르는지 아직 과학자들도 모른대. 가오리는 왜 그런 행동을 할까?"

아이가 답했습니다.

"좋으니까 그러지~"

저는 생각지도 못한 답변을 듣고 큰 소리로 웃었습니다. 아이의 순수하고 단순한 답변을 들으니 순간 묵직했던 제 머릿속이 가벼워지는 걸 느꼈습니다.

어른들은 그렇습니다. 뭐든 왜 그런지 명확한 이유를 파헤치고, 의미를 부여하고, 판단 내리려 합니다. 때론 그저 단순하게, 그저 내 욕구에 충실하게, 그저 즐겁게 지내보는 것도 좋을 것입니다. 아이의 말대로 가오리는 물 위로 뛰어오르는 순간의 즐거움을 즐기고 있는 건지도 모르겠습니다. 때론 이유를 묻지 말고 그냥 물 위로 뛰어오르며 즐깁시다. 아이처럼, 가오리처럼.

DAY 270　노래가 더해져야 완벽하지　엘린

　너른 갈대밭이 끝도 없이 펼쳐져 있습니다. 하늘은 파랗고 바람은 간간이 불어 나뭇잎을 떨구는 선선한 날씨입니다. 나무로 된 다리를 그대 손잡고 천천히 걷습니다. 손가락을 튕기며 연주하는 기타 소리가 들립니다. 잔잔한 목소리에 바람 소리가 화음을 더합니다.

　노래가 없었다면 삶이 얼마나 퍽퍽할까요? 가슴이 시렸던 첫사랑의 아픔을, 친구와 싸운 뒤의 후회되는 마음을, 보고 싶어도 볼 수 없는 부모님에 대한 마음을, 반겨주는 이 없는 빈집을 열고 들어갈 때의 외로움을 노래가 아니면 어떻게 표현할 수 있을까요? 멋진 가을 풍경을 바라보며 마음에 딱 맞는 노래를 듣습니다.

가을 우체국 앞에서 그대를 기다리다 노오란 은행잎들이 바람에 날려가고 지나는 사람들같이 저 멀리 가는 걸 보네.
세상에 아름다운 것들이 얼마나 오래 남을까 한여름 소나기 쏟아져도 굳세게 버틴 꽃들과 지난 겨울 눈보라에도 우뚝 서 있는 나무들같이 하늘 아래 모든 것이 저 홀로 설 수 있을까 가을 우체국 앞에서 그대를 기다리다 우연한 생각에 빠져 날 저물도록 몰랐네.

윤도현 〈가을 우체국 앞에서〉

　'가을 우체국 앞에서'를 들으며 공원을 걷습니다. 사랑에 빠진 이는 이 세상 모든 것이 아름답습니다. 여름을 지낸 꽃들과 겨울을 버틸 나무들도 하늘 아래 혼자가 아니듯이 사랑에 빠진 이는 혼자가 아니기에 세상이 아름답습니다. 노래를 들으며 당신을 기다리는 순간이 참 아름답습니다.

DAY 271 한 송이 시간의 꽃

에밀리

빛을 보기 위해 눈이 있고 소리를 듣기 위해 귀가 있듯이 너희들은 시간을 느끼기 위해 가슴을 갖고 있단다. 가슴으로 느끼지 않은 시간은 모두 없어져 버리지. 장님에게 무지개의 고운 빛깔이 보이지 않고 귀머거리에게 아름다운 새의 노랫소리가 들리지 않는 것과 같지. 허나 슬프게도 이 세상에는 쿵쿵 뛰고 있는데도 아무것도 느끼지 못하는 눈멀고 귀먹은 가슴들이 수두룩 하단다

「모모」, 미하엘 엔데, 비룡소, 2009

우리의 마음속에는 시간의 사원이 있고 시간의 꽃 한송이가 있다는 사실을 알고 있나요?

일상을 다람쥐 쳇바퀴 돌듯이 허둥지둥 보냅니다. 바쁜 와중에 시간을 쪼개가며 열심히 살면 여유가 있어야 하는데 왜 주위를 돌아볼 여유는 없는 것일까요? 빼곡하게 채운 시간표에 따라 바쁘게 일하고 공부하는 동안 우리의 삶은 꿈과 따뜻함을 잃고 점점 삭막해져 가고 있는지도 모릅니다. 사막 같은 세상에 갓 피어난 꽃이 있습니다. '현재'라는 시간의 꽃이죠.

지금 잠시 주위를 둘러보세요~
어스름 새벽녘 아침을 깨우는 새소리
창밖으로 보이는 청량한 가을 하늘과 뭉게구름
저 멀리 들리는 꼬마들의 웃음소리
행복은 가슴으로 느끼는 바로 지금의 시간으로부터 찾아옵니다.

| DAY 272 | 고정 말고 성장! | 엘린 |

'그들은 영원히 행복하게 살았답니다'가 불가능하다는 뜻은 아닙니다. 다만 '그들은 영원히 행복할 수 있도록 노력했답니다'가 보다 정답에 가깝다는 뜻이지요.

「마인드셋」, 캐롤 드웩, 스몰빅라이프, 2023

스탠퍼드대학교 심리학 교수인 캐럴 드웩에 따르면, 사람의 마음가짐(마인드셋)은 '고정 마인드셋'과 '성장 마인드셋'으로 분류할 수 있으며 이 마인드셋이 우리 인생을 결정짓는다고 합니다. 고정 마인드셋을 갖는다는 것은 '당신의 개인적 자질이 고정돼 있다'라고 믿는다는 뜻입니다. 재능이나 능력이 불변한다고 믿는 사람은 자질이 한정되어 있고 어떤 노력을 해도 바꿀 수 없다고 생각합니다. 반대로 성장 마인드셋을 가진 사람은 자신의 재능과 능력이 발전될 수 있다고 믿습니다. 타인의 지원과 도움을 통해 누구나 자기 능력을 끊임없이 성장시킬 수 있다는 것입니다.

고정 마인드셋을 가진 사람은 자신뿐만 아니라 상대방의 자질과 인간관계의 질 또한 고정되어 있다고 믿기에 둘 사이의 관계가 좋은 쪽 혹은 나쁜 쪽으로 항상 단정 지어 버립니다.

'핸드폰만 보는 남편에겐 독서란 단어는 없는 듯 해요.'
'우리 아이들은 제 말을 듣지 않고 방문 밖으로 나오지 않아요.'
'직장 상사는 성심껏 작성한 제 보고서에 칭찬할 줄 모르죠.'

남편을, 아이를, 또 직장 상사를 늘 그런 사람이라고 결정짓는다면 관계는 변하지 않습니다. 제 고정된 마음이 그들에게 줄 것은 분노와 소소한 복수뿐입니다. 내 마음과 상대방의 마음 모두 변할 수 있다고 믿으며 더 나은 관계를 만들기 위해서 함께 노력해야 합니다. 성장 마인드셋. 우리는 성장할 수 있다고 믿습니다.

DAY 273　과정에 초점 맞추기

허경심

　요즘 저는 '과정'이라는 단어를 많이 생각합니다. 왜냐하면 저는 늘 결과에 집중하며 살아왔기 때문입니다. 결과보다 과정에 초점 맞추기. 저는 이것이 참 어렵습니다.

　제가 9년째 가담하고 있는 독서 모임에 일본 문학 번역가의 대가 김난주 선생님이 함께하게 되었습니다. 지난 6월엔 가와바타 야스나리의 「설국」을 읽고 토론을 나누었습니다. 가와바타 야스나리는 이 작품으로 일본인 최초로 노벨 문학상을 받았다고 해요. 그런데 소설이라면 어떤 사건이 일어나고 갈등이 나와야 읽는 재미가 있는데 「설국」에는 그런 것이 전혀 없었습니다. 주인공의 태도도 이해되지 않았고요. 특히, 작가의 핵심 메시지나 플롯이 이해되지 않아 소설 읽는 재미가 크게 떨어졌습니다. 이런 저에게 김난주 선생님이 이렇게 말씀해 주셨습니다.

　"스토리 없이 장면들로만 이어가는 소설도 상당히 많이 있어요. 소설 속으로 들어가면 소설 밖 우리 현실을 거기에 가져가 생각하는 것이 아니라 그 소설 안에서 생각하고, 상상하고, 느끼고, 공감하고, 감응하는 것이 중요합니다. 저는 이것이 소설을 대하는 바람직한 태도라고 생각해요. 소설을 읽을 때 관망이 아닌 조망을 해보세요."

　이 말씀을 듣고 크게 깨달았습니다. 저는 어떤 도전 과제에서뿐만 아니라 소설을 읽을 때조차 과정을 즐기지 못했다는 것을요. 소설 속 세계를 체험하며 느끼고 생각하는 과정 자체가 소설의 매력이자 가치인 것처럼 나에게 주어진 도전 과제도 마찬가지라는 걸 알았습니다. 과정에 초점을 맞추라는 말은 결국 '지금, 여기'에서 생각하고 느끼라는 말이었다는 걸 이제야 알았습니다.

챕터4

이야기가 깊어지다

DAY 274 당신은 인생의 순례자인가요? 관광객인가요? 찰리쌤

건물명: 순례주택
소유자: 75세 김순례 씨
개명 전: 순례(順禮) 예의 바르다는 의미
개명 후: 순례(巡禮) 순례자라는 의미

「순례주택」, 유은실, 비룡소, 2021

평생 세신사로 일하며 모은 돈으로 작은 건물을 세워 '순례주택'이라 이름 짓고 주변보다 싼 시세에 세를 놓은 김순례 씨. 그곳에 다세대 입주민 공동체를 꾸리며 '소유가 아닌 공유'의 삶을 실천하며 살아가고 있는데요. 요즘 아이들의 꿈 1위가 건물주라는데, 그런 이미지와 어울리지 않습니다. 부모 찬스가 부러움의 상징인 시대에 자기 힘으로 살아가려는 사람들이 '이른'이라는 것이죠.

> "어떤 사람이 어른인지 아니?
> 자기 힘으로 살아보려고 애쓰는 사람이야."
> - 김순례 씨-

공부는 못해도 다양한 삶의 지혜를 가지고 있는 진정한 어른인 '중학생 수림'을 바라보고 있자면, 우리는 나 자신과 수림 중 누가 더 어른스러운지 생각하게 됩니다.

바닥만 보고 달리고 있는 나의 시야를 다시 저 멀리 바라보게 만들어 줍니다. 그와 동시에, 다시금 초심으로 돌아가게 해주는 마법의 책!

> '관광객은 요구하고, 순례자는 감사한다.'
> 당신은 인생의 순례자인가요? 관광객인가요?

DAY 275   만병통치약, 소금물   죠쌤

"만병통치약을 알고 있지. 바로 소금물이야."
내가 물었다. "소금물?"
"응." 그가 말했다.
"바로 땀, 눈물, 그리고 바다."
- 이자크 디네센-

「감정어휘」, 유선경, 앤의서재, 2022

  책을 덮고 나서도 한동안 '땀, 눈물, 바다' 세 단어가 마음에 남았습니다. 그 세 가지 소금물이야말로 모두 공감할 수 있는 만병통치약이 아닐까요. 저도 마음이 힘들고 우울할 땐 땀이 날 때까지 동네를 걷습니다. 또는 사람들과 어울려 공을 차며 속옷까지 땀에 젖도록 뛰고 또 뜁니다. 그 순간만큼은 뼈를 찾아 달리는 즐거운 강아지가 됩니다. 마음의 치유가 필요할 때는 제 최애 영화(굿 윌 헌팅, 이프 온리)나 기형도 시인의 시를 읽으며 눈물을 흘립니다. 소금물을 좀 흘리면 마음이 정화되죠. 사회생활에 치이면, 바다가 떠오릅니다. 1년에 한 번도 갈 수 없을 정도로 여유가 없으면 바다 영상이라도 찾아봅니다. 광고에 나왔던 그림 같이 아름다운 지중해의 바다도 좋고, 드넓은 태평양 바다도 좋습니다. 모든 생명의 고향이 바다이기 때문일까요, 소금물이 넘실대는 바다는 잘 듣는 만병통치약입니다.

  현대만큼 약을 많이 찾는 시대가 있었나요, 우리나라 사람들만큼 약을 많이 복용하는 민족이 있나요. 우리는 몸도 마음도 자주 아픈 연약한 사람들 같습니다. 소금물을 기억해 주세요. 땀 흘리고, 눈물 흘리고, 바다를 보세요. 여러분이나 저나 힐링이 필요하니까요.

DAY 276 남기고 싶은 말

에밀리

갑자기 가슴과 명치 쪽에 극심한 통증과 함께 숨을 쉬기가 힘든 상태였어요. 퇴근하면서 바로 병원으로 달려갔지요. 의사 선생님이 당장 내일 아침 입원할 준비를 하고 오라며 급하게 입원 날짜를 잡아주십니다. 입원이라니... 내가? 어쩌다가? 다음날 바로 입원을 했고 각종 검사를 마쳤습니다. 총담관결석으로 담도가 막혀 급히 시술해야 하는 상태였지요. 의사 선생님께서 시술 시 천공이 생길 수도 있고 이로 인해 사망에 이를 수도 있다는 최악의 상황을 설명해 주십니다. 두려움을 참으며 수술 동의서에 서명합니다. 시술대에 누우니 여러 가지 걱정이 몰려오기 시작합니다.

'시술 중에 잘못되기라도 한다면? 혹여 잘 되었다고 하너라도 신장이 좋아지지 않는다면?' 어린 딸과 남편, 정리되지 않은 수많은 집안일이 흩어진 퍼즐 조각이 되어 머릿속을 어지럽게 합니다. 보험 자료와 주택 관련 서류들은 어디에 두었지... 우리 딸 가을, 겨울 옷을 따로 정리해 두지 못했는데...

한 아이의 엄마, 누군가의 아내, 그리고 부모님의 자식으로서 남길 수 있는 것은 무엇일까를 생각해 봅니다. 내가 이 세상에 존재하지 않을 그 언젠가를 위해 지금 할 수 있는 것은 무엇일까? 유언장을 써야겠습니다. 기록을 남겨야겠어요. 그래서 다시 일기를 쓰기로 합니다. 소소한 일상이지만 하루하루를 기록으로 남기다 보면 어느 날 갑자기 내가 사라지더라도 남겨진 이야기들이 나의 자리를 대신해 주지 않을까요?

DAY 277 진흙탕 위에 뜨는 달   모두쌤

달빛(月光, Moon light). 소리로 달빛을 표현한 음악이 있습니다. 물론 물도 표현(드뷔시, 피아노곡 물의 반영)하고, 심지어 거북이나 화석을 표현한 음악(생상스, 동물의 사육제)도 있습니다. 음악으로 뭔가를 표현하고, 그것을 함께 느낀다는 것은 참 근사한 일입니다.

베토벤은 1798년부터 원인을 알 수 없는 청력장애가 시작되었으며 이 월광 소나타가 작곡된 1801년에는 귓병이 심각해졌다고 합니다. 게다가 귀차르디와의 연애도 여자 쪽 집안의 반대로 난항을 겪고 있었습니다. 오죽했으면 1802년에는 자살할 생각을 하고 유서까지 썼을 정도였을까요. 그래서 그런지 피아노의 베이스음을 아르페지오로 반복하여 연주하며 깊은 울림이 계속 마음에 와닿습니다.

베토벤의 인생에서 가장 어두운 그 순간에, 진흙탕에서 피어난 연꽃처럼 아름다운 월광 소나타가 탄생했다는 것을 기억해야 합니다.

지금 자신을 둘러싼 환경이 너무 힘들어 진흙탕 같다면, 베토벤의 월광과 같은 명곡을 만들기 위한 좋은 기회라고 생각하면 어떨까요?

독서의 의미

허경심

생각 없는 산만한 독서는 눈에 붕대를 감고 아름다운 풍경 속을 산책하는 것과 같다. 자신과 일상생활을 잊기 위해서가 아니라 반대로 자신의 삶을 보다 의식적이고 성숙하게 다시 단단히 손에 쥐기 위해 독서해야 한다.

「잠 못 이루는 밤」, 헤르만 헤세, 현대문학, 2013

한때 저에게 독서는 현실 도피처였습니다. 생각하면 머리가 아프고, 가슴이 답답해지는 현실을 벗어나 책 속 세상으로 들어갔습니다. 책을 통해 만난 상상의 세상에서는 제가 하지 못한 일들을 이룰 수 있습니다. 그럴 땐 잠시 후련하고 행복합니다. 그러나 현실 세상에 돌아오면 제가 맞닥뜨린 문제가 해결된 건 아니었기에 독서는 결국 저에게 성장을 가져다주는 게 아니라 허탈감을 가져다주었지요.

저는 다행히도 허탈감으로 끝나는 독서 습관을 바꿨습니다. 현실을 직시하며 책을 읽기 시작한 것이죠. 저의 내면을 관찰했고 책에서 주는 인사이트들을 저에게 적용하고 실천했어요. 효과는 대단했습니다. 그 방증은 바로 제가 이렇게 글을 쓰며 사는 것입니다.

헤르만 헤세가 말하는 독서의 의미가 마음에 깊이 다가옵니다. 진정한 독서란 내가 살고 있는 '지금', '여기'를 의식하며 성숙해지는 과정이 아닐까요? 여러분이 생각하는 독서의 의미는 무엇인가요?

DAY 279   네가 없는 이 시간   엘린

이렇게 오래 네가 보이지 않았던 적이 없었다.
불안했다. 길을 잃고 헤매고 있을 너를 내가 찾지 못할까 봐
헤매다 지쳐서 돌아오는 길을 잃었을까 봐
그리고 종국에는 나도 너를 찾으려고 하지 않을까 봐
불안했다.
그런데 참 이상하지.
늘 내 곁에 있는 게 당연하다고 생각했는데
네가 없어서 참 낯설었는데
네가 없는 그 시간이 견딜만하더라.
네가 보이지 않으니
내가 보이더라.
그래. 가끔은
네가 없어도 괜찮겠다.

엘린, 2022. 10. 15. 데이터센터 화재로 카카오톡이 안 되던 날에

    시는 상상의 영역을 벗어나 체험의 영역으로 나와야 합니다. 마음에서 우러나오는 시어에는 시인의 체험과 찰나의 감정들이 묻어 있지요. 시는 참 어렵습니다. 내 마음을 들여다볼 여유도 없이, 타인의 감정을 공감할 기회도 없이 바쁘게 살다 보니 시의 언어를 이해하기 점점 더 어려워집니다. 그런데 오늘은 왠지 시를 쓰고 싶었습니다. 카카오톡이 안되었을 때의 고독함을 표현하고 싶었습니다.

    시로 마음을 표현해보니 어린아이가 되어 크레파스를 꼭 쥐고 흰 도화지를 마주하는 기분이 들었습니다. 가끔은 시를 써야겠습니다.

DAY 280 사랑을 떠올리게 하는 것들 김선민

결혼한 지 벌써 8년차... 분명 결혼식 사진 속 해맑게 웃고 있는 우리는 풋풋하고 서로를 바라보는 모습에서 사랑을 발견할 수 있다. 그런데 아이를 낳고 서로의 삶이 익숙해진 지금 우리는 정말 잔잔한 호수와 같다. 연애할 때 나는 남편과의 추억을 일기 형식으로 남겨놨었다. 몇 달 전 이사를 준비하며 그 일기장을 찾게 되었다.

내가 여름이라고 말하고,
'벌새'라는 단어를 쓰고,
그걸 봉투에 넣어,
그걸 언덕 아래 우체통에 가지고 가서 넣는다고 해봐,
그걸 열어볼 때면 당신은 떠올리게 될 거야 우리의 시절을,
그리고 얼마나 정말 얼마나, 내가 당신을 사랑하는지.

「우리 모두」, 레이먼드 카버, 문학동네, 2022

꺼내놓지도 찾아보지도 않았던 언덕 아래 우체통에 넣었던 '벌새'라는 단어가 들어있는 봉투를 발견한 것이다. 입버릇처럼 "오빠랑 어떻게 결혼했을까?" 하는 질문의 답이 거기에 적혀있었다. 잊고 있었던 그 감정 속의 나를 보며 오늘도 다시 남편을 사랑해본다. 설렘보다는 편안함으로.

우리에게 그런 사랑을 떠올리게 하는 것들이 무엇이 있을까?

DAY 281　나의 해방일지　　연정인

"내가 좋아하는 것 같은 사람들도 가만히 생각해 보면 다 불편한 구석이 있어요. 실망스러웠던 것도 있고, 미운 것도 있고, 질투하는 것도 있고, 조금씩 다 앙금이 있어요. 사람들하고 수더분하게 잘 지내는 것 같지만 실제로는 진짜로 좋아하는 사람이 아무도 없어요. 혹시 그게 내가 점점 조용히 지쳐가는 이유 아닐까, 늘 혼자라는 느낌에 시달리고 버려지는 느낌에 시달리는 이유 아닐까."

드라마 <나의 해방일지>

　학창 시절이나 직장에서도 제가 겪은 일에 대해 한참 진지하게 말했는데 듣고 있는 주변 친구나 동료들의 반응이 시큰둥했던 경우가 있었습니다. 그럴 때 '아, 이 일이 그들에게 별거 아니구나'라는 실망감과 허탈감을 느끼곤 했습니다.

　'난 혼자야, 날 공감해줄 사람은 없어.'라는 생각에 빠져 주변 사람들에 대한 기대감을 잃어 갔습니다. 그러다 보니 인간관계가 더 메말라졌습니다. 돌아보니 내 편에서 문제가 많았습니다. 그래서 일기를 쓰거나 길을 걸으며 머릿속으로 내 감정을 정리하는 습관을 들였습니다. 그리고 나니 사람들과 대화도 더 잘 되고 오해하는 일도 줄었습니다. 사람들에게는 누구나 불편한 구석이 있습니다. 내가 기대하는 것만큼 사람들은 나를 좋아하지 않을 수도 있고요. 그렇다고 항상 혼자일 필요는 없습니다. 천천히 배우는 마음으로 한 걸음씩 나아가면 되니까요.

DAY 282　　　마법　　　토마스

누구든지 한 가지의 마법을 갖고 있습니다
그 마법은 언어적인 면일 수도 있고
또 수학적인 면일 수도 있습니다.
사람들은 모두 제각기 다른 마법을 가지고 태어납니다.
사람들은 각자의 마법을 보고
순위를 매겨 가치를 평가합니다
인정받지 못하는 마법은 가치가 없어 하찮게 여겨집니다
하지만 인정받는 마법은 모두가 찬양하고 귀하게 여깁니다
우리는 이 마법을 재능이라고 부릅니다

윤재영

　저는 중학교 2학년 때 이 시를 썼습니다. 모두가 꿈꾸는 그런 멋진 사람이 되기 위해 노력하다 보니 어느샌가 '내가 재능이 있긴 한가?', '내가 공부해야 하는 게 맞나?' 하는 회의감이 들었습니다.

　사람들은 모두 저마다 각기 다른 재능을 가지고 태어납니다. 누구는 종이접기를 잘하고 누구는 동물을 잘 다룹니다. 누구는 수학을 잘하고 누구는 국어를 잘합니다. 그런데 제가 사는 세상은 조금 이상합니다. 모두가 똑같은 공부를 하고 똑같은 시험을 치릅니다. 이것이 공정하고 공평한 것인가요?

　저는 카페에서 따뜻한 차를 마시며 가만히 멍때릴 때 세상에서 가장 행복합니다. 내가 이루고 싶은 꿈과 행복에 대해 당당히 말하고 그 자체로 응원받는 것, 그게 진정으로 아이들을 위한 일이 아닐까요? 우리 모두 존중받는 마법사가 되길 꿈꿔 봅니다.

DAY 283 '일관된 하루의 시작'이 주는 경건함에 대하여 찰리쌤

> 수백 명의 타이탄을 만날 때마다 나는 물었다. "당신들은 아침에 일어나면 뭘 합니까?" 그들은 하루를 시작하는 매력적인 방법들을 알려주었다.
>
> 「타이탄의 도구들」, 팀 페리스, 토네이도, 2018

팀 페리스는 이 책에서 '승리하는 아침을 만드는 5가지 의식'을 알려주고 있습니다. 그 중 첫 번째로 강조하는 것이 '잠자리 정리'입니다.

"엥? 이부자리 정리를?"이라고 반응하시지 않으셨나요? 저는 보통 4시 50분에 일어납니다. 저도 기상 후 가장 먼저 하는 것을 '이부자리 정리'로 정해놓았습니다. 여기서 중요한 점은 '아침에 일찍 일어나는 게 중요한 게 아니라, 아침을 얼마나 일관적으로 시작하느냐'입니다.

'일관된 하루의 시작'이 주는 경건함을 느껴보신 적 있나요? 밤에는 하지 않는 신성한 일들을 새벽에는 할 수 있습니다. 새벽이 우리에게 선사하는 선물이죠.

일관된 하루의 시작. 저와 함께하시렵니까?

DAY 284 출근하기 싫을 때 읽어야 할 책 조쌤

"나는 나에게 일어난 일들이 아니다. 내가 되고자 선택한 것이다."
칼 구스타프 융(스위스 정신의학자, 분석심리학자)

한동안 출근하면서 '지긋지긋하다, 내가 어쩌다 이 일을 하게 되었을까'하고 원망했던 적이 있습니다. 아침 알람도, 무표정한 사람들로 가득 찬 지하철도, 꼰대 같은 상사도 다 싫었습니다. 직장은 감옥이었습니다.

우연히 빅터 프랭클의 「죽음의 수용소에서」를 읽게 되었는데 나 자신이 발가벗은 것처럼 부끄러웠습니다. 마치 병원놀이만 하던 어린아이가 태어나 처음으로 자지러지도록 아픈 치과 치료를 받은 느낌이었습니다. 프랭클이 처했던 죽음의 수용소에 비하면, 내 환경은 놀이라고 부르기도 민망한 수준이었습니다. 프랭클을 통해 한 가지를 깊이 배웠습니다. 그것은 '나에게 일어난 일들 때문에 어쩔 수 없이 나는 이렇게 되었다.'라고 말할 수 없다는 것입니다.

끔찍한 폭력의 현장에서도 인간의 존엄성을 지키며 '어떤 사람이 될 것인가를 선택'했던 프랭클을 통해 강한 면역주사를 맞았습니다. 저는 오늘도 똑같이 출근합니다. 출근할 수밖에 없기 때문에 출근하는 것이 아니라, 출근하기로 선택했습니다. 저는 선택할 것입니다. 더 인간답게 살기로 선택하고, 더 성장하기로 선택하겠습니다. 나는 더 나은 내가 되고자 '선택하는' 사람이 되겠습니다.

DAY 285　다른 이유 찾기

에밀리

> 행복한 가정들은 모두가 엇비슷하고
> 불행한 가정은 불행한 이유가 제각기 다르다.
> 톨스토이(러시아 소설가, 시인, 극작가)

　제레드 다이아몬드는 「총,균,쇠」에서 행복한 가정을 이루기 위해 많은 요소가 충족되어야 한다고 말합니다. 즉 성공적인 결혼 생활이 되기 위해서는 돈, 자녀 교육, 종교, 인척 등 여러 요소가 잘 들어맞아야 합니다. 여러 요소 중 어느 하나라도 삐끗하면 그 나머지 요소들이 모두 성립하더라도 그 결혼은 실패할 수밖에 없습니다. 부부 사이가 좋지 않거나 둘 중 누군가 외도를 하거나 찢어지게 가난하거나 가족 중에 난치병에 걸린 환자가 있거나... 어떤 이유로도 불행해질 수 있습니다. 어느 가정이든 행복하기는 어렵고, 불행해지기는 쉽습니다.

　행복에 관한 이 생각을 여러 가지 상황에 접목해 보게 되었습니다. '운전을 잘하는 사람은 모두 엇비슷하나 운전을 잘하지 못하는 사람들은 제각기 이유가 다르다. 잘 쓴 글은 엇비슷하지만 잘 쓰지 못한 글은 제각기 이유가 다르다.' 그러다 보니 사람들이 이해가 되기 시작합니다. 모두 제각기 이유가 있었더라고요. 단편적인 진리를 가지고 여러 상황에 맞추어 질문을 해보니 세상과 사람을 바라보는 시야가 넓어지는 듯합니다. 자, 여러분 차례입니다.

　'OO을 잘하는 사람은 모두 엇비슷하나, 못하는 사람들은 제각기 이유가 있다!'

DAY 286 허수아비가 되지 맙시다 모두쌤

언젠가부터 새들은 허수아비를 무시했습니다. 처음에는 허수아비가 무섭게 보였는데 한 달 내내 그냥 가만히 있는 허수아비를 보면서 점점 생각이 바뀌었습니다. 이제 새들은 허수아비의 어깨나, 머리에도 앉고 심지어는 머리를 쪼며 자리를 만들어 잠을 자기도 합니다.

어느 날, 저와 의견을 주고받던 상대가 "아닌 건 아니지요!" 눈을 똑바로 뜨며 말합니다. 언제나 순응적이었던 사람이 이렇게 말하니 순간 '내가 뭘 잘못했을까' 싶습니다. 이래서 원칙과 규정이 중요하구나. 괜히 융통성을 발휘한다고 했다가 문제를 일으켰구나. 내가 상대를 너무 허수아비로 봤던 것은 아닐까, 반성이 됩니다.

너무 마음이 좋아 조악한 사람이 되지 마라.
그런 사람은 결코 화낼 줄 모른다.
이는 타성에서 오는 것이 아니라 무능력에서 오는 것이다.
적당한 때에 감응을 보이는 것은 바로 자신을 드러내는 것이다.
새들도 허수아비를 조롱할 줄 안다.

「세상을 보는 지혜」, 발타자르 그라시안, 아침나라, 2008

분명 허수아비도 처음부터 무시당하지는 않았습니다. 자신을 드러내지 않고, 그냥 받아주기만 하다 보니 영악한 새들은 허수아비의 존재를 간파하고 조롱하기 시작한 것이죠. 허수아비처럼 살지 마세요. 자신을 괴롭히는 새들에게 때로는 호통도 치고, 팔도 흔드세요. 세상을 향해 "난 살아있다구!"라고 외치세요.

| DAY 287 | **걱정 없이 살고 싶어** | 허경심 |

    토머스 트웨이츠는 전작 「토스터 프로젝트」로 굉장한 성공을 거두었습니다. 그러나 그 후 4년 동안 토머스는 근심과 걱정으로 슬럼프에 빠집니다. 이렇다 할 직업 없이 조카의 개를 봐주며 시간을 보내던 토머스는 생각합니다. 동물처럼 걱정 없이 살 수는 없을까?

    토머스는 염소로 살아보는 프로젝트를 시작합니다. 단순히 염소 인형 탈을 쓰는 것이 아니라 각계 전문가들을 만나 자문을 구하며 4족 보행이 가능한 염소 외골격을 만들어 염소로 변신합니다. 게다가 풀을 소화할 수 없는 인간의 위를 보완할 '반추위'를 만들어 목에 매달고 다닙니다. 토머스는 진짜 염소처럼 생활했고, 염소 무리와 알프스산맥을 넘는 대장정에 나섭니다. 염소들은 이런 토머스를 자신의 무리로 받아들이기까지 합니다.

    토머스는 이 과정을 특유의 재치와 위트로 재미있게 썼습니다. 저는 책을 읽는 내내 비실비실 나오는 웃음을 참을 수가 없었습니다. 그러나 그저 웃고만 끝나는 책이 아니었습니다. 인간이 가진 각종 근심에서 벗어나고 싶어 염소 프로젝트를 시작했다는 토머스의 말에 농장주가 한 대답이 인상 깊습니다.

    "당신은 도시 출신이잖아요. 그래서 당신이 미친 거예요. 여기 산 위에선 그런 미친 생각이 필요하지 않을걸요."

    근심과 걱정 없이 산다는 건 불가능하겠지요. 다만 우리는 선택할 수 있습니다. 복잡하게 살 것인가? 단순하게 살 것인가?

DAY 288 노래는 가슴으로 전해지는 것이다 엘린

〈라라랜드〉와 〈물랑루즈〉로 음악상을 받은 음악감독 '마리우스 드 브리스'의 〈코다〉라는 영화 보셨나요? 아래 가사는 '루비'역을 맡은 에밀리아 존스가 버클리 음대 오디션을 보는 장면에서 부른 노래의 한 소절입니다.

I've looked at life from both sides now. From win and lose and still somehow. It's life's illusions I recall. I really don't know life at all.

이제 인생을 양쪽에서 보게 됐어. 이기는 쪽과 지는 쪽에서. 그런데 아직도 기억에 남는 건 인생의 환상일 뿐. 인생이 뭔지 정말 모르겠어.

영화 <코다> OST 'Both sides now'

루비의 부모님은 청각장애를 가지고 있습니다. 무대에 올라간 딸의 노래를 적막함 속에서 오로지 눈으로만 딸을 바라봅니다. 노래를 듣지 못하니 고개를 끄덕이지도 박수를 제때 치지도 못합니다. 루비는 자신의 노래를, 가족을 향한 마음을 들려주고 싶었습니다. 그래서 그녀는 수어로 노래합니다. 진심 어린 노래는 귀가 아닌 마음으로 전달됩니다.

루비의 고백과 달리 제게는 아직 삶의 양쪽 모두를 보는 혜안이 없습니다. 현실과 환상, 이쪽저쪽 방황할 때가 많거든요. 삶이 무어라 말하지 못하겠습니다. 하지만 루비처럼 진심으로 노래하는 이가 되고 싶습니다. 여러분도 루비의 고백을 꼭 들어보시기를 추천합니다.

DAY 289 — 내 편은 누구? 나는 누구 편? 김선민

> 내가 니편이 되어줄게
> 괜찮다 말해줄게
> 다 잘 될 거라고 넌 빛날 거라고
> 넌 나에게 소중하다고
> 모두 끝난 것 같은 날엔 내 목소릴 기억해
>
> 커피소년 <내가 니편이 되어줄게>

커피소년의 노래를 듣다 보면 내가 나에게 들려주는 응원의 메시지 같다는 생각을 많이 한다. 나 자신을 더 사랑해주겠다는 다짐을 하게 만드는 곡이다.

최근 명상과 심리학에서 자기 연민에 대한 연구가 늘어나고 있다. 자기연민이란 자기 자신을 불쌍하게 여기는 마음을 말한다. 세상을 살다보면 우리는 완벽한 사람이 되고 싶은 마음이 심해져 혹독한 자기비판에 빠지는 경우가 있다. 각종 소셜 미디어를 보라. 완벽한 얼굴, 완벽한 몸, 완벽한 재력, 완벽한 학벌 등 완벽한 사람들만 보인다. 실상은, 완벽함을 추구할수록 자신의 단점과 한계가 보이기 마련이다. 그럴 때일수록 우리에게는 자기연민이 더욱 필요하다.

죽지 않는 한 없어지지 않을 나의 자아가 나를 믿고 위로한다면 그것보다 큰 위로는 없을 것이다. 지금 나에게 말해주자. 괜찮다고, 조금 부족해도 충분히 매력 있고 멋지다고, 지금도 잘하고 있다고.

DAY 290 열 번 해서 안 되면 천 번 하겠습니다 연정인

人一能之 己百之 人十能之 己千之
인일능지 기백지 인십능지 기천지

다른 사람이 한 번에 할 수 있다면 나는 백 번을 하고,
열 번에 할 수 있다면 나는 천 번을 한다.

「중용」, '제20장', 자사

고등학교 때 제 친구는 저와 수면 시간도 비슷하고, 수업 시간에 집중하는 정도도 비슷해 보였습니다. 그런데 그 친구는 항상 최상위 성적을 유지하는 반면에 저는 그렇지 못해서 그 원인이 무엇일까 고민하였습니다. 단순히 그 친구가 저보다 IQ가 더 높았기 때문일까요?

저도 학창 시절 당시에는 나름대로 노력했다고 생각했지만, 수십 년이 지나 현직에서 학생들을 객관적으로 바라보며 그때를 떠올려 보니 '당시 내 노력이 많이 부족했구나'라는 생각이 듭니다. 김연아 선수, 박세리 선수, 가수 비 등 전 세계에서 이름을 떨치는 사람들의 이야기를 들어보면 그 분야에서 정상이 되기 위해 그들은 잠자는 시간부터 가족과 보내는 시간까지 줄여가며 연습에 매진했음을 알게 됩니다.

요즘 저는 글쓰기에 도전하고 있습니다. 실력이 부족하기에 남들이 한 번 쓸 때 저는 두 번, 세 번 더 쓰려고 노력합니다. 부족한 점이 많이 보이지만 절차탁마(切磋琢磨)의 정신으로 백 번, 천 번 더 쓰다 보면, 언젠가 하늘도 감탄해서 작가의 영혼을 조금이라도 부어주시지 않을까요?

DAY 291 행복한 왕자, 불행한 왕자 토마스

> "당신은 누구십니까?"
> "난, 행복한 왕자란다."
> "행복한 왕자라면서 왜 울고 있나요? 왕자님 때문에 제 몸이 다 젖었어요."
> "내가 살아 있을 때, 그러니까 인간의 심장을 가지고 있을 때 난 눈물이 무엇인지 몰랐어. (중략)....
> 내가 죽고 난 뒤, 사람들은 나를 동상으로 만들어 여기 이 높은 곳에 세웠어. 그제야 비로소 난 이 도시의 온갖 추하고 비참한 생활을 볼 수 있게 되었어. 그래서 이렇게 하염없이 눈물이 흐르는 거란다."
>
> 「행복한 왕자」, 오스카 와일드, 아이워즈, 2019

사람마다 아름다움의 기준이 다릅니다. 사람들은 각자 자신이 보는 아름다움의 기준을 설정하고, 기준에서 벗어난 이들을 비난하기도 합니다. '행복한 왕자'는 '자신을 아름답다고 생각하고 다른 사람을 아름답다고 존중하는 것이 진정 아름답고 멋진 일'이라고 말합니다.

겉으로 보면, 왕자의 삶은 참으로 아름답고 행복했습니다. 그러나 동상이 되어 도시 전체가 다 내려볼 수 있게 되자 왕자는 더 이상 행복한 왕자가 아니었습니다.

아름다움의 어원이 '앎'이라는 추측이 있습니다. 하지만 이 이야기에서 앎은 아름다움이라기보다 '앓음'에 가까웠습니다. 자신의 기존 시각에서 벗어난 새로운 앎으로 눈물을 흘리게 된 왕자가 행복할까요, 아니면 그저 알던 것에 머물러서 미소만 지으며 살았던 왕자가 더 행복할까요? 참 어렵습니다.

DAY 292   사기꾼 증후군   챨리쌤

Imposter Syndrome : 사기꾼 증후군, 가면 증후군
자신이 이뤄놓은 것들이 내 능력에 의한 것이 아닌데, 다른 사람들은 아직 모르고 곧 나의 무능력함을 알아차릴 것이라고 걱정하는 심리적인 현상

이를 더 쉽게 설명하면 바로 이렇습니다.

"내가 세상에 지금 사기를 치고 있어. 걸리면 어떡하지?"

성공한 기업가들이 가장 힘든 점을 이야기해보라면 '자신이 멍청하다고 생각하는 내면의 목소리를 잠재우는 것'이라고 말합니다.

저도 그렇습니다. 내가 해놓은 것들은 사실, 다른 이들의 도움으로 이루어진 경우가 대부분이다 보니, '남들이 내 무능력함을 알아차리면 어쩌지?'라는 두려움에 휩싸이곤 합니다.

여러분은 어떤가요? 끊임없이 자신을 의심하며 살아가진 않나요? 나의 부족함을 '발전의 계기'로 삼는 게 아니라, '나의 성장을 갉아먹는 시작점'이 되지 않길 바랍니다.

"당신은 당신이 생각하는 것보다 더 멋집니다."

이 아침, 챨리쌤이 여러분을 응원합니다!

DAY 293   오늘도 힘입어   조쌤

옷을 입는 것처럼, 나는 매일 힘입는다. 철에 맞는 옷이 따로 있는 것처럼, 사는 데는 알록달록한 힘이 필요하다. 꼭 커다랗지 않아도 된다. 자잘해도, 즉각적인 반응을 이끌어내지 않아도 그 힘은 공기처럼 나를 감싼다. '힘입다'라고 소리 내어 발음해본다. 무엇보다 힘을 옷처럼 입을 수 있다니, 꼭 슈퍼맨이나 배트맨의 슈트처럼 근사하지 않은가.

「다독임」, 오은, 난다, 2020

    지독한 장염에 걸려 아무것도 할 수 없었다. 무력감이 온 몸을 감쌀 때 비로소 내가 누군가의 힘을 입어야 살 수 있는 나약한 존재임을 절실히 깨달았다. 집 앞까지 걸어 나가는 것, 아니 집안에서 음식을 차리는 것, 아니 누워서 숟가락 하나 드는 것조차 내 힘으로 버거울 때 가족의 힘, 친구의 힘, 동료의 힘이 없었다면 나는 어떻게 되었을까. 어쩌면, 나란 존재는 그 소중한 힘들이 협업으로 빚어낸 유리그릇은 아닐지.

    나도 에세이의 저자처럼 '힘입다'를 소리 내어 발음해본다. 고맙다. 감사하다. 그 근사한 힘들 덕분에 나는 오늘도 햇빛에 반짝이는 유리그릇처럼 웃을 수 있다. 그들의 손길에 힘입어 나는 오늘도 빛날 수 있다.

DAY 294 색채는 빛의 고통 에밀리

이 세상을 아름답게 하는 모든 색채는
빛의 고통에 의해서 이루어 진다.
요한 볼프강 폰 괴테(독일의 작가, 철학자, 과학자)

10월 깊어 가는 가을입니다. 평상시에 잘 보지도 않는 높고 푸른 하늘을 보며 사색에 잠기고 길을 걷다가 낙엽을 밟으면 그 소리에 가을이 지나감을 못내 아쉬워합니다. '시몬 너는 좋으냐? 낙엽 밟는 소리가' 레미드 구르몽의 시구를 읊조리면서 말이죠.

나뭇잎에 단풍이 드는 이유는 겨울을 대비하기 위한 준비입니다. 봄, 여름에는 나뭇잎에 엽록소가 많아 녹색을 띠지만 가을이 되면 나뭇잎에서 엽록소가 분해되면서 남아있는 붉은색, 노란색 색소가 도드라지게 됩니다. 가을이 되면 기온이 떨어지고 건조해집니다. 나무는 건조해지면 뿌리로 더 이상 물을 빨아올릴 수가 없게 되고 잎을 가진 나무들도 수분이 부족한 상황에서는 살아남기 위해 어쩔 수 없이 광합성 활동을 멈추게 됩니다.

지금 우리가 보고 있는 이 가을 단풍잎의 향연은 생존하기 위해 고통을 감내하는 나뭇잎들의 노력입니다. 강과 산과 나무와 풀잎들이 연두에서 진초록으로 붉은색, 노란색으로 점점 변해가면서 우리에게 이토록 아름다움을 선사합니다. 나뭇잎이 빛의 고통이 없으면 자기의 색깔을 낼 수 없듯이 우리도 고통이 없다면 인간다운 삶을 살 수 없지 않을까요? 고통을 거부하거나 회피하려 애쓰지 마세요. 고통은 지금 내가 건강한 인생을 살고 있다는 증거니까요!

| DAY 295 | 건널까 말까? | 모두쌤 |

할까 말까 망설이는 순간에 그냥 해버리는 경우가 있습니다. 그런 경우 오히려 후회도 남지 않고, 속이 시원한 경우가 많습니다. 못하고 와서 잠자리에서 이불킥하며 후회하느니 지금 당장은 무모한 시도처럼 보이지만 해보는 것도 좋은 것 같습니다. 물론 모든 시도가 다 성공을 약속하는 것은 아니지만.

건널까 말까?
(누군가 후다닥 뛰어갑니다.)
그냥 건널 껄.
(기다리던 버스는 이미 출발합니다. 아디오~)
……
(오늘도 지각인가.)

매일 아침 건널목을 앞에 두고 내 안에서 두 개의 '내'가 싸웁니다. 빨간불이지만 건너자, 어차피 다른 사람도 건너고 있잖아? 아니지. 그래도 지킬 것은 지켜야지. 좀 늦더라고 안전하게 가야지. 대부분의 경우는 안전하게 가자는 쪽이 이깁니다.

심리학의 측면에서 보면 좋은 결정이든 좋지 않은 결정이든 일단 결정을 하면 스트레스는 줄어든다고 합니다. 좋은 결정이었다면 두고두고 가문의 영광으로 두고, 나쁜 결정이었다면 '자기 합리화'라는 인간만의 재주를 활용하여 정당화하면 됩니다. 그것은 선사시대 이후 지금까지 우리 인류가 살아남은 방식이기도 하고, 제가 오늘을 살아가는 방식이기도 합니다.

DAY 296 나의 영원한 스승, 최복현 선생님 허경심

> 글은 세상의 모든 것들에 나의 삶을 연결 짓는 일이다.
> 최복현(작가, 교수)

故최복현 작가님은 저를 글쓰기 세상으로 인도해 주시고, '지금, 여기'를 살게 해주신 인생 멘토이자 스승님이십니다. 바이올린 줄을 조율하다 문득 작가님의 말씀이 떠올랐어요. '글은 세상의 모든 것들에 나의 삶을 연결 짓는 일이다.' 저는 '줄'에 우리의 인생을 상징적으로 담아보았죠.

<줄> 허경심

조이면 끊어질까 봐
놓으면 힘들까 봐
조였다, 풀었다, 풀었다, 조였다.
끊임없이 반복하는 풀기 조이기.

위 시는 수년 전, 작가님께 글쓰기를 배우고 쓴 저의 첫 자작시입니다. 작가님은 '카르페디엠'과 '메멘토 모리'를 조화롭게 살라는 큰 가르침을 주고 가셨어요. 지금을 살되, 언제나 나의 죽음을 의식하며 살아야 한다고요. 어찌 보면 우리의 인생은 끊임없이 '풀기, 조이기'를 반복하는 것이겠죠. 저의 시 '줄'을 다시 읽어보니 작가님의 큰 가르침이 이 시에도 녹아있다는 생각이 들어 신기했어요. 작가님이 떠나시고 세 번째 스승의 날을 맞이했습니다. 한 해 한 해 지날수록, 스승님이 주신 가르침은 더욱 짙어집니다.

DAY 297   5천원의 가치   엘린

김농부는 귀농 3년 차인 60대 농부입니다. 퇴직 후 도시의 갑갑함을 벗어나고자 산 중턱에 터를 잡았지요. 너른 땅을 열심히 일구어 땅콩, 양파, 감자, 고구마를 비롯하여 벼농사도 짓습니다. 오늘은 고구마 한 고랑을 캡니다. 고구마가 주렁주렁 달려 나오니 힘들어도 즐겁고 신이 납니다. 그런데 문제는 고구마가 많아도 너무 많다는 것입니다. 애지중지 키운 고구마가 마당에 쌓여있으니 덜컥 걱정되어 도시에 있는 딸에게 전화합니다.

"큰일이여, 고구마 농사가 너무 잘 되었어. 너무 많네. 이거."
"제가 팔아볼게요. 가져다주세요."

딸이라고 장사를 해보았을 리 없습니다. 그렇다고 그 많은 고구마를 주변 지인들에게 전부 나눠드리기엔 좀 아까웠습니다. 얼른 직장 동료들에게 메시지를 돌립니다.

"오늘 수확한 고구마 내일 드실 수 있습니다. 한 봉지에 5천원. 아버지 기름값만 보태드리려구요."

그날 밤 아파트 지하 주차장에서 공수해 온 고구마를 나눠 담으면서 딸은 고민합니다. 더 넣어야 하나? 빼야 하나? 5천원어치가 얼만큼이어야 하지? 양이 적을까? 맛은 있을까? 5천원. 커피 한잔 정도의 값인데 농부의 봄부터 가을까지의 수고를 담기에는 너무나 적은 돈입니다. 5천원. 아! 세상에서 가장 어려운 돈입니다. 저에게 누가 5천원의 가치를 가르쳐주시렵니까?

DAY 298 넌 내 오렌지 반쪽이야 김선민

10월 중순쯤이면 내 손은 은행나무처럼 노랗게 물든다. 임신하고 입덧이 심해 아무것도 먹지 못했을 때 처음 먹고 싶었던 음식이 귤이었고 그 뒤로는 하우스귤부터 노지귤까지 겨울 내내 귤을 먹는다.

넌 내 오렌지 반쪽이야. 스페인 속담

스페인 사람들도 나처럼 오렌지를 좋아하나보다. 오렌지를 반을 쪼개면 그 안에 서로 다른 모양의 여러 결정체들이 있지만 이것을 하나로 모으면 하나의 완벽한 결정체가 된다. 그래서 스페인 사람들은 소울메이트나 애틋한 애인을 향해 '오렌지'라고 부른다고 한다.

우리는 어렸을 때부터 단짝을 필요로 한다. 그런데 생각보다 나의 단짝을 찾는 것은 쉬운 일이 아니다. 그래서 상담실에 오는 많은 아이들의 고민이 친구 관계이다. 친구관계를 고민하는 이들에게 우리는 어떻게 말해줄 수 있을까?

좋은 인간관계를 맺고 싶으면 나를 먼저 이해해야 한다. 자신에 대해 잘 모른 채 그저 상대방에만 집중한다면 오해와 착각이 쌓일 수 있다. 오렌지의 반쪽은 자신이다. 자신을 먼저 잘 들여다 보자. 그러면 자신과 꼭 맞는 나머지 반쪽도 찾을 수 있을테니.

DAY 299 무조건 쉬어라

연정인

어느 유명한 영성가가
무기력에 빠져서 영적 멘토에게 의논을 했더니
그냥 무조건 자기한테 와서 쉬라고 했답니다.
호숫가 집에서 2주 동안 아무것도 하지 않고
무조건 쉬었더니 회복이 되었다고 해요.
누구한테나 쉼이 필요한 겁니다.

「답답답」, 조정민, 두란노, 2022

사람들은 누구나 자신이 맡은 일이나 역할에서 지칠 때가 있습니다. 주변 사람들로 인해, 일로 인해, 몸도 지치고 마음도 내려놓고 싶습니다. 저희 어머니는 4명의 딸을 키우며 집안 살림을 하는 것도 힘들었겠지만 50대에 들어가며 갱년기가 찾아와서인지 정말 죽고 싶어질 정도로 힘들었다고 합니다. 육아에 지친 어머니는 어린아이들이 보는 TV 소리와 남편의 업무 통화 소리에 지친 나머지 조용한 곳에 혼자 앉아서, 그냥 하염없이 멍하니 있어 보고 싶었다고 해요. 저는 넓은 바닷가를 보면서 커피 한 잔을 마시면서 쉬고 싶습니다. 상상만 해 보아도 힐링이 됩니다.

모든 사람에게는 힘들 때가 있습니다. 그럴 때는 긴말이 필요 없습니다. 무조건 쉬는 것 이외에는 다른 답이 없습니다. 조용한 호숫가도 좋고, 공기 좋은 숲속도 좋습니다. 주변에 멘토나 힐러가 있다면 더할 나위 없겠죠. 지금 당장 못 쉰다면 쉬는 상상이라도 합시다. 마음속에서라도 좀 쉽시다. 쉬는 것이 사는 것입니다.

DAY 300 정의의 여신 　　　　토마스

　악인은 계속해서 더 부자가 되고 더 즐겁게 되는데 착한 사람은 더욱 비참해지며 더 궁핍해지고 고통받는 그런 내용의 드라마를 본 적이 있습니다. 저는 10대가 되어서야 '권선징악이라는 말이 현실에선 통하지 않는 일인가?' '약자를 위한 정의는 만화 속에서만 있는 일인가'라는 의문에 사로잡히게 되었습니다.

　제가 살아가는 사회는 사실 작지만 의미 있는 좋은 일들이 더 많지만, 사람들은 자극적인 뉴스를 더 좋아하고 즐긴다는 것을 깨달았습니다. 만약 좋은 일이 100가지 있고 나쁜 일이 10가지 있다면, 사람들은 나쁜 일 10가지를 더 뚜렷하게 기억합니다. 저는 사람들에게 좋은 소식을 전달하는 직업을 갖고 싶습니다. 그래서 제 꿈은 어렸을 때부터 법조인이었습니다. 법으로 사람들을 정의롭게 도와주고 악인을 속죄시키고 벌을 받을 수 있게 하는 그런 직업을 갖고 싶었습니다. 제 바람을 담아 썼던 시를 여기에 남깁니다.

<정의의 여신> 윤재영

타인을 위하고 나를 위하는 것
사랑하고 보듬어주며 위로하는 것
믿어지고 진실되며 공정한 것
책임을 지게하고 공평한 것
빈부를 막론하고 자신의 검으로 악인 부수고
자신의 가족이라 할지라도 평등하게
저울에 올려 심판하는 것
때로는 검이 되고 때로는 방패가 되어주는 것
그게 바로 법이다
그게 바로 정의다

DAY 301   이익을 보거든   찰리쌤

> 이익을 보거든 정의를 생각하고
> 위태함을 보거든 목숨을 주라

'도대체 감히 누가 이런 말을 한 거야?'라고 생각하실 겁니다. 사실 이 시대는 정의를 볼 때에도 이익을 생각하는 시대 아닌가요? 위태함을 보면 나 먼저 줄행랑을 치는 시대이고요. 저 같은 소인배는 감히 생각조차 할 수 없는 명언이죠. 그러니 제가 이런 말을 했으면 '욕 한 바가지' 시원하게 먹었겠죠.

이 명언은 안중근 의사의 명언입니다. 안중근 의사 가문에서만 독립유공자가 무려 15명이라고 합니다. 상상이 안 되는 숫자입니다.

단풍이 막 시작하던 지난 주에 남산에 있는 안중근 의사 기념관을 다녀왔습니다. 아래 사진은 그 때 찍은 사진이고요. 안중근 의사의 삶을 알아보고 저와 아이들 모두 숙연해서 돌아오는 길에 보인 이 문구..

오늘은 숭고한 삶을 살아간 분들을 기억하는, 탁한 마음이 조금 맑아지는 하루가 되길 바랍니다. 시간이 된다면 안중근 의사 기념관을 다녀오는 것도 추천드립니다. 정의를 위해 목숨을 바친 스승들이 있었기에 우리가 오늘 하루도 푸른 하늘을 볼 수 있는 것이니까요.

DAY 302 심리테스트로 시작하는 하루 죠쌤

자, 오늘 아침은 재미있는 심리테스트로 시작해볼까요? 재미 삼아 하는 테스트니까 너무 진지하게는 받아들이지 마시고요, 아래 해설을 손으로 가린 후에 아래 질문에 답을 골라보세요.

당신은 미술관에서 연인과 만나기로 약속을 했습니다. 약속 시간보다 훨씬 빨리 온 당신은 특별히 할 일이 없어 앞에 놓은 큰 그림을 바라보고 있습니다. 그 그림은 어떤 그림입니까?
① 정물화   ② 나체화   ③ 풍경화   ④ 추상화   ⑤ 인물화

자 결과가 궁금하시죠? 아래의 해설을 참고해 주시고, 재미가 있었다면 오늘 만나게 될 시인에게도 한 번 테스트해볼까요? 가끔은 재밌는 서프라이즈로 심리테스트를 준비해보세요

① 정물화 : 당신은 일상생활에 쫓기고 있습니다. 바쁜 생활이 스트레스의 원인입니다.

② 나체화 : 당신은 평범한 일상생활에 지루함을 느끼고 있습니다. 새로운 자극을 원하고 있습니다.

③ 풍경화 : 당신은 인간관계에서 스트레스를 받고 있습니다. 인간관계에서 벗어나고 싶은 사람입니다.

④ 추상화 : 자유롭게 행동하고 싶지만 주변 상황이 당신을 구속하고 있어서 스트레스를 느끼고 있습니다.

⑤ 인물화 : 당신은 주위에 의지할 사람, 신뢰할 사람이 부족해서 외로움을 느끼고 있습니다.

「하루 1분 심리게임」, YM기획, 베프북스, 2015

DAY 303   오늘이라는 선물   에밀리

> 매일 아침 눈뜨며 생각하자. '오늘 아침 일어날 수 있으니 이 얼마나 행운인가?' 나는 살아있고, 소중한 인생을 가졌으니 낭비하지 않을 것이다. 나는 스스로를 발전시키고, 타인에게 나의 마음을 확장 시켜 나가기 위해 모든 기운을 쏟을 것이다. 내 힘이 닿는 데까지 타인을 이롭게 할 것이다.
>
> 텐진갸초(제14대 달라이 라마, 티베트 최고 정치지도자)

아침에 눈을 뜨면 제일 먼저 떠오르는 생각은 무엇인가요? 누군가는 어서 빨리 아침이 오기를, 누군가는 오늘이 가지 않기를 바라기도 합니다. 휴일을 보내고 돌아오는 월요일을 맞이하기 전날 '출근하기 싫어', '학교 가기 싫어'라고 생각해 본 경험은 모두에게 있습니다. 아침에 눈을 뜨면 '출근해야 하네' '학교 가야 하네' 흥이 별로 나지 않습니다. 모두에게 공평하게 주어진 시간 앞에 우리는 서로 다른 생각으로 오늘을 맞이합니다.

이런 상상을 해보면 어떨까요? '아침에 눈을 뜨니 오늘이라는 선물 상자가 내 앞에 있고 그 속에 행운이라는 보석이 담겨 있다.' 만약 이 보석이 오늘 하루만 빛날 뿐이라면 당신은 어떻게 하시겠습니까? 보석을 꽁꽁 감춰두기보단 더 많은 이들과 함께 보석의 아름다움을 음미하지 않을까요? 진정한 행운아의 삶은 의외로 가까운 곳에 있습니다.

DAY 304 **세상에서 가장 힘이 센 것은?** 모두쌤

세상에서 가장 힘이 센 것이 무엇일까요? 명예 퇴임식에서 퇴임자가 함께 축하하러 온 하객들에게 던진 질문이었습니다. 정답은 바로 '시간'이었습니다. 오랜 세월 동안 시간과 힘겨루기를 한 퇴직자의 지혜가 묻어 있는 질문이었죠. 미하엘 엔데(1929~1995)의 작품「모모」에서 시간을 훔쳐가는 회색 신사가 이런 말을 합니다.

당신은 노모랑 함께 사십니다. 우리가 알기로는 당신은 매일 이 노인한테 꼬박 한 시간을 바치고 있지요. 이를테면 귀가 들리지 않는 노인을 상대로 이야기하니 이것도 쓸데없이 버려진 시간이지요. 55,188,000초로군요. 게다가 당신은 쓸데없이 앵무새까지 기르면서 그걸 보살피는 데 매일 15분을 쓰고 있습니다. 그것이 13,797,000초가 되는군요.

「모모」, 미하엘 엔데, 비룡소, 1999

「모모」를 읽고 나니 회색 신사가 언제 나타날지 모른다는 두려움이 들었습니다. 쓸데 없이 버려지는 시간을 모아둘 수 있는 시간 저축은행이 있다면 얼마나 좋을까요?

잘 듣지 못하는 부모님과의 대화시간, 쓸데없는 앵무새와의 시간, 고양이 밥 주는 시간, 바람에 날리는 습지의 갈대 소리 듣는 시간, 아이들의 웃음소리를 듣는 시간. 혹시 이런 시간들이 아깝다는 생각이 든다면, 거울을 확인해보세요. 거울에 비친 내 모습이 점점 회색 신사처럼 변해가고 있지 않은지 말이죠.

DAY 305　　세 가지 선택　　　　허경심

> 시련에 직면한 인간이 선택할 수 있는 것은 세 가지뿐이다.
> 　첫째, 맞서 싸우거나,
> 　둘째, 아무것도 하지 않거나,
> 　셋째, 달아나거나.
> 　　앙리 라보리(프랑스 행동과학자)

여러분은 시련을 마주하면 어떻게 반응하시나요? 맞서 싸우시나요? 아무것도 안 하시나요? 혹은 달아나시나요?

저는 늘 달아났던 것 같아요. 문제를 회피하고 도망가고 딴청을 피웠죠. 사실 그게 달아나는 건지도 몰랐어요. 문제를, 시련을 직면하지 않은 채 중요하지도 않은 것들에 집착했지요. 그 집착이 문제를 해결하고 있다고 착각하게 만들었어요.

그러다 보면 문제는 더 큰 시련으로 제 앞에 와 있더라고요. 그런 패턴을 알아차리지 못한 채 언제나 '나는 왜 이렇게 힘들까', '나는 왜 되는 일이 없을까.' 억울해하고 속상해했어요.

이제는 시련을 맞이하면 도망가지 않으려고 해요. 더 큰 시련으로 닥치기 전에, 똑같은 시련을 만들기 전에, 객관적으로 나를 바라보려 노력해요. 진짜 중요한 게 무엇인지 생각해보려고 해요.

여러분은 앞으로 시련을 마주하게 된다면 어떤 선택을 하시겠어요?

DAY 306 우리 집에는 우주인이 산다   엘린

중3 딸아이의 시험 기간입니다. 굳게 닫힌 방문을 보며 여러 가지 생각을 합니다.

'그래, 해야 할 공부가 많으니까 스트레스가 많겠지.'

'아니 그래도 여기가 식당도 아니고 밥 먹을 때만 빼꼼 나오는 게 말이 되나?' '저렇게 친구들과는 큰 소리도 웃고 떠드는구나. 나랑은 눈도 마주치기 어려운데' '그래도 집에 있으면 다행인가?'

'치, 나도 학창 시절 있었거든?'

대부분 학생은 공부로 인해 스트레스를 받는다고 합니다. 물론 그를 바라보는 부모님의 속도 그렇게 편하지만은 않겠지요? 마음을 가라앉히려면 책이 필요합니다. 책꽂이를 기웃대다 우연히 옛날에 끄적이던 일기장이 보였습니다.

> 놀이터에서 놀다 보니 점심시간이 되었다.
> "초록아, 들어가자"
> "엄마 여긴 우주야. 하나도 안 들려."
> "초록아, 들어가자. 엄마 배고프다."
> "여긴 우주라니까" 이마를 맞대고 내 아이가 말한다.
> 그래 여긴 우주였어.
>
> 2012년 9월 18일 놀이터

집에 들어가고 싶지 않다는 아이의 마음이 이렇게 깜찍했네요. 이 글을 보고 깨달았습니다. 아~ 내 아이는 우주인이구나. 그때처럼 지금도 자기만의 행성에 있구나. 내 말이 들리지 않겠구나. 우주인의 소통방식을 배워야겠습니다. 아직 우리 집에는 우주로 날아갈 2호가 발사대기 중입니다. 더 늦기 전에. 이마를 맞대야 하나?

빛이 주는 웅장함

김선민

밖으로 나오자 동해 바다에서 나고 자란 듯한 탐스러운 불덩이가 어두침침한 새벽하늘로 떠오른다. 세상이 밝아오는 데는 그리 많은 시간이 걸리지 않았다. 네 명의 남자는 나란히 해변에 서서 말없이 바다를 바라본다. 연고도 나이도 다른 네 명의 남자가 서울 한 구석 옥탑 방에서 만나 여기까지 동행해와 해를 바라본다. 옥탑 방에서 보던 그 해와 별다를 바도 없다. 근데 뭉클하다. 지난 몇 개월, 함께 먹고 자다시피 한 이들은, 사실은 식구. 그동안 이들을 미워하고 꽁했던 내 소갈머리는 뜨거운 태양에 소독되고 시원한 파도에 세탁되고 있다.

「망원동 브라더스」, 김호연, 나무옆의자, 2013

작년 캠핑을 시작했다. 아이와 자연을 경험하고 느끼고 싶어서 시작한 캠핑이었지만 항상 늦잠을 자느라 해돋이를 본 적이 없었다. 주로 산속에서 캠핑하느라 시도조차 생각하지 않았던 것 같다.

그러던 10월 어느 날 우리 가족은 양양으로 캠핑을 떠났다. 아이와 밤늦게까지 놀았지만 새벽같이 눈이 떠졌다. 해돋이를 맞이하고 싶었기 때문이다. 사실 초등학교 시절 부모님을 따라서 새해 해돋이를 본 것 외에는 나이를 먹고 내 의지로 해돋이를 본 적이 없었다.

바닷가 모래사장에 앉아서 해가 뜨는 것을 보고 있노라니 너무 경이로웠다. 빛의 웅장함에 가슴이 뭉클해졌다. 내 삶을 돌아보며 사랑하는 사람들을 한 명씩 떠올리게 되었고 모래에 이름을 적어 내려갔다. 모두가 같은 해 아래에 한 식구였다. 망원동 브라더스처럼.

DAY 308 꿈만 꾸지 말고 일단 펜을 들어라 연정인

> 자신이 꿈을 꾸지 않는 한 꿈은 절대 시작되지 않는다.
> 언제나 출발은 바로 지금, 여기다.
> 너무 많은 사람이 적당한 때와 적당한 곳을 기다리느라
> 너무 많은 시간을 허비한다.
>
> 스튜어트 에이버리 골드(미국 기업가, 작가, 이매지니어)

어떤 것이든지 꿈만 꾸고 있다면 이루어지지 않습니다. 이것은 감나무에서 감이 떨어지기만을 기다리고 있는 것과 같은 것입니다. 늦었다고 생각될 때는 없습니다. 오늘도 내일에 있어서는 과거가 될 수 있기에 지금 바로, 시작하는 거죠. 누구든지 시작할 때부터 잘할 수는 없으니까 조금씩 쌓다 보면 어느새 전문가가 되어 있지 않을까요?

저도 글을 쓰고 싶었지만, 글재주가 부족하다는 생각과 남들에게 제 글을 보여줬다가 놀림 받을지도 모른다는 두려움으로 글쓰기를 주저했습니다. 그러나 주변 분들이 같이 시작해 보자고 독려해 주시고 제 글을 읽고 조언도 해주시니 용기가 생겼습니다. 어떻게 보면 지금까지도 못 하는 것에 대한 핑계만 대고 있었을 뿐, 저의 게으름이 가장 큰 이유일 것입니다.

고민만 하지 말고 어떤 것이든 시작해 보는 것이 하루 더 빨리 시작하는 방법이고 미래에 '그때 해볼걸'이라는 후회를 줄이는 길입니다. 적당할 때는 '오늘'이고, 적당한 곳은 '여기'라는 깨달음을 기억하며 오늘도 작지만 소중한 나만의 글을 써보려 합니다.

DAY 309 폴리메스

토마스

'우리는 무엇이 되어야 하는가?' 이 말은 책 「폴리메스」에서 가장 중요한 질문입니다. 우리나라에는 '사'자로 끝나는 직업이 최고다."라는 말이 있습니다. 그런 직업들은 판사, 변호사, 검사, 의사, 교사 등등 하나같이 전문직으로 안정적인 직업, 안정적인 수익과 평판을 의미합니다. 이러한 직업을 가지면, 흔히 성공한 삶이라는 평가를 받곤 합니다.

하지만 앞으로 다가올 미래에도 그럴까요? 폴리메스에서는 다재다능한 인재가 결국 세상을 이끈다고 말하고 있습니다. 과거에 레오나르도 다빈치가 그래왔듯이 20세기의 윈스턴 처칠 수상이 그래왔듯이 그들은 세계를 바꾸었고 세상을 진보시켰습니다. 또한 그 밖에도 우리가 지금 위인이라 칭하는 이들은 모두 여러 분야에서 다재다능한 능력을 보이고 있습니다. 다가올 사회를 예상하지 못한 채 현재에 안주하여 단순한 지식과 정보만 좇다가는 결국 우리는 공장에서 쓰는 수많은 기계의 부품, 즉 대체 가능한 상품이 되어버릴 것입니다.

우리는 대체 불가능한 인재가 되어야 합니다. 그러기 위해서는 단순히 특정 분야의 전문가가 되는 것이 아니라 지적 호기심을 가지고 온 세상의 다양한 영역과 분야를 넘나들며 탐구하고 고민하고 해답을 찾아가는 그런 인재가 되어야 합니다. "우리가 세상을 새롭게 인식한다면 세상 또한 우리를 새롭게 받아들일 것이다."

| DAY 310 | **작은 것들을 위한 시** | 찰리쌤 |

오래되고 작고 초라하고
낡은 것들이 소중하고 나에게
의미 있는 것들이라는 것을
아는 순간 나의 세상은
새롭게 눈을 뜨는 세상이지
그야말로 새로운 세상
눈부신 세상이 되지

「작은 것들을 위한 시」, 나태주, 열림원, 2022

나태주 시인과 BTS가 만난다? 참으로 신기한 조합입니다.

청춘들의 깊은 고민과 반짝이는 사랑을 노래한 BTS의 노래 가사에 나태주 시인의 산문을 더한, 맑고 아름다운 작품입니다. 나태주 시인의 재잘거림을 듣고 있노라면 순수했던 그 시절로 돌아가 버립니다.

나 같은 아재도 이상과 사랑에 순수함을 가진 티 없이 맑은 소년의 시절로 돌아가게 하는 마법. '서태지와 아이들', 'H.O.T' 같은 하이틴 스타(단어 마저도 아재스럽네요)의 노래를 흥얼거리던 그 시절 나와의 기분 좋은 조우.

저와 함께 '가을 남자'가 되어보시는 건 어떨까요?

| DAY 311 | 지옥으로 가는 급행열차 | 조쌤

  습관 코치로서 최고의 습관에도 관심이 있지만, 최악의 습관이 무엇일까도 궁금합니다. 물론, 담배도 해롭고, 술도 해롭고, 폭력물도 해롭지만, 이것에 비하면 지옥의 출입구 정도도 되지 않습니다. 최근 〈수리남〉을 통해 다시 한번 경각심을 일깨우고 있는데요, 이것은 바로 '마약'입니다.

  마약의 끔찍함을 감상(?)할 수 있는 방법이 있습니다. 검색창에 '필라델피아 켄싱턴'을 쳐보시길 바랍니다. 문자 그대로 생지옥을 감상하실 수 있습니다. 좀비 영화의 한 장면이 아닙니다. 현재 세계 최강국 미국이 마약에게 테러를 당한 모습 그대로입니다.

  마약에 발을 들이는 것이 너무나 쉬워진 요즘, 마약에 대한 개인의 인식전환이 절실합니다. 우리는 '마약'이라는 단어를 너무나 가볍게 사용합니다. '마약떡볶이, 마약김밥, 마약만두, 마약곱창' 등등, 얼마 전에 유행한 '코카인 댄스'도 마찬가지입니다. 우리는 무서운 마약의 이름을 춤과 결합해 쉽게 소비하고 있습니다. 얼마나 위험한 생각인가요? 필라델피아의 좀비 거리를 다시 떠올려 보세요. 이것이 흥겨운 코카인 댄스의 현장인가요?

  아이들과 SF소설 쓰기를 하면서 디스토피아를 묘사하는 연습을 하곤 합니다. 아이들 대부분 '기계, AI, 감염병'에 정복된 인류 사회의 모습을 그렸습니다. 어쩌면 앞으로 인류를 정복할 가장 무서운 적은 마약일지 모릅니다. 우리는 더 이상 침묵해서는 안 됩니다. 필라델피아의 비극을 서울에서 보고 싶지 않습니다.

DAY 312 빈 방에 가득한 선물들 　　조쌤

오늘 아침 메시지는 제가 창작한 짧은 이야기입니다.

한 사내가 죽어서 천국에 갔다. 한 천사가 그를 반갑게 맞아주었다. 천사는 그가 영원한 시간 동안 즐기게 될 새로운 집을 보여주었다. 그는 무한히 기쁜 마음으로 그 아름다운 집을 둘러보았다. 그런데 그는 선물상자와 꾸러미가 가득한 방을 하나 발견하고는 천사에게 물었다.

"천사님, 이 방에 가득 찬 이것들은 무엇인가요? 혹시 저를 위한 서프라이즈 선물인가요?"

천사는 고개를 저었다. "아닙니다. 그것들은 당신이 이생에 사는 동안 누군가에게 주려고 준비했던 선물들입니다."

그는 고개를 갸우뚱하며 물었다.

"천사님, 이상한데요? 저는 이렇게 많은 선물을 준비했던 기억이 없어요. 그리고 만약 제가 누군가를 위해 선물을 준비했다면 그 사람에게 주었을 텐데요. 제 방에 그저 이렇게 쌓아두었을 리가 없어요."

천사는 잠시 머뭇거리더니 미소를 지으며 답했다.

"저 선물들은 당신이 누군가에게 전달하고자 했던 감사와 사랑의 표현이랍니다. 당신은 마음속에 감사와 사랑을 담아두었지만 표현하는 데에는 인색했지요. 표현되지 않은 감사와 사랑은 전달되지 않은 선물과 같답니다. 그래서 저렇게 포장된 채 당신의 빈 방에 쌓여 있는 것이지요."

DAY 313 보이지 않는 끈

허경심

「남방 우편기」는 생텍쥐페리가 1926년에 쓴 처녀작입니다. 실제 조종사를 하던 생텍쥐페리의 경험을 바탕으로 쓴 것이지요. 주인공 자크 베르니스는 우편물을 배달하는 조종사입니다. 그는 우편물을 목숨 걸고 배달합니다. 그도 그럴 것이 라이트형제가 최초의 비행을 한 것이 1903년입니다. 이후로 비행 기술은 눈부시게 발달했지만 1926년도의 비행기가 어땠을까요? 그 당시 비행이란 그야말로 목숨을 건 도전이었습니다.

소설 결말에 안타깝게도 주인공 자크 베르니스는 죽지만, 그가 배달하려던 우편물은 무사히 도착했습니다. 「남방 우편기」의 마지막 문장은 이렇습니다.

'다카르에서 툴루즈에 알림. 우편물이 다카르에 잘 도착함. 이상'

자크 베르니스는 죽었지만 우편물을 매개로 한 사람들 사이의 연대는 계속 이어집니다. 때로는 제가 하는 일이 작고 보잘것없다고 느껴질 때가 있었습니다. 이런 저에게 생텍쥐페리는 보이지 않는 연대의 끈을 생각하게 해주었어요. 각자 자리에서 자신의 본분을 다하는 것이 우리 모두의 연대를 이어주는 일이라 생각하니 제가 하는 일 또한 더욱 소중히 다가옵니다. 여러분과 저 사이에도 보이지 않는 끈이 있다고 생각하며 글 쓰는 시간을 더 귀하게 여기겠습니다.

DAY 314　바람의 위로를 듣다　　엘린

바람이 분다.
서러운 마음에
텅 빈 풍경이 불어온다.
머리를 자르고 돌아오는 길에
내내 글썽이던 눈물을 쏟는다.
(중략)
세상은 어제와 같고
시간은 흐르고 있고
나만 혼자 이렇게 달라져 있다.
바람에 흩어져 버린 허무한 내 소원들은
애타게 사라져 간다.

이소라 <바람이 분다>

　가을이 오면 늘 생각 나는 노래입니다. 선선한 날씨와 파란 하늘, '아! 오늘은 그대 손 잡고 단풍놀이 가고 싶다'라며 들뜬 기분이 듭니다. 그러다 가을이 더 진하게 익어가면 마음이 조금씩 달라집니다. 끝이 보이는 한 해가 아쉽습니다.

　이 노래를 들으며 텅 빈 가을 들판에 홀로 서 있습니다. 빠르게 변하는 세상에서 내 소망들은 잊혀졌고 인사도 없이 떠나갔습니다. 그럼에도 여전히 바람은 내 곁으로 불어옵니다. 괜찮다고. 내가 여기 있다고. 이 바람 끝에 다다르면 새로운 나를 만날 거라고. 바람의 위로를 받습니다. 혼자라고 생각될 때도 바람은 함께라는 것이 참 다행입니다.

DAY 315 행복해지려면 OO에 초점을 맞추세요 허경심

애슐리 윌런스가 쓴 「시간을 찾아드립니다」를 읽고 깜짝 놀랐습니다. 제가 얼마나 돈에 초점을 맞추고 살고 있는가를 깨달았거든요. 책에는 이런 내용이 나옵니다.

「시간을 찾아드립니다」, 애슐리 윌런스, 세계사, 2022

'한 연구에 따르면 우리가 여가 시간의 금전적 가치를 생각할수록 그 여가 시간의 즐거움은 감소한다. 그 여가의 경험을 우리가 기대하는 어떤 가치 또는 이상과 끊임없이 비교하기 때문이다.'

저의 생일날, 특별한 날이라며 남편은 평소 외식비보다 높은 가격대의 식당을 예약했습니다. 저는 그 식당에서 음식을 먹는 내내 생각했어요. '이 돈이면 OO식당에 두 번이나 갈 수 있을 텐데.', '아들에게 멋진 선물을 해줄 수 있을 텐데.' 마음 한구석엔 계속 '이 돈으로 다른 것을 할 수 있었을 텐데'라는 생각이 맴돌았습니다. 저는 계속해서 금전적 가치에 초점을 맞춘 것이죠.

저는 돈이 아니라 가족과 함께 맛있는 음식을 먹는 지금, 이 순간에, 즉 '시간'에 집중했어야 했어요. 그랬다면 좀 더 그 순간을 즐기고 감사하며 행복을 느낄 수 있었을 텐데. 아쉬움이 남습니다.

애슐리 윌런스는 말합니다. 우리의 일정표에 있는 활동들을 충분히 즐기기 위해서는 우리가 하는 활동의 가치를 돈과 분리해서 생각해야 한다고요. 여러분은 어디에 초점을 맞추고 지내시나요?

DAY 316 언제나 햇빛을 향해 서라 김선민

언제나 햇빛을 향해 서라. 그림자는 언제나 그대 뒤에 드리워질 테니
월트 휘트먼(미국 시인)

그렇지만 언제나 햇빛을 향해 서라고 외치는 월트 휘트먼은 집이 가난해서 11살까지밖에 배우지 못하였고 기자로 간호사로 여러 삶을 살다가 시집을 낸 시인이다. 역경 속에서 위로를 전하는 월트 휘트먼의 말은 힘들 때 나에게 큰 위로가 된다.

내 어머니는 암 투병을 하고 계신다. 간호하는 내내 많은 어려움이 있었고 나는 그때마다 엄마에게 긍정적인 해석을 하며 힘을 북돋아 드린다.

내가 힘이 들지 않거나 두렵지 않은 것은 아니다. 엄마의 죽음이 눈앞에 온 것만 같아 하늘이 무너지는 것 같고 그 누구의 위로도 와닿지 않았다. 하지만 햇빛을 향해 서서 내가 힘을 내고 엄마에게 힘을 건네줄 때 희망을 이야기할 때 두려움보다는 감사가 흘러나왔다.

지금, 이 순간 전화를 걸면 받아줄 수 있음에 감사하고 엄마를 위해 인터넷 쇼핑을 할 수 있음에 감사하며 내가 찾아가서 손을 잡을 수 있음에 감사했다. 내가 햇빛을 향해 다가가는 만큼 그림자는 천천히 뒤로 물러날 것이다.

DAY 317 우공이산(愚公移山) 연정인

중국 '우공(愚公)'이라는 노인이 태행산과 왕옥산으로 인해 마을 사람들이 매번 먼 길을 돌아가야 하는 불편함을 보며 다짐했습니다. 산을 옮기기로요. 주변의 만류에도 불구하고 노인은 매일 산을 조금씩 꾸준히 옮겼습니다. 자신이 다 못 옮기면 자손들이 대대로 이어서 해주리라는 믿음으로 말이죠. 우공의 끈질긴 노력에 탄복한 옥황상제가 산을 옮겨주었다고 합니다.

과거를 돌아보면, 그때는 그게 가능하겠냐고 핀잔주던 일들이 불굴의 의지와 노력으로 결국 이루어지는 이야기를 들으면 감동이 몰려옵니다. 빌 게이츠와 스티브 잡스가 겪은 어려움과 성공 이야기처럼요. 우리나라 대통령도 과거에 사법시험을 아홉 번이나 계속 도전하여 이루어냈다는 이야기를 들었습니다. 1년에 한 번밖에 없는 시험에 아홉 번이나 도전한다는 것이 어떻게 가능할까요? 저는 상상조차 하기 어렵습니다. 우공과 같은 우직한 사람들은 이 시대에도 어디선가 묵묵히 열심히 자신만의 땅을 파고 있습니다.

저도 매번 결심을 하면서도 중도 포기하는 경우가 많은데 우공을 보며 다시 마음을 잡아 봅니다. 언젠가 거대한 산이 옮겨지는 감격을 맛보기 위해 오늘도 한 줄 한 줄 글을 쓰며 나의 길을 파내려 가겠습니다.

DAY 318　문학의 힘　　찰리쌤

> 바쁘다는
> 핑계로
> 대충대충
> 하지마
>
> 하상욱 <카드를 다시 대주세요.>

　얼마 전 주유소 직원의 혼유 실수(디젤 차량에 휘발유를 넣음)로 차량 엔진이 완전히 파손되었습니다. 견인차에 몸을 맡긴 내 차를 바라보며 멍하니 서 있었습니다.

　마음을 다잡고 집으로 돌아가는 버스를 탑니다. 카드가 삽입된 휴대폰을 태그 기기에 갖다 대니 익숙한 여성의 목소리가 들려 옵니다.

　"카드를 다시 대주세요!"

　아... 내 카드... 하상욱의 시가 생각납니다. 웃습니다. 이 상황에도 웃습니다. 문학은 그런 것입니다. 화가 나는 순간에도 웃음 짓게 만드는 그런 힘을 가지고 있습니다.

　여러분은 마음의 공간을 메워주는 그런 시 한 편 가지고 계신가요? 만약 없다면 오늘 동네서점 한편에서 시 한 편 읽으며 문학의 힘을 느껴보시면 어떨까요?

DAY 319　'만약에'와 '언젠가'를 심었는데　조쌤

    핫한 자기계발서인 스콧 앨런의 「힘든 일을 먼저 하라」를 읽었습니다. 미루는 습관을 막을 수 있는 방법에 대한 유용한 책이었는데요, 미루는 사람의 10가지 특징이 참 공감되었습니다. 저도 3~4가지 정도는 해당되는 것 같더라고요. 여러분은 어떤가요?

미루는 사람의 10가지 특징

1. 자신을 고립시킨다
2. 엉뚱한 곳에 관심을 둔다
3. 남들과 비교한다
4. 감정을 느끼지 않는 척한다
5. 미루는 것이 아니라고 부정한다
6. 회피한다
7. 미루는 자신을 희화화한다
8. 공상에 빠진다
9. 상황 탓을 한다
10. 자기혐오에 빠진다

「힘든 일을 먼저 하라」,
스콧 앨런, 갤리온, 2023

    이 책에는 미루는 사람들을 일깨울만한 좋은 속담이나 명언도 실려있는데 이 속담은 참으로 인상 깊었습니다.

    나는 땅속에 '만약에'와 '언젠가'를 심었는데 지금까지 아무것도 자라지 않았다.

    다이어리에 써놓고 평생 두고두고 곱씹고 싶네요. '만약에'와 '언젠가'가 아닌, '지금 여기서'라는 씨앗을 열심히 심어야 하겠습니다.

DAY 320   어린이 vs 어른   에밀리

> 아, 나는 어린아이처럼 행동하는 걸 두려워하지 않았으리라
> 더 많은 용기를 가졌으리라
> 모든 사람에게서 좋은 면을 발견하고
> 그것들을 그들과 함께 나눴으리라
>
> 「지금 알고 있는 걸 그때도 알았더라면」, 류시화, 열림원, 2002

많은 사람의 통행으로 등산로가 만들어져 있는 산길과 숲과 풀로 우거진 길이 없는 산길 중 당신은 어느 길을 따라 걷고 싶은가요? 어른인 우리는 이미 만들어져 있는 길을 선호하지만, 아이들은 호기심에 우거진 숲길을 찾아 걸어갑니다.

놀이동산에서 어른과 아이를 살펴볼까요. 아이들은 재미있는 놀이기구를 하나라도 더 타려고 분주히 움직입니다. 하나의 놀이기구가 끝나면 다음 것으로 이동하려고 뛰어다닙니다. 그렇다면 어른들은 어떨까요? 슬슬 어슬렁거리면서 대기가 긴 줄을 피하려고 합니다, 신난 아이들처럼 분주히 뛰어다니고 싶은 마음은 없어 보입니다.

두려움이 없이 여기저기 뛰어다니는 아이의 행동은 아주 자연스럽습니다. 그러나 우리 어른들은 무엇인가를 하려 할 때 아주 큰 용기가 필요합니다. 생각이 많아지면 두려움도 커집니다. 가끔은 주변의 아이들을 찬찬히 살펴보세요. 아이들의 두려움 없는 행동을 보면서 우리도 용기를 내 봅시다. 넘어지고 까지면 뭐 어떤가요, 아이들처럼 한 번 크게 울고, 벌떡 일어나서 다시 뛰어놀면 되죠.

DAY 321 "인상쓰지말고, 글을씁시다"에 한 표! 모두쌤

> 괴로울 때 인상을 쓰면 주름이 남고, 글을 쓰면 글이 남는다
> 김민식(세바시 PD)

얼마 전 유튜브에서 前MBC 김민식 PD의 '괴로움을 즐거움으로 바꾸는 글쓰기'라는 유튜브 영상을 보았습니다. 삶의 괴로운 순간을 '글쓰기'라는 해결 방안을 통해 극복해 나가는 멋지고 통쾌한 이야기였습니다. 글쓰기에 관한 제 생각을 송두리째 바꿔놓은 강연이었습니다. 제가 글쓰기 세계에 깊이 뛰어들게 된 계기도 되었고요.

〈아웃 오브 아프리카〉를 쓴 작가인 카렌 블릭센((Karen Christanze von Blixen-Finecke, 1885~1962)도 "당신이 이야기(story)를 만들거나 이야기로 말할 수 있다면 모든 슬픔 들은 견뎌낼 수 있다."라고 말했습니다. 그녀의 말은 김민식 PD의 강연과 일맥상통합니다. 괴로움을 글로 쓰거나 이야기로 풀어내면 자신의 괴로움을 객관적으로 보게 되고, 해결책도 찾을 수 있습니다. 자신이 짊어진 짐의 무게가 줄어드는 효과도 있습니다. 마치 친구들과 수다를 떨면 한결 마음이 가벼워지는 것처럼 말이죠.

오늘 제 인상을 찌푸리게 한 사람들 얼굴이 떠오릅니다. 미간에 주름이 잡히고 '스트레스 받는데 잠이나 잘까?'라는 생각이 간절합니다. 하지만 저만의 스토리를 적어봐야겠습니다. 노트북을 펼칩니다. 주름 대신 글을 남기려고요.

응원의 힘

허경심

인스타그램 릴스

한 아이가 눈물을 훔치며 걸어 나옵니다. 자신의 키보다 훨씬 큰 뜀틀을 뛰어넘어야 하는데 실패했기 때문입니다. 많은 아이들과 학부모가 보는 가운데 선생님의 응원을 받고 아이는 다시금 눈물을 훔치며 도전합니다. 이번에도 실패. 그러자 지켜보던 친구들이 우르르 나옵니다. 그리고 울던 아이를 둘러싸고 서로 어깨동무를 합니다. 구호를 외칩니다. 도전하는 친구를 진심으로 응원해 줍니다. 응원의 힘이 작용했을까요? 이번에 아이는 뜀틀 넘기에 성공합니다. 감동의 순간 환호와 박수가 터져 나옵니다.

저는 이 영상에서 친구들이 모두 나와 응원해 주는 부분을 보면 매번 눈물이 납니다. 영상을 보며 '나는 누군가로부터 이런 응원을 받아본 적이 있던가?' 이런 생각을 하다가 깨달았습니다. 저는 저 스스로도 저에게 진심 어린 응원을 해주지 못했다는 것을요. 응원은커녕 실수하면 비난하고, 실패하면 '네가 그럼 그렇지.' 조롱했습니다. 올망졸망 뛰어나와 친구를 응원하던 그 한명 한명이 나 자신을 응원해 주는 또 다른 나라고 생각하니 더 눈물이 났습니다. 혹시 여러분도 저와 같나요? 내 안에 나를 비난하고 조롱하는 내가 아닌 진심으로 응원해 주는 나를 많이 만들어야겠습니다. 그럼 우리도 그 아이처럼 멋지게 뜀틀을 넘을 수 있겠죠?

DAY 323　　사랑하는 법　　　엘린

어느 날 아침 일어났을 때 행복한 마음으로 가득 찼던 경험이 있으신가요? 저는 오늘 그랬습니다. 두 번째 코로나 격리기간을 끝내고 출근을 할 수 있게 된 아침, 몸 상태가 많이 좋아져서 일어나는 일이 하나도 힘들지 않았습니다. 건강하게 일어날 수 있어 참 감사했습니다. 지인들의 카톡방에 모처럼 아침 인사를 했습니다.

"아픔이 가득했던 지난달을 떨치고 새달이 되었어요. 9월에는 더 사랑할래요. 모두 사랑합니다."

그랬더니 잠시 뒤에 이러한 답글이 달렸습니다.

"더 사랑할래요. 저두~ "
"저도 더 사랑할 것을 약속합니다. 사랑해요"
"저도 더 사랑할래요."
"사랑 고백 챌린지네요. 그렇다면 저도 더 사랑한다고 외쳐봅니다."

그저 한마디를 던졌을 뿐인데 사랑은 이어졌고 커져서 돌아왔습니다. 그래서 사랑은 나누는 것이었구나! 톨스토이는 '살아갈 날들을 위한 공부'라는 책에서 이렇게 말했습니다.

"악기 연주하는 법을 배우듯이 사랑하는 법도 배워야 한다. 사람은 오직 사랑하기 위해서 이 세상에 태어났기 때문이다."

저는 오늘 사랑하는 법 한 가지를 배웠습니다.

DAY 324   갑자기 네 생각이 났어   김선민

가끔 문득 떠오르는 사람이 있다. 남편이 사고로 다쳐서 간호하고 있는 친구에게 어느 날 전화가 왔다. 아이들과 근처 카페에 갔는데 옆에 있는 가족이 너무도 행복해 보여 부러웠고, 자신의 삶은 너무 답답하게 느껴졌다고 한다. 그때 갑자기 내 생각이 났다며 목 놓아 울면서 전화를 건 것이다. 나는 친구에게 나지막하게 말했다. "너 잘하고 있어. 고마워 날 생각해줘서" 전화를 끊고 나서 문득 이 시가 떠올랐다.

> 나무 꼭대기로 지나가는 바람 소리를 들었어.
> 해협으로 불어가는 것과 같은 바람이지, 하지만
> 다른 바람이기도 하고. 한참 동안, 내가 죽었다는 상상을
> 하기도 했어 그리고 그것도 괜찮았어, 최소한 몇 분
> 동안은, 그것이 정말 깊이 들어오기 전까지는: 죽음이.
> 이러다가 정말 내가 다시는 일어나지 못하게 되면
> 어떨까 상상하자마자, 당신 생각이 났어.
> 눈을 뜨고 바로 일어나서
> 다시 행복한 상태로 돌아갔어.
> 그러니까, 당신한테 고마워. 이걸 말하고 싶었어.
>
> 레이먼드 카버 〈테스에게〉

내 친구가 날 생각했던 것처럼 우리는 종종 누군가를 떠올린다. 힘이 들 때 즐거울 때 슬플 때 행복할 때 순간순간 떠오르는 사람들이 있다. 그 사람에게 오늘 연락 한 번 해보는 건 어떨까?

DAY 325 발톱이 빠져도 즐겁다   연정인

스스로 하고자 하면 뇌는 어려움도 즐거움으로 변경해서 인식한다.
억지로 따라온 산행은 투덜이를 만든다. 조그마한 언덕이 나와도 투덜거린다. 한편 자기비용으로 등반교육이나 도전을 웃으면서 하는 사람이 있다. 암벽을 오르느라 피부가 벗겨져도, 사막에서 발톱이 다 빠져도 그리 아프지 않은 표정을 짓는다. 자신이 선택했기 때문이다.

「내 삶의 여행에 도전장을 던져라」, 김인백, 에세이, 2011

   미국 스롤리 블로트닉 연구소에서 1,500명 대상으로 부를 축적하는 법에 대해 연구했습니다. 자기가 하고 싶은 일을 나중으로 미루고 우선 돈 버는 직업을 선택한 사람들이 조사 대상의 83%를 차지했습니다. 나머지 17%는 돈은 나중이고 하고 싶은 일을 최우선으로 하여 직업을 선택한 사람들이었습니다. 20년 후 1500명 중 101명이 억만장자가 되었습니다. 그 중 1명을 제외한 100명이 하고 싶은 일을 직업으로 선택한 사람들 중에서 나왔습니다.

   위 연구는 곧 사람들은 보상보다 하고 싶은 일을 할 때 활력이 넘쳐 자신의 능력보다 더 많은 능률과 열매를 맺을 수 있다는 것을 보여주고 있습니다. 공자도 이미 오래전에 '알기만 하는 사람은 좋아하는 사람만 못하고, 좋아하는 사람은 즐기는 사람보다 못하다고 설파한 적이 있습니다.

   여러분은 하고 싶은 일, 즐길 수 있는 일을 몇 가지나 댈 수 있나요? 저도 오늘은 행복 호르몬 세로토닌이 마음껏 분비되도록 제가 하고 싶은 일들의 버킷리스트를 적어보려고 합니다.

DAY 326 — 말보다는 삶!

찰리쌤

> 구할 수 없는 인간이란 없다.
> 구하려는 노력을 그만두는 사람들이 있을 뿐이다.
>
> P.J. 놀란(사형수 출신의 미국 작가)

지금 이 명언을 읽고 있는 여러분은 혹시 '음... 그렇지~ 역시 고난을 겪어본 유명 작가의 말은 깊이가 있어.' 이러지 않았나요? 사실 'P.J. 놀란'은 손원평 작가의 「아몬드」 113쪽에 나오는 가상의 인물입니다.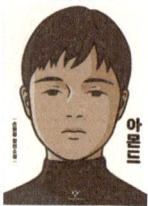

혹자는 그럽니다. 유명해진 사람들의 부풀린 이야기가 보통 사람들의 삶을 망친다고요. 유명해지고 나면, 자신의 과거 삶을 뭔가 멋지게 포장하고 싶기 마련입니다. 우리는 명언에서 얻어야 할 것에 집중합시다. 저는 '명언을 한, 그 사람'에게 초점을 맞추고 싶습니다.

유명한 사람보다 내가 멘토로 삼을만한, 존경할만한 사람의 이야기에 귀 기울여보세요. 내가 그런 사람이 되어 다른 사람의 멘토가 된다면 더할 나위 없이 좋겠지요.

**누구나 할 수 있는 말의 내용보다
누구나 살 수 없는 삶의 얘기를요.**

DAY 327 끝까지 떨어지지 않을 자신이 있는가? 죠쌤

한국 영화계는 〈기생충〉 이전과 이후로 나눌 수 있다고 한다. 〈기생충〉을 처음 봤을 때는 캐릭터와 스토리에 몰입하느라 미처 보지 못한 것들이 많았다. 그러다 '상승과 하강'을 강조한 영화 평론들을 접한 뒤, 상승과 하강의 프레임으로 영화를 다시 보니 마치 투사 안경을 쓴 것처럼 많은 것들이 보이기 시작했다. 지하의 삶이 속속들이 들어왔다. 지하에서 지상으로 이어진 좁은 골목의 계단들이 올라갈 수 없는 벽처럼 보였다. 자연재해인 폭우마저 공평하지 않았다. 폭우에 가장 낮은 곳부터 잠기기 시작했다. 반지하 집에서는 오물이 역류하고 악취가 진동했다. 집이 물에 잠기면 그야말로 생존이 위협받았다. 그에 반해 높은 곳에 위치한 상류층의 관점에서 폭우란 삶에 영향을 줄 수 없는 구경거리에 불과했다.

상승과 하강의 프레임은 〈오징어 게임〉을 볼 때도 실감 나는 통찰을 제시한다. 잘못된 유리판에 발을 디디면 추락사를 피할 수 없는 '유리 다리' 게임이 생생히 기억난다. 더 이상 떨어질 곳이 없는 이들이 유리 다리를 건넌다. 다리에서 떨어져도 끝이고, 대회에서 떨어져도 끝이다.

우리는 살면서 가끔 '나락에 떨어진 것 같은 느낌'을 받는다. 하지만 이 사회에는 정말 바닥까지 떨어진 이들이 많다. 과연 우리 사회는 떨어지는 사람을 붙잡아 주는 곳인가, 떨어지면 끝인 곳인가. 두려운 질문을 던지고 나니 유리 다리 위에 서 있는 기분이다.

DAY 328　뿌리는 어디로　에밀리

　가을인가 싶었는데 어느덧 겨울이 성큼 다가왔습니다. 늦은 밤 시댁에 도착했고, 자고 나니 눈이 소복이 쌓였네요. 첫눈이 이미 와 버린 모양입니다. 이른 새벽부터 시어머니께서 분주히 움직이십니다. "날씨가 추워진다고 하니 서둘러 양파와 마늘을 심어야겠어. 몸이 힘들어서 혼자서는 못하고…걱정하고 있었단다". 우리 가족이 오기만을 기다리신 듯 합니다.

　며칠 전 비도 오고 어제 눈도 와서 그런지 땅이 질퍽합니다. 밭고랑을 만드는 일은 남편이, 양파와 마늘을 심는 것은 제가 담당했습니다. 질퍽해서 푹푹 잘 들어갑니다. '이 속도대로라면 오전 내에 끝낼 수 있을거야, 어서 심고 오후에는 쉬어야지' 부지런히 마늘을 땅속에 쏙쏙 집어넣었습니다. 그러다가 문득 불길한 예감이 들어 남편에게 물어봤어요.

　"혹시…마늘의 방향을 어디로 해야 하는 거예요?"
　"뾰족한 부분으로 싹이 나오고 아래 부분이 뿌리에요."
　"아... 어디로 심었는지 기억이 안 나요, 마늘 다 죽으면 어쩌지?"

　제가 심은 마늘의 뾰족한 부분이 땅속으로 향해 있다면 마늘은 뿌리조차 내리지 못한 채 죽게 되겠지요. 나의 손에 잡히는 대로 심어진 마늘이 마치 내 인생 같습니다. 방향을 잡는 일이 이처럼 중요합니다. 아침에 자문해봅니다. 나의 뿌리는 어디를 향해 가고 있을까?

DAY 329 고슴도치의 간격   모두쌤

만원 버스에 올라탑니다. 이리저리 밀리다 보니 앞에 앉아 있는 여학생, 옆에 있는 아저씨, 뒤에 서 있는 아가씨와 몸싸움이 시작됩니다. 되도록 몸에 닿지 않기 위해 애를 쓰다 보니 이마에 땀까지 맺힙니다. 운전기사는 꽉 막힌 도로를 빠져나가기 위해, 가까이 있는 다른 차량과 부딪히지 않기 위해 긴장합니다. 버스 안과 밖의 사람들 모두 그렇게 애를 쓰며 오늘 하루를 시작합니다.

추운 겨울 어느 날, 서로의 온기를 위해 몇 마리의 고슴도치가 모여있었다. 하지만 고슴도치들이 모일수록 그들의 바늘이 서로를 찌르기 시작하였고, 그들은 떨어질 필요가 있었다. 하지만 추위는 고슴도치들을 다시 모이게끔 하였고, 다시 같은 일이 반복되기 시작하였다. 많은 수의 모임과 헤어짐을 반복한 고슴도치들은 다른 고슴도치와 최소한의 간격을 두는 것이 최고의 수단이라는 것을 발견하였다.

「쇼펜하우어의 행복론과 인생론」, 쇼펜하우어, 을유문화사, 2023

버스 안의 풍경도, 교실 안의 풍경도, 우리가 사는 모습도 고슴도치와 비슷합니다. 추운 겨울 버스에 올라타면 왠지 냉기에 사람들이 그립습니다. 겨울날 빈 교실에 들어오면 아이들이 그립습니다. 사람이 없는 길을 걸으면 사람들이 그립습니다.

하지만, 만원 버스도, 아이들로 꽉 찬 교실도, 사람이 너무 많은 거리도 싫습니다. 너무 가까워도 너무 멀어도 불편한 것이 사람과 사람 사이인 것 같습니다. 이상, 고슴도치의 투덜거림이었습니다.

DAY 330 　당신의 토스터 프로젝트는?　허경심

「토스터 프로젝트」의 저자 토머스 트웨이츠는 기상천외한 프로젝트를 실행했습니다. 토스터를 맨손으로 만들어 보기로 한 것이죠. 그러니까 토스터에 들어가는 부품을 사다가 조립하는 수준이 아닌 원재료부터 만드는 겁니다. 예를 들어 그는 구리를 얻으려 광산폐기물 처리장의 웅덩이에서 금속이 녹아든 물을 가져와 전기분해로 구리를 얻어냅니다. 자그마치 400개 이상이나 되는 토스터의 부품들을 이런 식으로 모두 구해 끝끝내 토스터를 완성하죠. 토스터의 모습은 다소 괴상하지만 프로젝트는 성공입니다.

책을 다 읽어갈 즈음 저는 환경문제에 맞닥뜨리게 되었습니다. 요즘은 물건들이 넘쳐납니다. 광고와 소비의 시대입니다. 그 많은 물건은 다 어디에서 나오는 걸까요? 바로 자연입니다. 특히 암석들에서. 암석은 파내면 그 빈 공간에 물이 차게 마련이랍니다. 물은 산소와 암석을 만나면 빠르게 산화되고 그 산화된 물은 독성이 강해 생물체에 해롭습니다. 오염된 물은 강으로 흘러 들어가 결국 우리 인간에게도 피해를 줍니다.

저는 저자의 프로젝트를 따라가며 인류가 규모의 경제를 통해 얻은 경제적 이윤을 얻은 만큼 자연 훼손이라는 손해도 얻었다는 생각이 들었습니다. 무언가를 소비하기 전 이런 생각을 한번 해보는 건 어떨까요?

'이 물건의 원료는 뭘까?', '이 물건은 어떤 과정을 거쳐 만들어졌을까?', '내가 이득을 받는 만큼 자연은 피해를 받는 것은 아닐까?'

DAY 331 　내가 자연스러워지는 그곳　엘린

> 내가 숲속으로 들어간 것은 내 인생을 오로지
> 내 뜻대로 살아보기 위해서였다.
> 헨리 데이비드 소로(미국 철학자, 시인)

캠핑 좋아하시나요? 저에게도 캠핑의 추억이 여럿 있습니다. 직접 만들어 보는 잠자리, 야외에서 구워 먹는 삼겹살의 맛, 타닥타닥 타오르며 멍하니 쳐다보게 되는 장작불. 그리고 지인들과 나누는 진솔한 대화가 좋아서 캠핑합니다. 무엇보다 가장 좋은 것은 해 뜨기 전 새벽의 어수룩함입니다. 아무도 깨어나지 않은 고요한 시간에 홀로 텐트 주변을 걷습니다. 새벽의 찬 공기와 적막한 캠핑장. 그리고 새소리면 충분합니다. 촉촉한 공기를 느끼고 새소리를 들으며 걷는 그 순간 머릿속은 맑아지고 어떠한 걱정도 들지 않습니다. 오롯이 자연과 저를 느낄 수 있는 순간입니다. 그래서 숲으로 들어간 헨리의 마음이 조금은 이해됩니다. 자연의 품에서 인간은 가장 자연스러워질 테니까요. 그는 식사 재료를 주변에서 얻습니다. 간편하고 소박한 옷을 입고 생활합니다. 일출과 일몰에 따라 하루의 일과가 정해집니다. 대자연을 겸허히 바라보며 작은 인간으로 하루를 감사하며 마무리합니다.

저에게는 작은 책상이 있습니다. 스탠드 하나를 의지하여 책을 읽고 글을 씁니다. 가장 간편한 옷을 입고 하루를 어떻게 살았는지 어떠한 마음이 들었는지 생각합니다. 그리고 나를 다독이는 글을 씁니다. 어떤 곳에서든 나를 가장 자연스럽게 만날 수 있는 곳이라면 그곳이 나의 자연입니다.

DAY 332 그때 무화과가 그립다 김선민

소년은 소를 키우고 소는 소년을 키웠습니다. 지금은 고향에서 멀리 떨어진 곳에 살고 있습니다. 고향에는 할머니와 부모님이 살고 있습니다. 소들도 함께 살고 있습니다. 밥때가 되어 소에게 여물을 주고 나서 물끄러미 바라보면 30년 전이나 지금이나 소들은 그 깊고 순한 눈빛으로 저를 바라봅니다. 그 눈동자를 오래 들여다보면 어린 시절의 저도 보이는 것 같습니다.

「그립소」, 유병록, 난다, 2021

요즘 아이들에게는 시골 할머니가 계셔도 우리가 생각하는 시골집과는 거리가 멀다. 시골 외할머니댁, 대청마루 평상에 누워 사촌들과 옥수수와 수박을 먹으며 봉숭아 물을 들이던 그때가 참 그리울 때가 있다.

작가에게 소가 추억의 매개체이듯 나에게는 무화과가 그렇다. 외할머니 댁 마당, 무화과나무에 달려있던 그 맛있던 무화과 생각이 난다. 30년이 지난 지금도 그때 먹은 무화과의 맛이 생생하다. 마트에서 사 먹으면 이상하게 그 맛이 나지 않는다.

이젠 할머니는 요양병원에 계셔서 그 시골집에 갈 수는 없지만 무화과 맛이 그립고 할머니의 사랑이 그립다. 손주들에게 주겠다고 힘들게 재배한 옥수수와 과일나무들이 가득했던 그 마당에는 할머니의 사랑이 주렁주렁 매달려 있었다. 내가 엄마의 나이가 되고 할머니의 나이가 되면 나도 누군가에게 그런 존재로 기억될 수 있을까? 달콤한 무화과 열매 같은 사람이 되고 싶다.

DAY 333   사랑을 나누어요   연정인

> 100년 이상 살아보니
> 내가 나를 위해서 한 일은
> 남는 게 없다는 결론을 얻었어요.
> 이웃과 더불어 사랑을 나누는 사람,
> 사회에 조금이라도 도움을 주기 위해 애쓴 사람,
> 정의가 무너진 사회에서 정의롭게 살려고 노력한 사람은
> 인생의 마지막에도 남는 게 있어요.
> 김형석(철학자, 교수)

항상 지나고 보면 '난 왜 이렇게 살았나'라는 생각이 듭니다. '무엇인가를 이루지 못하고 살았구나'라는 후회도 들고 아쉬움도 듭니다.

거의 20년 전 크리스마스 전날 밤 11시가 넘은 시간이었습니다. 지하철역 계단에 앉아서 직접 만든 곶감을 파는 할머니가 길을 걷던 제게 여관을 물어보셨습니다. 지방에 사시는 분이었는데 어떤 사정이 생겨 귀가를 못하게 된 것입니다. 저는 잠시 고민하다 혼자 사는 제 집에 할머니를 모시고 가서 재워드렸습니다. 크리스마스 전날이어서 마음에 여유가 있었던 건지, 친구들과 모임을 하고 기분이 좋아서였는지 모르겠지만 그 분께 제가 할 수 있는 도움을 베풀고 나니 그저 뿌듯했습니다. 남을 도울 수 있었다는 것만으로도 기분이 좋았습니다. 지금도 그 일을 떠올리면 낯선 할머니를 자기 집까지 모시고 가서 재운다는 것이 위험할 수도 있는 일인데 그때 그 일을 어떻게 할 수 있었을까? 라는 생각이 듭니다.

조금 손해 보더라도 작은 선행으로 누군가에게 사랑을 나눈 일이 있나요? 그 경험들은 인생의 마지막까지 반짝이며 빛날 것입니다.

DAY 334 | 독립 변인은 무엇일까?   찰리쌤

People don't just get upset
They contribute to their upsetness.

화는 저절로 나오지 않는다.
자신이 화를 키우는 데 한몫을 한다.

앨버트 엘리스(미국 심리학자)

과학에서 '변인'이라는 개념이 있습니다. 그 일에 변수가 되는 요인을 의미합니다. 변인은 독립 변인과 종속 변인으로 나뉘는데, '독립 변인'은 '내가 변화를 줄 수 있는 변인'이고, '종속 변인'은 '독립 변인에 의해 영향을 받는 변인'입니다.

'종속 변인'을 '나의 감정'이라고 했을 때, 우리의 '독립 변인'은 무엇일까요? 아마도 그것은 '그 일을 바라보는 나의 태도'가 될 것입니다. 하지만 우리는 자꾸 독립 변인을 통제할 수 없는 '환경'으로 치부해버리곤 합니다.

「긍정의 심리학」으로 우리에게 유명한 '앨버트 엘리스'의 명언처럼, 화는 스스로 알아서 나지 않습니다. 화에 기여하는(contribute) 우리의 태도가 있을 뿐이죠.

그 태도는 우리가 바꿀 수 있는 '독립 변인'이라는 사실을 잊지 마세요!

DAY 335   삽질 인생 되돌리기   조쌤

'삽질'이라는 말 사용하시나요? 중년의 삶을 돌아보니 '열심히는 살았는데 삽질도 참 많았구나…'라는 생각이 듭니다. 세계적인 습관 전문가 제임스 클리어가 제 뼈를 힘껏 때려주네요.

> 무형의 시간을 가장 낭비하는 방식은,
> 중요하지 않은 일을 열심히 해내는 것이다.
> The most invisible form of
> wasted time is doing a good job on an unimportant task.
>
> 제임스 클리어(미국 작가, 자기계발전문가)

중요한 일이 사람마다 다르긴 하겠지만, 제 삶을 돌아보니 분명한 것 하나는 있습니다. 남들이 다 한다고 해서 중요한 일은 아니다! 남들이 영어 공부하니까 나도 영어 공부하고, 헬스장 다니니까 나도 따라다니고… 나에게 중요한 일에 집중하지 않은 채 삽질을 열심히 하다 보니 어느 순간 현타가 옵니다. 그래서 요즘엔 시간을 아끼기 위해 저 자신에게 자주 묻습니다.

'내가 오늘 집중해야 할 중요한 일은 무엇인가'

남들을 따라 살지 맙시다. 내가 가장 가치 있게 여기는 일에 집중합시다. '삽질' 인생 말고, '본질' 인생 삽시다!

DAY 336   기억을 부르는 음악   에밀리

　기억을 잃어간다는 것, 평생의 경험과 감정, 생각들이 하나둘씩 흩어지며 결국에는 자기 자신까지 잃어간다면? 그리고 사랑하는 사람이 그렇게 변해가는 과정을 바라보아야 한다면 우리는 어떤 감정을 느끼게 될까요?

　현대 과학은 아직 치매를 극복하지 못하고 있습니다. 많은 이들이 의료 시스템의 사각지대에서 방치되어 있지요. 〈그 노래를 기억하세요?〉는 음악을 통해 기억과 자기를 잃어가는 사람들의 내면을 찾아가는 과정을 그린 다큐멘터리 영화입니다. 루이 암스트롱의 옛 노래를 들은 아흔 살의 노인이 곡의 제목을 떠올립니다. 얼마 지나지 않은 그녀의 생일에 어머니가 루이 암스트롱의 음악을 듣지 못하게 막은 것, 2차 대전 시기에 포트 잭슨에서 일하게 된 것에 이르기까지 차근차근 다시 기억이 되살아나는 놀라운 경험을 합니다. 약물로도 호전되지 않는 사람들이 오래전 듣던 음악을 통해 과거의 고리들을 다시 이어갑니다.

　음악을 통해 소환되는 기억과 감정의 힘은 정말 놀랍습니다. 치매 환자가 과거를 다시 기억할 뿐만 아니라 삶에도 생기가 돌기 시작합니다. 당신에게도 그런 비타민 같은 음악이 있나요? 당신을 춤추게 해줄 바로 그 음악, 애창곡 리스트를 포스트잇에 적어 붙여보아요. 어디선가 길을 잃고 있을 때 음악이 나타나 구원해 줄 것입니다.

DAY 337 **내일, 내 일이 아닐 수도 있다** 모두쌤

왜 꼭 지금 해요? 지금 하면 좋은데 꼭 이렇게 물어보는 사람이 있습니다. 나중에 여건이 좀 좋아지면, 나중에 상황이 나아지면, 나중에 날씨가 좀 따뜻해지면, 나중에 좀 더 크면, 나중에 나중에.

> Tomorrow, why wait until tomorrow
> 'Cause tomorrow sometimes never comes
>
> 내일, 왜 내일까지 기다리나요?
> 내일이라는 말 때문에 어떤 순간은 절대 오지 않아요.
>
> 클립 리차드 <The young one> (번역: 모두쌤)

1960년대 인기 가수인 클립 리차드의 경쾌한 노래(The Young Ones, 1961) 가사에 왜 내일을 기다리냐고 묻는 구절이 있습니다. 내일이라는 말 때문에 어떤 순간은 절대 오지 않는다고 하면서. 나중에 하지 하면서 부모님이나 연인에게 사랑한다는 인사나 고백도 못 했고, 친한 동생의 생일 축하 선물도 못 샀고, 오랜 친구와의 약속이나 딸아이와 놀이동산에 가기로 한 일도 지키지 못했습니다.

생각해 보면, 내일 하면 좋은 일들은 대체로 오늘 하면 더 좋은 일들입니다. 불안하면 미루기보다 오늘 하는 게 낫고, 행복해지는 거라면 미루기보다 당연히 오늘부터 행복한 것이 더 낫습니다. 내일로 미루고 있던 것들을 가만히 떠올려 봅니다. 그중 한 가지는 꼭 오늘 하겠습니다. 내일에는 그 일이 내 일(my job)이 아닐 수도 있으니까요.

DAY 338 절망, 다른 시선으로 보기 허경심

하려던 일이 잘되지 않아 속상한 적 있으신가요? 아니 속상한 것을 넘어 절망한 적 있으신가요? 저는 실패하거나 문제가 생기면 그간 해온 모든 일을 잊거나 의미 없는 일로 치부해 버리곤 했습니다. 그러면 절망감이 저를 사로잡아 어두운 굴속에 가두어 버렸죠.

철학자 키르케고르는 '절망은 언제나 자신에 대한 절망에 불과하다'라고 말했습니다. 쉽게 말해 '절망은 내가 나이기를 원하지 않는 것, 지금과 같은 자아를 갖고 싶지 않은 마음 상태, 자신으로부터 벗어나고 싶어 하는 욕망'이라는 겁니다. 예를 들어 '1등 아니면 아무것도 바라지 않는다.'라는 목표를 세운 사람은 1등을 하지 못하면 그 때문에 절망합니다. 1등이 되지 못했기 때문이 아니라, 1등이 자신이 아니라는 걸 견디지 못하는 것이죠. 이럴 때 우리는 키르케고르의 말을 상기하며 또 다른 나를 선택 할 수 있습니다. 비록 1등은 하지 못했지만 '건강한 몸을 가진 나'를 선택할 수 있습니다. 이렇듯 내가 빠진 절망이라는 동굴에서 고개만 살짝 돌리면 빛이 있는 출구가 있습니다.

오늘, 여러분은 어떤 나를 선택하실 건가요?

DAY 339 하루에 한 번은 안아주세요. (코로나) 엘린

「안아줘」, 제즈 앨버로우, 웅진닷컴, 2009

최근에 누군가를 안아준 일 있으신가요? 제즈 앨버로우 작가의 그림책 「안아줘!」를 읽으면 안아준다는 일이 얼마나 행복한 일인지 알 수 있습니다.

아기 고릴라 혼자 숲속을 걷고 있습니다. 숲을 걸으며 엄마 카멜레온과 아기 카멜레온이, 엄마 뱀과 아기 뱀이, 엄마 코끼리와 아기 코끼리가 서로를 꼭 껴안은 모습을 봅니다. 처음에는 그냥 쳐다만 보았는데 아기 고릴라는 결국 울음을 터트립니다. 아무도 자신을 안아주지 않으니까요. 하지만 곧 엄마 고릴라가 등장하여 아기 고릴라를 꼭 안아줍니다. 아기 고릴라는 행복하게 미소 짓습니다.

아이가 어릴 때 늘 이 책을 가져와서 읽어달라고 했습니다. 글자는 겨우 '안았네'와 '안아줘' 뿐이었는데도요. 아마 책을 다 읽고 꼭 안아주는 엄마의 품이 좋아서 그랬을 것입니다.

어느덧 아이는 자랐고 더 이상 저에게 안아달라고 하지 않습니다. 그래서 제가 아이에게 안아달라고 하지요. 꼭 안아주면 마음이 참 따뜻해집니다. 엄마가 너를 사랑하고 있음을 표현하고 싶습니다. 그런데 요즘 '안아줘'를 못하고 있습니다. 아이가 코로나에 걸렸거든요. 아이는 방 안에 있고 저는 방 밖에 있습니다. 열이 나고, 기침이 나고, 아이가 혼자 시간을 견뎌내고 있습니다. 다행히 잘 참아주고 있는데 마음이 아픕니다. 아이를 꼭 껴안고 '사랑해'라고 말할 수 있는 날을 손꼽아 기다리고 있습니다. 그게 행복이라는 것을 이제 더 잘 알겠습니다.

DAY 340 꼭 한번 둘이 떠나보자 김선민

"아들, 엄마가 육십 년을 살고 이렇게 세계 여행을 하게 될 거라고는 꿈에도 생각하지 못했어. 인생 육십부터라더니 진짜인가 봐!"
"솔직히 나도 엄마랑 세계를 돌 거라고는 상상도 못 했어. 이게 말이 돼? 육십 먹은 엄마랑 삼십 먹은 아들이랑?"
"너 혹시 후회하는 건 아니지?"
(중략)
"솔직히 처음엔 걱정도 많이 했는데... 이보다 더 좋은 파트너를 찾긴 쉽지 않을 것 같아."
그제야 다시 밝아지는 엄마의 얼굴. 그러곤 꼭 꿈에 젖은 소녀 같은 표정으로 엄마가 이 대화의 마지막을 화려하게, 아니 뭉클하게 장식한다.
"엄마는 살면서 처음으로 내일이 막 궁금해져."

「엄마 일단 가고 봅시다」, 태원준, 북로그컴퍼니, 2013

나름대로 나는 엄마와 사이가 좋은 딸이라고 자신 있게 말할 수 있지만 엄마랑 단둘이 여행을 가본 적이 없다. 부모님 두 분만 여행 가시라며 숙소를 예약해 드린 적은 있지만 정작 엄마와 내가 단둘이 갈 생각은 못했다. 돌아보니 운전면허를 처음 따고 엄마와 단둘이 교외의 카페에 놀러 가서 즐겁게 수다를 떨었던 추억이 떠오른다. 벌써 면허를 딴 지도 7년이 되어간다. 그 후에 엄마와 단둘이 데이트라고는 엄마를 병원에 데려갈 때 외에는 없었던 것 같아 맘에 걸린다. 어려운 것은 아닌데 왜 못한 걸까? 아니면 안 한 걸까? 올해가 가기 전에 나의 엄마와 단둘이 여행을 떠나봐야겠다.

DAY 341 101번째 망치질   찰리쌤

벤자민 프랭클린은 한 기자로부터 질문을 받았습니다.

"당신은 수많은 장애가 있는데도 어떻게 포기하지 않고 한 가지 일에만 전념할 수 있었습니까?"

벤자민 프랭클린은 말했습니다.

"당신은 혹시 일하는 석공을 자세히 관찰한 적이 있습니까? 석공은 아마 똑같은 자리를 100번은 족히 두드릴 것입니다. 갈라질 징조가 보이지 않더라도 말이죠. 하지만 101번째 망치로 내리치면 돌은 갑자기 두 조각으로 갈라집니다. 이는 한 번의 망치질 때문이 아니라 바로 그 마지막 한 번이 있기 전까지 내리쳤던 100번의 망치질 때문입니다."

그렇습니다. 다른 사람들이 아무리 100번의 망치질을 쓸데없는 짓이라 해도, 차분히 자기의 일을 자신의 자리에서 해나가는 석공 같은 사람이 되어보아요. 지금은 다만 과정일 뿐입니다. 그런 사람이 비로소 이렇게 말할 수 있습니다.

"이 한 번을 위해 지금까지 저는 제 길을 묵묵히 지켰습니다. 이제 101번째 망치질을 할 차례입니다."

DAY 342   너의 한마디   엘린

어제는 쏟아지는 민원 때문에 힘든 하루였습니다. 문제의 원인이 저에게 있다면 사과하고 고치면 되는 일이지만 문제의 원인이 저에게 없을 때 받는 민원은 괴롭습니다. 민원인의 '감정 쓰레기통'이 되어야 하고 그 일을 해결하기 위한 '소모적인 싸움'을 해야 합니다. 왜 한 번쯤 그 모든 일이 한 번에 터지는 일이 있잖아요? 어제가 그런 날이었습니다. 현관문을 닫으면서 마음도 생각도 차단하고 싶었지만, 저녁이 되어도 쉽게 마음이 가라앉지 않았습니다. 생각하고 싶지 않은 일이 자꾸 떠오르면 괴롭습니다. 엄마의 넋두리를 들은 아들이 얘기합니다.

"어른이라고 다른 사람을 무시해도 되는 거야? 인생을 다 산 것도 아니면서 다른 사람을 무시하는 것도 버릇이야. 다른 사람에게 상처를 줬으면 본인도 상처받을 수 있다는 것을 알아야 해."

엄마도 하고 싶은 이야기를 하라고 말해주는 그 말에 얼마나 위로가 되었는지를 모릅니다. 그냥 내 편이 되어주는 사람이 있다는 일은 이렇게 힘이 되는 일이구나. 누군가를 위로하기 위해 꼭 나이가 많거나 지식이 많을 필요가 없습니다. 아들이 평소 좋아하던 노래를 같이 들으며 잠을 잤습니다. 그 노래에는 이런 가사가 있었습니다.

> 잔인한 말로 상처 줘도 파도에 다 씻어버릴 거야
> 난 용감해 난 당당해 난 내가 자랑스러워
> 이게 나니까
>
> 영화 <위대한 쇼맨>, 'This is me'

DAY 343   기특하다, 우리   김선민

> 살다 보면 길이 보이지 않을 때가 있다
> 원망하지 말고 기다려라
> 눈이 덮였다고 길이 없어진 것이 아니요
> 어둠에 묻혔다고 길이 사라진 것도 아니다
> 묵묵히 빗자루를 들고 눈을 치우다 보면
> 새벽과 함께 길이 나타날 것이다
> 가장 넓은 길을 언제나 내 마음 속에 있다
> 양광모 <가장 넓은 길>

한 해 끝이 보일 때쯤엔 먹먹함이 있다. 공부했던 자격증을 따기도 했고, 엄마를 하늘나라로 보내기도 했고, 퇴직을 결정 하기도하고 오랜 투병에서 완치판정을 받은 올해는 유난히도 울컥울컥한다.

무언가 이룬 것 같기도 하지만 길이 보이지 않는 것 같다. 길이 없지 않은데 내가 그 길을 잘 가고 있는지 알 수 없어 불안해진다. 그런데 지나고 보면 꼬불꼬불 좁은 길을 간다고 해서 잘못가는 것만은 아니다. 왔던 길로 되돌아갈 수도 있고 새로운 길을 만들 수도 있다.

한 해를 마무리하려 하니 후회되는 것들이 많지만, 무엇보다 중요한 것은 나를 믿어주는 것이다. 한 해 동안 묵묵히 빗자루를 들고 눈을 치우다 보면 길이 나타나겠지. 한발 한발 나아가다 보면 눈밭을 지나 꽃이 피는 들판도 나오겠지. 우리의 발자국마다 예쁜 꽃들도 피어나겠지. 오늘 한 해 열심히 걸어온 우리, 참 기특하다.

DAY 344 겨울이 되면 이 영화 제목을 외치세요! 모두쌤

우리의 인생에서 사랑은 얼마나 중요한 역할을 할까요? 종종 우리는 사랑의 가치를 깨닫지 못하고 일상의 소란 속에서 그 중요성을 잊어버리곤 합니다. 때로는 말하지 못한 사랑 고백이 후회로 남기도 하죠.

"더 좋구나, 샘, 고백한다면 넌 잃을 게 없어, 하지만 안 한다면 평생 후회하게 될 거야. 난 네 엄마한테 충분히 말해주지 못했단다. 난 매일 사랑한다고 말해줘야 했어. 엄마는 매일 완벽했으니까. 영화에서 봤잖니, 얘야. 끝나기 전까지는 끝난 게 아니야!"
"좋아요, 아빠, 해볼게요."

영화 <러브 액츄얼리>

러브 액츄얼리(2003년 개봉)에서는 우리 주변에 있는 다양한 색깔의 사랑을 보여줍니다. 지위가 높은 사람이나 낮은 사람이나 나이가 많은 사람이나 어린 사람이나 결국 사랑은 사랑이라는 것을 잔잔하게 보여줍니다.

겨울만 되면 이 영화가 너무나 보고 싶어집니다. 왜 그럴까요? 인생의 겨울이 오기 전에 후회 없이 제 주변 사람들에게 고백하고 싶어서일까요? 우리 함께 고백해요. "사랑해요!"라고. 사랑은 진짜 우리 주변 어디에나 있어요!

Love is all around, actually!

DAY 345   부지런한 마음을 갖는 일   엘린

　겨울이 오고 있습니다. 해가 점점 빨리 지고 있습니다. 저녁이 짧고 밤이 길어지면서 저는 게을러지고 있습니다. 오늘도 이불 속에서 버티다 겨우 몸을 일으켜 저녁 운동을 하러 갔습니다. 편안함에 익숙해지면 몸은 더 게을러집니다. 그런데 마음에도 부지런함이 있다는 사실을 아시나요?

　'인간 이슬아 프로젝트'를 진행하고 있는 이슬아 작가는 세바시 강연에서 글쓰기에는 마음을 부지런하게 만드는 속성이 있다고 말합니다. 게으른 마음의 상태일 때는 무언가를 대충 보거나, 누군가를 빠르게 판단하거나 함부로 단정 짓게 되지만 글쓰기를 하면 무심히 지나치던 것들도 유심히 다시 보게 되기 때문에 마음이 부지런해진다고 말합니다.

　사실, 글쓰기는 어른에게도 아이에게도 쉽지 않습니다. 그래서 저는 아주 작은 글쓰기를 교실에서 실천합니다. 새 학기가 되면 귀엽고 작은 수첩을 준비해서 첫날의 선물로 줍니다. 감성 노트라고 제목을 짓고 매일 아침 교실에 도착했을 때 그날의 마음을 딱 3줄만 적습니다. 하루에 3줄뿐이지만 학교 오는 길에 무엇을 보고 무엇을 생각하고 느꼈는지를 적는 감성은 3문장으로도 충분합니다. 학교 오는 길에 길바닥의 쓰레기 발견하기, 어제 심어 놓은 상추 화분 관찰하기, 친구와 만나서 대화한 이야기, 자리 바꾸는 날을 기대하는 이야기 등등. 어떠세요? 퇴근길, 문구점에 들러서 작고 예쁜 수첩 하나를 사는 일이요. 마음이 부지런해지는 글쓰기 시간을 선물해주고 싶습니다.

DAY 346 혼자 떠나는 설렘 김선민

　코로나가 시작되면서 사람들의 여행은 멈췄고, 우리는 더욱 여행을 소중히 여기며 그리워하게 되었다. 혼자서 어디라도 떠나고 싶은 요즘 참 어울리는 책을 발견하였다. 개인적으로는 육아에 지친 나에게 언젠가 그리고 곧 자유로이 혼자 떠나 보고 싶게 만들어 준 책이었다.

"내가 좋아하는 북 카페에서 실컷 책을 읽어야겠다. 숲길을 걷다가 벤치에 앉아 한없이 숲멍을 즐겨야지 그런데 혼자서 위험하지 않을까? 갑자기 휴대폰이 안 터지면 어쩌지? 그러다 길이라도 잃으면? 지갑을 잃어버리면 … 이렇게 설렘으로 시작해 두려움으로 끝난 그날 밤의 상념은 꼬리에 꼬리를 물고 내 머릿속을 돌아다녔다."
「하루쯤 나 혼자 어디라도 가야겠다」, 장은정, 북라이프, 2021

　작가의 첫 시작이 많이 와 닿았다. 여행을 준비할 때는 언제나 기대와 걱정이 공존하기 때문이다. 그래서 더 현실감을 느끼며 이 책에 빠져들었던 것 같다.

　작가는 테마별로 여행지들을 모아놓았고, 계절과 성격유형에 맞는 여행지와 좋은 여행 팁까지 제시하고 있다. 이 책을 읽으며 내가 가고 싶은 곳과 취향도 알게 되었고 무엇보다도 읽는 내내 그곳에서 자유로이 여행하는 내 모습이 상상되어 해방감을 느낄 수 있었다. 지금 당장 떠날 수 없어도, 책을 통해 상상하고 기대하며 혼자만의 시간을 만들어 보는 것부터 시작해보면 어떨까? 여행하는 상상만으로도 우리는 더 행복해질 수 있으니까.

DAY 347　인생의 매 순간 최선을　연정인

> I am going to live every minute of it.
> 나는 내 삶의 매 순간을 살아갈거야.
>
> 영화 <soul>

영화 <soul>은 애니메이션에 별 관심이 없었던 저조차 두 번이나 보게 만든, 어른들을 위한 애니메이션이었습니다. 내용과 대사가 제 심금을 울렸습니다. 영화 <soul>의 배경 노래 가사 중 '인생에 있어서 꼭 어떤 것을 이루어야 하는 건 아니니 매 순간을 살아가다 보면 좋은 일이 생길 거야'라는 건 침울했던 제게 큰 위로가 되었습니다.

> When you wake up early in the morning
> Feeling sad like so many of us do
> 아침 일찍 일어났을 때
> 많은 이들이 그런 것처럼 슬프고 울적하게 느껴질 때
>
> Just hun a little soul
> Make life your goal
> 그냥 잠깐 작은 소울을 흥얼거리고
> 산다는 것, 그 자체를 당신의 목적으로 삼아보세요.
>
> And surely something's got to come to you
> Say it's all right
> 그러면 분명히 당신에게 무언가가 올 거예요.
> 괜찮다고 말해봐요.
>
> It's all right, have a good time
> Cause it's all right, whoa, it's all right.
> 괜찮아요, 좋은 시간을 보내세요.
> 왜냐면 다 괜찮으니까요. 괜찮아요.

삶이라는 건 그냥 '살아간다'의 줄임말일 뿐, 거창한 의미를 부여하지 않아도 됩니다. 그저 지금 순간을 살아가세요.

DAY 348 | 당신의 성공 비결은 무엇인가요? 찰리쌤

제 성공의 비결은 매일 아침 5시 반에 택시를 타는 것입니다.

트와일라 사프(미국 안무가)

그녀는 미국 무용계의 여왕, 브로드웨이 뮤지컬의 신화라 불리는 세계적인 무용가이자 안무가입니다. 현재 80세가 넘었는데도 현업에서 왕성한 활동을 한다는 점이 우리를 충격에 빠뜨리죠.

그녀의 창의력은 도대체 어디서 오는 건지, 그 성공의 비결을 궁금해하는 사람이 많았습니다. 그녀는 단호하게 말합니다. 매일 아침 5시 반에 택시를 타고 헬스장에서 운동한 후, 연습하러 가는 것뿐이라고요.

이 이야기를 들은 많은 사람이 '에이 설마 그게 다야?'라고 말합니다. 하지만 우리는 알고 있죠. 매일 아침 작은 그 일을 해내는 사람이야말로 점점 쌓여 누구도 범접하지 못할 사람이 되어버린 것을요. 그래서 그녀는 창조성이야말로 규칙과 습관의 산물이라고 말합니다.

그러므로 "난 왜 창의성이 없을까?" 대신에, "작은 일이라도 내가 매일 할 수 있는 것은 무엇일까?"라고 바꿔 보세요.

하루의 시작, 작은 일부터 시작하세요! ^^

DAY 349 사람 관계가 힘들다면   에밀리

어린아이는 인간관계를 돈벌이나 이해관계, 연애로 시작하지 않는다. 일단은 친구 관계에서 시작한다. 즐겁게 놀고, 싸우고, 위로하고, 경쟁하고, 서로에게 제안하고… 여러 가지 일이 두 사람 사이에 우정이라는 것을 형성하고 서로는 서로에게 친구가 된다.

「니체의 말」, 시라토리 하루히코, 삼호미디어, 2019

    어린 시절을 떠올려보세요. 어릴 때 가장 즐거웠던 기억 중에 대부분은 친구들과 함께 보냈던 시간일 것입니다. 눈이 온 날이면, 아침 밥 먹자마자 집 밖으로 나서면 동네의 고만고만한 녀석들이 서로 약속이나 한 듯 삼삼오오 모이기 시작합니다. 모두 비료용 비닐자루(어릴 때는 '비료푸대' 라고 불렀죠)를 들고 뒷동산으로 오릅니다. 이미 자리를 선점한 동네 꼬마 녀석들이 산등성이를 눈썰매장으로 말끔하게 다져 놓았습니다. 재빠르게 줄을 섭니다. 한 번이라도 더 타려면, 눈썰매의 스릴을 느끼려면 부지런해야만 합니다.

    그 시절은 인간관계를 맺는 일이 참 자연스러웠습니다. 함께 뒤엉켜 놀다 보면 모난 성격들도, 세모와 네모를 거쳐 동그라미가 되어갔죠. 서로 붙들고 싸우다가도 언제 그랬냐는 듯이 어깨동무하며 사탕을 물고 집에 돌아갔죠. 인간관계가 너무 힘들다고 느껴진다면 일단 상대방에 대해 이것저것 생각하지 말고 친구로 생각해 보면 어떨까요? 그때 그 시절처럼 서로 싸우고, 위로하고, 경쟁하며 우정을 쌓아가 보는 겁니다. 우리는 알고 보면 모두 '어른 아이'니까요.

DAY 350　목표를 실행시키는 마법의 단어　엘린

겨울방학이 다가오고 있습니다. 방학 전에 학생들에게 꼭 당부하는 일이 있습니다. 바로 방학 계획 세우기입니다. 선생님이 시키니 학생들은 나름대로 열심히 계획을 완성합니다.

그런데 이상하게 개학 날이 되면 방학 동안 무얼 했는지 기억하지 못하는 학생들이 많습니다. 저는 왜 늘 방학 계획은 실천하기 어려울까 고민해보았습니다. 살펴보니 너무 큰 계획을 세워 실천 의지가 점점 줄어들어서 안 하거나 계획이 구체적이지 못한 경우가 대부분이었습니다. 그래서 요즘은 마법의 단어를 넣어서 계획을 세우게 합니다.

- 체력을 증진하기 위해 일주일에 3번, 30분 줄넘기하기
- 연산의 속도를 높이기 위해 하루에 10분씩 문제집 풀기
- 그림 그리기 실력을 쌓기 위해 하루에 1개 작품 만들기
- 생각하는 습관을 기르기 위해 일주일에 1번 일기 쓰기

찾으셨나요? 제 마법의 단어는 바로 '위해'와 '숫자'입니다. 목적이 분명할 때 실천할 의지가 생깁니다. 또 횟수나 시간을 구체적으로 정하면 목표 달성을 정확히 판단할 수 있습니다. 계획을 여러 사람에게 선언하는 것도 실천에 도움이 됩니다. 선언에는 힘이 있기 때문입니다. 저도 마음으로는 늘 독서를 결심하는데 생각만큼 실천하기 어렵습니다. 그래서 지금 선언합니다.

'내면의 성장을 위해 매일 30페이지의
책을 읽고 5줄 요약하기를 하겠습니다.'

DAY 351　　　　대화거리　　　　　　김선민

엄마 병간호를 하기 위해서 집을 나서려는데 딸이 나에게 반지를 끼워주며 "엄마의 엄마한테 보여줘"라고 했다. 엄마의 엄마라는 그냥 그 말이 너무 듣기 좋았다. 결혼 전에는 내 가족의 범주에는 엄마, 아빠, 동생, 외가까지였는데 결혼하고 나니 가족의 범주에 남편, 딸아이가 먼저 들어가게 된다. 동생이 결혼하고 난 뒤부터는 서로 각자의 가족을 이루게 되면서, 새로운 가족 단위로 분리되기도 한다.

가족(家族)의 사전적 정의
'주로 부부를 중심으로 한,
친족 관계에 있는 사람들의 집단, 또는 그 구성원'

이 정의에서 눈에 들어왔던 부분은 '부부를 중심으로'라는 문구였다. 부부를 이룬다는 것이 얼마나 크고 놀라운 일이며 어려운 일인지 모른다.

> 부부 생활은 길고 긴 대화 같은 것이다.
> 결혼 생활에서는 다른 모든 것은 변화해 가지만
> 함께 있는 시간의 대부분은 대화에 속하는 것이다
> 프리드리히 니체(독일 철학자)

결혼이라는 길고도 긴 대화를 위해 나는 남편과 함께 스포츠 경기를 보기 시작했다. 남편을 만나기 전에는 보지 않았던 야구, 축구, 농구, 배구 경기를 보며 묻고 함께 응원하며 대화거리를 만들어 간다. 사실 스포츠가 그다지 재밌진 않지만 나는 가족의 행복을 위해 오늘도 남편이 틀어놓은 배구 경기를 보며 함께 응원한다. 남편은 나의 노력을 알까? 모른다면, 잔소리로 대화를 이어가 볼까?

DAY 352 구글 코리아 본사에 다녀왔습니다 찰리쌤

> 처음부터 겁먹지 마라. 막상 가보면 아무것도 아니다.
> 에릭 슈미트(미국 전 구글 CEO)

얼마 전 구글 코리아의 초대를 받아 역삼동 본사에 다녀왔습니다. 그의 서명을 보고야 말았습니다. 에릭 슈미트는 구글 성공 신화의 주인공이죠. 유튜브를 인수하고 크롬, 구글 에드센스, 지메일을 개편하여 초일류기업으로 성장시켰죠. 또한 직원들을 위한 복지로 유명하지요. 직접 가보니 구글 코리아도 낮잠 자는 방, 게임 하는 방 등이 다양한 복지 혜택에 눈이 휘둥그레 해졌습니다.

사실 이곳은 실력과 결과로 증명해야 하는 압박이 심한 곳이죠. 구글 코리아 교육파트 매니저의 이야기를 들으면서 누구보다 치열하게 살아가는 모습에 저도 모르게 반해버렸네요.

"이 회사 탐나는데? 습관코칭연구소에서 인수해버려?"

농담처럼 습관코칭연구소 죠쌤과 이야기했네요. 저 같은 기계치, 컴맹이 구글 트레이너, 에듀테크연구회장으로 구글러의 삶을 살 줄이야 누가 알았겠습니까. 저도 처음에 두려웠습니다. 내가 너무 몰라서 일하는 사람들에게 방해되는 것은 아닐까. 그 두려움을 이겨내야만 내가 원하는 그곳으로 갈 수 있는 것 같습니다.

오늘도 눈 질끈 감고 같이 도전해봐요!

에릭 슈미트, 별거 없던데요?^^

DAY 353 난 지금 당신을 기다립니다 모두쌤

"뭘 기다리고 있는데요?"
"당신. 당신을 기다려요."

영화 <터미널>, (번역 모두쌤)

　영화 <터미널(2004년 개봉)>의 주인공 빅터(톰 행크스)는 공항 밖을 나가지 못하는 상황에서 희망을 놓지 않고 자신의 꿈을 찾으려고 노력합니다. 이러는 과정에서 약소국의 서러움, 인간 내면의 외로움과 사람에 대한 희망을 보여줍니다. 앞의 대사처럼 누군가가 온다는 확신, 뭔가가 된다는 확신이 있으면 기다림이 두렵지만은 않습니다. 오히려 기다리는 그 순간이 설레기도 할 것입니다.

　기다림이 먼저인지, 확신이 먼저인지는 모르겠지만, 포기하지 말고, 일단 믿어보고, 기다려보면 어떨까요? 기다림과 확신 사이에서 작은 희망의 빛을 발견한다면 어떨까요? 어디선가 숨 가쁘게 누군가 나를 향해 달려오는 소리가 들리지 않나요?

DAY 354   마음의 집을 다시 짓다   엘린

꿈을 꾸었습니다. 꿈속에서 제가 다니던 대학교가 보였습니다. 꿈속에서 저는 살 집을 구하기 위해 무척이나 바빴습니다. 2학년 때까지 기숙사에 살았으니 아마도 3학년이 되기 전 겨울인 듯했습니다. 적당해 보이는 어느 주택의 방을 보고자 문을 열었더니, 방안의 모습은 보이지 않고 커다란 창문으로 바깥만 환하게 보였습니다. 그리고 잠에서 깼습니다. 꿈은 무의식의 반응이라고 하던데, 왜 집을 구하러 다니는 꿈을 꾸었을까요?

저는 마흔이 넘어서야 내 집을 장만할 수 있었습니다. 큰 집은 아니지만 근처에 공원과 도서관도 있고 무엇보다 이사 다니지 않아도 되어 마음이 참 편합니다. 이 집을 떠나라고 한다면 과연 떠날 수 있을까? 라고 생각할 정도로 애착이 있습니다.

꿈속에서 나는 왜 집을 구하러 다닌 걸까요? 문득 내 마음의 집은 괜찮은가? 라는 생각이 듭니다. 몸이 쉴 공간이 필요하듯이 마음도 편안하게 쉬고 에너지를 얻어 살아갈 수 있는 공간이 필요합니다. 가만히 생각하다 내 마음의 집의 부족한 점들이 떠올랐습니다. 그럭저럭 살고 있지만 따뜻한 온기는 부족합니다. 빛이 부족해서 구석구석 잘 안 보이고, 먼지도 조금 쌓였습니다. 쉴 수 있는 안락한 의자도 없고 재미있게 하루를 보낼 책도 부족해 보입니다.

이제라도 내 마음의 집을 잘 수리해야겠습니다. 내 마음의 집이 새롭게 단장되는 날 당신을 초대하고 싶습니다. '마음의 집들이'라고 부르고 싶네요.

DAY 355 실제 크기를 상상하며 그려 보세요   모두쌤

　가난한 아이들과 부유한 아이들을 대상으로 동전을 그리게 하고 그 크기를 비교하는 실험이 있었습니다. 이 실험에서 가난한 집의 아이들은 실제 크기보다 좀 더 크게 동전을 그린 반면에 부유한 집의 아이들에게서는 그런 현상이 일어나지 않았다고 합니다. 그러니까, 가난한 집의 아이들은 본인이 '원하는 크기'에 가까운 동전을 그렸다는 것이죠. 흥미로운 점은, 자신이 그리고자 하는 동전의 '액면가가 클수록' 동전의 크기도 더욱 커지는 경향도 있었다고 합니다. 즉, 가지지 못한 대상에 대해 소유하고자 하는 욕망이 클수록 그 대상의 크기를 더 크게 상상했다는 것이죠.

　만약, 지금 우리에게 동전이 아닌 다른 것을 그리라고 한다면 어떻게 될까요? 나의 꿈, 집, 직장, 배우자, 자녀 그리고 이번 달 내 월급… 우리가 그린 그림들은 실제 크기와 같을까요, 아니면 완전히 다르거나 너무 큰 그림이 될까요? 여러분이 가지고 싶은 것이 있다면 한번 상상하며 그려보세요. 그런 다음 실제 크기와 비교해 보세요. 여러분의 소유욕이 얼마나 큰지 테스트해볼 수 있을 테니까요.

DAY 356 나만을 위한 활력소　　　허경심

　　책을 참 아꼈습니다. 책에 줄을 치거나 페이지를 접는 건 절대 용납할 수 없었죠. 좋은 문장이 나오면 노트에 옮겨 적었습니다. 기록하다 보니 어느새 노트의 반 이상이 채워졌습니다. 마음이 괴롭고 우울하던 날, 우연히 그 노트를 펼쳐 읽었습니다. 신기하게도 마음이 편안해지더군요. 어떻게 그럴 수 있었을까요? 그건 노트에 다른 사람도 아닌 나의 마음을 움직인 문장만 모여 있기 때문이란 걸 알았습니다.

　　인간경영과 자기 계발 분야에서 기념비적인 업적을 남긴 데일 카네기의 정수를 모은 책 「나를 힘들게 한건 언제나 나였다」에도 같은 맥락의 이야기가 있어서 놀랐습니다.

　　"마음에 와닿는 글들을 모아둘 공책이나 스크랩북을 마련하라. 거기에 당신의 마음을 움직였거나, 기운을 북돋워 주는 시, 짤막한 기도문, 또는 인용구를 적어둘 수 있다. 그러면 비가 내리는 오후 기분이 가라앉을 때 그 안에서 우울함을 없애줄 방법을 찾을 수 있을 것이다. 보스턴의 진료소를 찾는 환자 중에는 수년간 자신만의 공책을 만들어온 사람이 많은데, 그들은 그 공책이 정신적인 '활력소'라고 말한다."

　　데일 카네기의 글을 읽고 다시 한번 저의 노트를 펼쳐 봅니다. 노트 표지에 '나만을 위한 활력소'라고 씁니다. 앞으로 이 노트에 남은 부분을 더 채워나가야겠습니다.

DAY 357   삶을 살아가는 자세   엘린

당신이 태어났을 땐 당신만이 울었고,
당신 주위의 모든 사람이
미소를 지었습니다.

당신이 이 세상을 떠날 때엔
당신 혼자 미소 짓고
당신 주위의 모든 사람이 울도록
그런 인생을 사십시오.

김수환(사제, 추기경)

출처 가톨릭신문

    반 아이들과 함께 책을 읽었습니다. 13살 주인공이 자전거 사고가 나면서 두려움으로 눈물을 펑펑 쏟는 장면이 나왔습니다. 죽음 자체보다도 부모님이 생각나서 흘리는 눈물이었습니다. 잠시 숙연해진 분위기를 놓치지 않고 아이들에게 질문을 던집니다.

    "죽기 직전에 가장 보고 싶은 사람은 누구일까?"

    "지금 가장 후회되는 일은 무엇일까?"

    아이들은 부모님께 더 잘하지 못한 것이 후회스럽다고 이야기했습니다. 누구든 죽음을 목전에 둔다면 자신이 사랑하고 자신을 아껴준 이들을 떠올릴 것입니다. 김수환 추기경의 당부처럼 충분히 사랑함으로 미소 지으며 떠나고 싶습니다. 누군가를 보낼 때는 그에게 받은 사랑이 고마워 울겠습니다. 결국 마지막까지 놓지 말아야 할 것은 사랑입니다. 오늘 우리 반 숙제는 사랑을 표현하기입니다.

DAY 358 · 감사의 새로운 정의

찰리쌤

1년이 마무리되는 시점입니다. 한 해를 돌아보며 감사한 일들을 떠올려보는 시간을 가지신 분들도 많을 겁니다. 그렇게 하신 분들은 좋은 습관을 하나 가지고 계신 겁니다.

감사란 무엇이라고 생각하시나요?

10년 넘게 서울 강남 수서지역에서 심각한 경제적 격차와 상대적 박탈감을 해소하고자 노력하는 '다림교육'이라는 비영리 단체가 있습니다. 7년 전, 그 단체에서 '감사'라는 주제로 '감사송'을 만들어 아이들과 부르는 것을 보면서 엄청난 깨달음을 받았죠.

> 감사란 나에게 주어진 특별한 것뿐 아니라
> 당연히 여기는 작은 것도 고마워하는 것.
> 다림교육 <감사송>

내가 가진 특별한 재능뿐 아니라, 너무 작고 당연해서 감사할 일들이 아닌 것을 감사하는 마음을 가졌을 때야 비로소 살아갈 힘을 얻게 됩니다.

감사에 대한 새로운 정의 어떠신가요?

영상으로 감상해보시죠.

DAY 359   의식에도 지도가 있다면   에밀리

    내 감정과 의식의 상태가 어느 정도인지 알 수 있다면 얼마나 좋을까요? 만약 알게 된다면 지금보다는 자신을 더 잘 조절하게 되지 않을까요? 모든 의식 상태는 마치 물이 분자의 움직임에 따라 액체에서 고체로, 기체로 변하듯이 뇌도 분자의 움직임에 따라 의식이 있는 상태에서 없는 상태로 바뀔 수 있습니다. 의식은 한마디로 우리 행위이자 삶의 주체입니다.

    의학박사이자 철학박사인 데이비드 호킨스는 인간의 의식에 관해 오랫동안 연구했습니다. 그는 인간의 의식 수준을 1부터 1000까지의 척도로 수치화한 지표인 의식지도를 제시했는데요 의식의 밝기를 빛의 밝기인 lux로 표현했습니다.

    영화 명량에서 이순신은 '두려움을 용기로 바꿀 수 있다면, 그 용기는 백배, 천배의 무서운 용기로 나타날 것이다'라고 말합니다. 호킨스의 의식지도에서 두려움은 100 lux, 용기는 200 lux입니다. 용기라는 의식은 내면의 참된 잠재력이 처음으로 나타나기 시작하는 단계이고 인생에 긍정적, 부정적 영향을 구분하여 주는 분기점입니다. 용기의 수준에 이르면 인생이 흥미롭고 도전적이며 자극적인 것이 됩니다. 당신의 의식 상태가 궁금한가요? 호킨스 박사의 의식지도로 자신의 의식 상태를 체크 해보세요. 우리의 의식이 이 어두운 세상을 환하게 비추기를 소망해봅니다.

DAY 360 함께하는 게 친구지

엘린

> 어린 시절 나는 머리가 펄펄 끓어도 애들이 나 없이 저희들끼리 공부할까봐 결석을 못했다. 술자리에서 그 이야기를 들은 주인 여자가 "어머 저는 애들이 저만 빼놓고 재미있게 놀까봐 결석을 못했는데요"하고 깔깔댄다. 늙어 별 볼 일 없는 나는 요즘 그 집에 자주 가서 술을 마시는데 나 없는 사이에 친구들이 내 욕할까봐 일찍 집에도 못간다.
>
> 정희성 <집에 못 가다>

시를 읽으며 재미있는 한 장면이 떠오릅니다. 어느 작은 가게에 이제는 배도 좀 나오고 머리숱도 적어진 중년의 남자 여럿이 모여 있습니다. 어둑해진 가게 밖에는 발길을 재촉하고 있는 사람들로 분주합니다. 그런데 주홍 불빛이 새어 나오는 작은 가게에서는 연신 웃음소리가 끊이지 않습니다. 오랜만에 만난 초등학교 동창들입니다. 뭐가 그리 재미있는지 연신 싱글거리며 이야기 중입니다. 그 중 한 사내가 얼굴에 웃음이 가득한 채 말합니다. "3학년 때쯤이었나, 진짜 밤새도록 너무 아팠거든? 그런데… "

혼자 하는 것은 딱 질색입니다. 친구들이 나만 빼고 뭐를 한다고 하면 그렇게 서운할 수가 없습니다. 나 빼고 친구들이 공부한다고 하면 갑자기 공부가 하고 싶어지고, 나 빼고 친구들이 놀았다고 하면 잘못 없는 친구들에게도 괜히 투정 부리고 싶습니다. 내가 어려서 그런 줄 알았습니다. 어리고 철도 없고 질투가 많아서 그런 줄 알았습니다. 그런데 시인은 늙어서도 친구들 곁에 머물러있네요. 친구는 그런 존재입니다. 그냥 함께하고 싶습니다.

DAY 361   가진 모든 것이 선물이었다   허경심

가수 박진영은 어느 날 문득 자신의 역량에 비해 이룬 성과가 너무 크다는 생각이 들었다고 합니다. 그리고 이렇게 결론 내렸대요. '아, 내게 지독한 운이 따랐구나.' 이후 '나에게 왜 이런 지독한 운이 따랐을까?'라고 돌이켜 보며 그동안 자신의 노력이 아닌 운 좋게 따랐던 일들을 쓰기 시작했다고 합니다. 그 내용은 이렇습니다.

- 1972년에 한국에서 우리 부모님 밑에서 태어난 것
- 어렸을 때 엄마가 억지로 피아노를 치게 한 것
- 7살 때 미국에 2년 반을 억지로 살게 된 것, 그때 마이클 잭슨의 음악을 만난 것, 그리고 영어를 배우게 된 것.
- 아날로그와 디지털 시대 경계에 태어난 것
- 김형석 작곡가와 방시혁 작곡가 그리고 수많은 가수를 만난 것.
- 각종 사고와 질병으로부터 안전하여 아직까지 살아 있는 것.

그는 이렇게 자신을 돌아보며 매 순간을 감사하게 되었다고 합니다. 그의 이야기를 듣고 있자니 故이어령 교수님이 남긴 말이 가슴 깊이 다가옵니다.

     "내 것인 줄 알았으나 가진 모든 것이 선물이었다."

제가 만약 저에게 일어난 '운'에 대해 쓴다면 이 한 줄은 꼭 쓰겠습니다.

     '습관코칭연구소에서 글을 쓸 수 있어 감사합니다.'

여러분의 행운 리스트에는 어떤 이야기들이 있을지 궁금합니다.

DAY 362   타불라 라사   에밀리

타불라 라사 라틴어로 '아무것도 쓰여 있지 않은 석판'이라는 의미입니다. 타불라는 태블릿 즉, 판이라는 단어의 어원입니다. 영국의 철학자 존로크는 누구나 태어날 때 마음 상태가 백지라고 주장합니다. 지금 우리는 이 주장을 당연하게 여기지만 로크가 살던 시대에는 획기적인 주장이라고 합니다. 백지라는 것은 인간에게 타고난 우열이 없다는 뜻이기에 사람은 태어나면서부터 전생에서 얻은 지식을 갖고 있다는 플라톤의 이데아를 강하게 부정하는 논리이기도 했습니다.

로크가 주장하는 핵심 주제는 '사람은 경험과 학습에 의해 얼마든지 배울 수 있다'입니다. 우리는 이 주제를 인생의 어느 시점에나 적용해 볼 수 있습니다. 인간 수명 120세가 가능해진 지금 이 시대에 '다시 새롭게 배우는 일'이 매우 중요합니다. 수없이 많은 정보의 홍수 속에서 급변하는 사회 속에서 우리는 한번 배운 지식이 진부해 지고 있음을 느낍니다.

머릿속을 새하얀 석판, 완전히 타불라 라사 상태로 되돌릴 수는 없겠지만, 그런 마음을 가지고 한 해를 정리하면 어떨까요? 올해의 경험을 초기화하고 내년에는 새로운 경험과 도전으로 새롭게 시작하겠다고 다짐해보는 거죠.

"타불라 라사, 새롭게 시작하자!"

DAY 363 너의 한계를 뛰어 넘어라 허경심

영화 〈위플래쉬〉는 드러머의 꿈을 안고 있는 앤드류가 무지막지하게 독한 교수님 밑에서 꿈을 이루어가는 과정을 보여주는 영화입니다. 몰입감이 대단한 영화였어요. 주인공 앤드류는 아무리 노력해도 자신을 인정하지 않는 교수 플랫쳐에게 화가 치밀어 교수의 멱살을 잡기도 해요. 이후 앤드류는 드러머를 포기하고 지내다가 우연히 재즈 카페에서 플랫쳐 교수를 만납니다. 둘의 대화는 이렇습니다.

플랫쳐 교수 : 나는 그저 지휘만 하는 사람이 아니야. 박자 맞추는 건 바보도 할 수 있다. 나는 그 사람의 한계를 뛰어넘게 자극하는 사람이야.

앤드류 : 그러다가 그 사람이 좌절하면 어쩌죠? 그래서 위대한 연주자를 놓치면요?

플랫쳐 교수 : 위대한 연주자라면 그러지 않을 거야. 세상에서 가장 안 좋은 말이 뭔지 알아? '그 정도면 잘했어.'라는 거야.

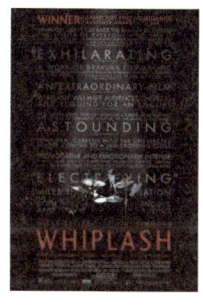

플랫쳐 교수의 말에 제대로 동기부여가 된 앤드류는 이후 멋진 드러머가 됩니다. 앤드류가 자신의 한계를 뛰어넘어 플랫쳐 교수에게 보란 듯이 미소 지으며 연주하는 마지막 장면은 정말 짜릿하죠. 저는 이 영화를 보면서 생각했어요. 나는 무언가에 저 정도로 미쳐본 적이 있던가? '이 정도면 됐어'라고 합리화시키지 않았나? 나도 모르게 나의 한계를 긋고 도망가지 않았나? 우리에게는 한계가 없습니다. 그저 우리 스스로가 만들어 놓은 한계선이 있을 뿐이지요. 오늘은, 그 한계선을 넘어 한 걸음 내디며 보자고요!

DAY 364 세모와 동그라미 김선민

옛날 옛적에 세모와 동그라미가 살았습니다. 둘은 언덕에서 구르는 시합을 자주 했는데 동그라미가 세모보다 늘 빨리 내려갔습니다. 세모는 동그라미가 부러웠습니다. 그래서 달라지기로 했습니다. 동그라미를 이기기 위해 언덕에서 끊임없이 구르고 또 굴렀습니다. 어느새 세모의 모서리는 둥글게 다듬어졌습니다. 이제 동그라미와 비슷한 빠르기로 언덕길을 내려갈 수 있게 됐습니다. 하지만 천천히 구를 때 잘 보이던 언덕 주변 풍경을 제대로 감상할 수 없었고, 구르는 일을 쉽게 멈출 수도 없었습니다. 세모는 열심히 구른 시간이 아까웠습니다. 시간을 되돌려 과거로 돌아가고 싶었습니다. 하지만 어쩔 도리가 없었습니다. 겉모습이 거의 동그라미로 변해버렸기 때문에 두 번 다시 세모로 돌아갈 수 없었습니다.

「언어의 온도」, 이기주, 말글터, 2016

    인생의 절반은 부러워하다가 지나간다. 인스타를 하면 부러운 사람들이 넘쳐난다. 그중에서 옷 잘 입는 사람들이 특히 부럽다. 그런데 어떤 사람의 옷이 예뻐 보여 광클릭을 하며 겨우겨우 구입하여 막상 입어보면… 내가 봤던 그 핏이 아니다.

    세모는 동그라미가 부러웠을 것이다. 부러워서 열심히 따라 하다 보니 자신을 잃어버리게 된다. 자신을 잃어버리면 과연 행복할 수 있을까? 파워E 성향의 엄마인 나는, 낯을 많이 가리고 놀이터에서 쭈뼛거리는 아이를 보면 영 맘에 내키지 않는다. 어쩌면 아이는 세모인데 내가 너무 동그라미를 강요한 것 아닐까? 동그라미뿐인 세상도, 세모뿐인 세상도 아름답지는 않을 텐데 말이다.

| DAY 365 | **한 번에 6인치** | 엘린 |

> 꿈이 있다면 그 꿈은 오직 내가 실천할 때만 이루어집니다.
> 앉아 있지 말고 지금 나가 시작하십시오.
> 계속 6인치만 앞으로 나아가겠다고 결심한다면
> 세상에서 이루지 못할 일은 없습니다.
> — 마크 웰먼(미국 장애인 등반가)

마크 웰먼은 하반신 마비의 장애인으로서 처음으로 캘리포니아의 엘 카피탄을 정복한 등반가입니다. 한 번에 자기 몸을 15cm만 끌어올릴 수 있었던 그는 오로지 팔의 힘으로만 약 7000번 이상 로프를 당겨 정상에 도달했습니다. 신체의 어려움에도 불구하고 그가 꿈을 이룰 수 있었던 비결은 무엇일까요?

산에 머물러야 합니다. 정복해야 할 산을 눈앞에 두고 벗어나지 말아야 합니다. 산꼭대기 한 방향을 바라보며 경로를 이탈하지 말아야 합니다. 그다음 필요한 것은 6인치의 노력입니다. 한 번에 한 걸음씩 내가 갈 수 있는 거리만큼을 가면 됩니다. 그리고 그 일을 반복하면 됩니다.

저는 작가의 꿈을 꾸었습니다. 그런데 바쁜 일상을 살다 보니 '작가'라는 산을 잊었습니다. 도전해서 실패한 게 아니라 잊혀서 실패하게 된 것이지요. 다른 곳을 쳐다보느라 제 산이 거기 있다는 사실을 잊었습니다.

이제 마크 웰먼에게 배운 대로 해보려고 합니다. 매일 글 속에 머무르며 작가라는 산을 바라보겠습니다. 하루에 6인치의 글을 쓰겠습니다. 하루에 단 한 문장이라 할지라도 수천 번의 문장을 오르고 또 오르면 언젠가 정상에 도달해 있지 않을까요? 당신의 산은 어디인가요? 6인치의 기적을 함께 만들어 볼까요?